HISTOIRE DE L'ISLAM

DANS LA MÊME COLLECTION

Élie Barnavi, *Les Religions meurtrières.*

Fethi Benslama, *Déclaration d'insoumission. À l'usage des musulmans et de ceux qui ne le sont pas.*

Fethi Benslama, *La Psychanalyse à l'épreuve de l'islam.*

Adrien Candiard, *Comprendre l'islam. Ou plutôt : pourquoi on n'y comprend rien.*

Oleg Grabar, *La Formation de l'art islamique.*

Oleg Grabar, *L'Ornement. Formes et fonctions dans l'art islamique.*

François Jourdan, *Dieu des chrétiens, Dieu des musulmans. Des repères pour comprendre.*

Gilles Kepel, *Terreur et martyre. Relever le défi de la civilisation.*

Farhad Khosrokhavar, *Les Nouveaux Martyrs d'Allah.*

Abdallah Laroui, *Islam et histoire. Essai d'épistémologie.*

Bernard Lewis, *Les Arabes dans l'histoire.*

Bernard Lewis, *Juifs en terre d'islam.*

Maurice Lombard, *L'Islam dans sa première grandeur.*

Muhsin Mahdi, *La Fondation de la philosophie en islam. La Cité vertueuse d'Alfarabi.*

Nabil Mouline, *Le Califat. Histoire politique de l'islam.*

Antoine Sfeir, *Brève histoire de l'islam à l'usage de tous.*

Heidi Toelle et Katia Zakharia, *À la découverte de la littérature arabe. Du VIe siècle à nos jours.*

John Tolan, *Les Sarrasins. L'islam dans l'imagination européenne au Moyen Âge.*

Dominique Urvoy, *Averroès. Les ambitions d'un intellectuel musulman.*

Dominique Urvoy, *Les Penseurs libres dans l'islam classique. L'interrogation sur la religion chez les penseurs arabes indépendants.*

Sabrina MERVIN

HISTOIRE DE L'ISLAM

Fondements et doctrines

Champs histoire

ISBN : 978-2-0813-8659-4

INTRODUCTION

C'est une histoire des doctrines de l'islam que propose cet ouvrage, et non pas une histoire de l'islam comme civilisation. Nous n'y retrouverons donc pas l'histoire politique ou sociale des mondes musulmans, mais bien celle des développements doctrinaux de l'islam ; à d'autres de les mettre en regard avec les changements politiques et sociaux.

De même, ce n'est pas de l'islam en tant que phénomène global, uniforme et immuable que l'on traitera, mais *des islams* et des *pluralismes dans l'islam* [1]. S'il forme un tout et rassemble une communauté de croyants, la *umma*, l'islam se divise en de nombreuses *firqa* que l'on appelle, en français, branches, ramifications ou sectes, au sens classique du terme. Elles-mêmes se subdivisent encore en sous-groupes et autres tendances [2]. Cependant, chaque adepte se réclame de

1. Selon les expressions employées par Henri Laoust en titre d'un ouvrage, *Pluralismes dans l'islam*, et par Mohammed Arkoun en titre d'un entretien, « L'islam et les islams », *Hérodote*, n° 35, 1984. (Les références complètes des ouvrages cités en notes se trouvent dans la bibliographie, p. 329-348.)

2. Cf. le tableau en p. 123.

l'islam et témoigne, selon la profession de foi musulmane (*chahâda*), de l'unicité divine (*tawḥîd*) et de la mission prophétique (*nubuwwa*) de Muḥammad [1]. Bien plus, chacun pense détenir la religion vraie, *dîn al-ḥaqq*, et appartenir à la seule *firqa* qui, selon la tradition, connaîtra le salut. Aucune instance supérieure chargée de représenter et de garantir l'orthodoxie islamique ne peut le démentir. Il n'y a ni Église, ni magistère doctrinal unique, ni autorité centralisatrice en islam.

Certes, l'islam a un centre, La Mecque, et ses doctrines se sont élaborées dans la langue de la révélation et du Coran, l'arabe [2]. C'est pourquoi les termes techniques indiqués ici sont énoncés en cette langue. Rappelons toutefois que, très tôt, des musulmans non arabophones ont participé à la construction de la doctrine ; l'islam s'est en outre rapidement propagé, loin de La Mecque, pour parvenir jusqu'en Chine. Aujourd'hui, le plus grand pays musulman, sous le rapport du nombre de fidèles, est l'Indonésie où ils sont plus de 200 millions. Puis viennent le Pakistan (178 millions), l'Inde (177 millions), le Bangladesh (149 millions), la Turquie (76 millions), l'Égypte (80 millions),

1. Dans la transcription des termes arabes, les voyelles longues sont notées par un accent circonflexe (â, î, û). Les consonnes emphatiques sont indiquées par des points diacritiques (ḍ, ṣ, ṭ, ẓ), ainsi que la fricative pharyngale sourde ḥ.

2. Les passages coraniques cités dans cet ouvrage sont librement adaptés des traductions de Denise Masson et de Jacques Berque. Les chiffres arabes notés entre parenthèses après la référence au Coran renvoient respectivement au numéro de la sourate et au numéro du verset cités.

le Nigeria (76 millions), l'Iran (75 millions), l'Algérie (37 millions), le Maroc (33 millions), l'Irak (31 millions), l'Afghanistan (30 millions), le Soudan (31 millions), l'Arabie saoudite (26 millions), etc [1]. La France, quant à elle, compte de 5 à 6 millions de musulmans, selon les estimations.

La période de formation et les fondements de l'islam occupent une grande partie de cet ouvrage. On ne peut, en effet, étudier l'histoire des doctrines sans s'arrêter longuement sur ses paradigmes qui informent jusqu'à présent le cadre de la pensée islamique. Or, l'idéalité même de la fondation de l'islam pose des problèmes épistémologiques auxquels les historiens ont répondu de diverses manières, allant du refus de la tradition islamique comme source à son traitement en tant que fait historique. La multiplicité des approches a enrichi le débat, même si certains chercheurs ont été agacés par une critique « historiciste » des sources qui, à partir des années 1970, a récusé tout recours à la tradition musulmane alors que d'autres chercheurs, à l'inverse, ont été gênés par un manque de contextualisation historique.

Par ailleurs, la découverte de nouveaux matériaux, l'exhumation et l'édition de manuscrits ont ouvert de nouvelles voies. Documents émanants de milieux chrétiens, juifs et zoroastriens [2], matériel épigraphique

1. Source : www.pewforum.org/2011/01/27/table-muslim-population-growth-by-country/. La dernière enquête du Pew Research Center date de 2010. Notons que, faute de statistiques précises, ces chiffres sont des évaluations et révèlent surtout des ordres de grandeur.

2. L'ouvrage de Robert G. Hoyland, *Seeing Islam as Others saw it…*, fut une étape décisive dans cette direction.

et numismatique, papyrus coptes, grecs ou arabes renouvellent les pistes de recherches et les questionnements, ainsi que des manuscrits du Coran qui sont à l'étude. Parallèlement, une réflexion sur l'écriture de l'histoire des débuts de l'islam est en cours [1].

Si cette histoire comporte encore bien des inconnues, elle a accompli de belles avancées ces dernières années [2]. D'autres périodes ont été négligées, car elles furent longtemps considérées comme indignes d'étude du point de vue de la doctrine. Selon la périodisation en usage dans l'historiographie, une époque dite « classique », allant du milieu du VIIIe siècle aux XIIe-XIIIe siècles, succéda à la période de formation ; elle fut traitée comme telle. À partir du XIIIe siècle, l'histoire de l'islam fut envisagée comme celle d'un déclin culturel et d'une « ankylose » de la pensée, et les savants musulmans qui se distinguèrent parmi les autres furent tenus pour des exceptions [3]. Selon ce schéma, une « renaissance » de l'islam se produisit au XIXe siècle avec les mouvements réformistes modernes. Or, non seulement il est admis, aujourd'hui, que des foyers réformistes apparurent au XVIIIe siècle,

1. Cf. le numéro 129 de juillet 2011 de la *REMMM*, « Écriture de l'histoire et processus de canonisation dans les premiers siècles de l'islam », et, particulièrement, l'introduction d'Antoine Borrut ; la contribution de Claude Gilliot dans Thierry Bianquis, Pierre Guichard, Mathieu Tillier (dir.), *Les Débuts du monde musulman, VIIe-Xe siècles*, Paris, PUF, 2012, p. 355-371.

2. Le livre de Françoise Micheau, *Les Débuts de l'islam. Jalons pour une nouvelle histoire*, en présente une remarquable synthèse.

3. Cf. Robert Brunschwig et Gustav von Grunebaum (dir.), *Classicisme et déclin culturel dans l'histoire de l'islam*, Paris, Maisonneuve et Larose, 1977.

notamment en Inde et en Asie centrale, mais les recherches se développent sur cette époque. Gageons que si des travaux systématiques sur la période qui va du XIIIe au XVIIIe siècle étaient entrepris, ils montreraient que l'activité doctrinale n'était pas si sclérosée qu'on l'a cru.

Depuis les années 1970, le développement des mouvements islamistes, leur recours à la violence et la médiatisation de ces phénomènes ont mis les spécialistes de l'islam en demeure d'y apporter des explications. Dans ce contexte, les analyses conjoncturelles correspondaient mieux aux attentes que les études de fond, et les politologues furent plus sollicités que les historiens ou les spécialistes du dogme. L'islamisme a focalisé les recherches, ce qui a contribué à masquer les autres aspects de la pensée islamique ou d'autres approches des sociétés musulmanes contemporaines. L'apex du 11 septembre 2001 puis le choc des attentats qui ont frappé Paris en janvier et en novembre 2015 ont accentué cette tendance puisqu'il a fallu impérativement saisir le « fait djihadiste », et fournir des éléments de compréhension à des publics divers sur les phénomènes de radicalisation [1].

Il reste que l'on ne peut faire l'économie d'une mise en perspective de l'islam d'aujourd'hui avec celui d'hier, tout comme on ne peut se passer des approches que nous proposent la science politique, mais aussi la philologie et la linguistique, l'histoire, la sociologie et l'anthropologie, pour comprendre l'islam comme fait

1. Cf. Farhad Khosrokavar, *Radicalisation*, Paris, Maison des sciences de l'homme, 2014.

religieux et décrypter les sociétés musulmanes. Dans tous les cas, une connaissance des fondements doctrinaux et des sciences religieuses de l'islam est une base nécessaire.

1

De la *jâhiliyya* à l'islam

L'islam est né au Hedjaz, une région qui s'étale, à l'ouest de l'Arabie, le long de la mer Rouge.

Un pays désertique, de sable et de rocaille, où vivaient des pasteurs nomades regroupés en tribus – selon le paradigme transmis par la tradition et adopté par les orientalistes [1]. Quelques oasis s'y égrenaient, parallèlement à la côte. C'étaient des palmeraies productrices de dattes, mais aussi des cités commerçantes d'où partaient des caravanes, vers le Croissant fertile, au nord, ou vers l'Arabie heureuse, le Yémen, au sud : ainsi des villes de Khaybar, de Yathrib et de La Mecque, ou bien de Ṭâ'if, la plus prospère car son climat clément permettait une agriculture diversifiée. Des populations sédentaires y vivaient et y exerçaient des activités économiques diverses qui les reliaient au reste de la région.

Ce fut à La Mecque, nous dit la tradition, que Muḥammad, le Prophète de l'islam, reçut ses premières révélations et commença à prêcher ; toutefois,

---

1. Pour une critique de ce paradigme d'un islam né dans des tribus arabes, cf. Françoise Micheau, *Les Débuts de l'islam*, chap. II.

pour pouvoir véritablement poser les fondations de son œuvre, regrouper ses partisans autour de lui et faire de nouveaux adeptes, il dut aller s'installer à Yathrib. Là, il allait jeter les bases d'une nouvelle religion et instituer un nouvel ordre moral, juridique et politique. C'est pourquoi la date qui fut ensuite choisie comme début de l'ère musulmane est celle de l'émigration (*al-hijra*) du Prophète vers Yathrib, l'hégire : l'événement eut lieu à la fin du mois de septembre 622 mais la date retenue, afin qu'elle coïncidât avec le premier mois du calendrier en vigueur, fut le 16 juillet 622. Quant à Yathrib, elle fut désignée comme la cité du Prophète (*madînat al-nabî*), la cité par excellence, al-Madîna, Médine.

Le temps de l'islam

Selon la doctrine islamique, le temps historique dans lequel s'inscrit l'islam succède au temps cyclique de la prophétie. Muḥammad s'insère dans ce cycle en venant prendre place à la suite de tous les Prophètes que Dieu a envoyés aux hommes, dont Adam, Abraham, Moïse, Jésus. Il est présenté comme le sceau des Prophètes (le Coran, 33 : 40), qui vient clore le cycle de la prophétie et assurer l'avènement de l'islam parmi les hommes.

Une autre représentation du temps se superpose à celle-là, dans la tradition. C'est celle qui fait précéder l'islam d'un « état d'ignorance », la *jâhiliyya*, équivalent arabe de la gentilité. Déjà dans le Coran, le terme

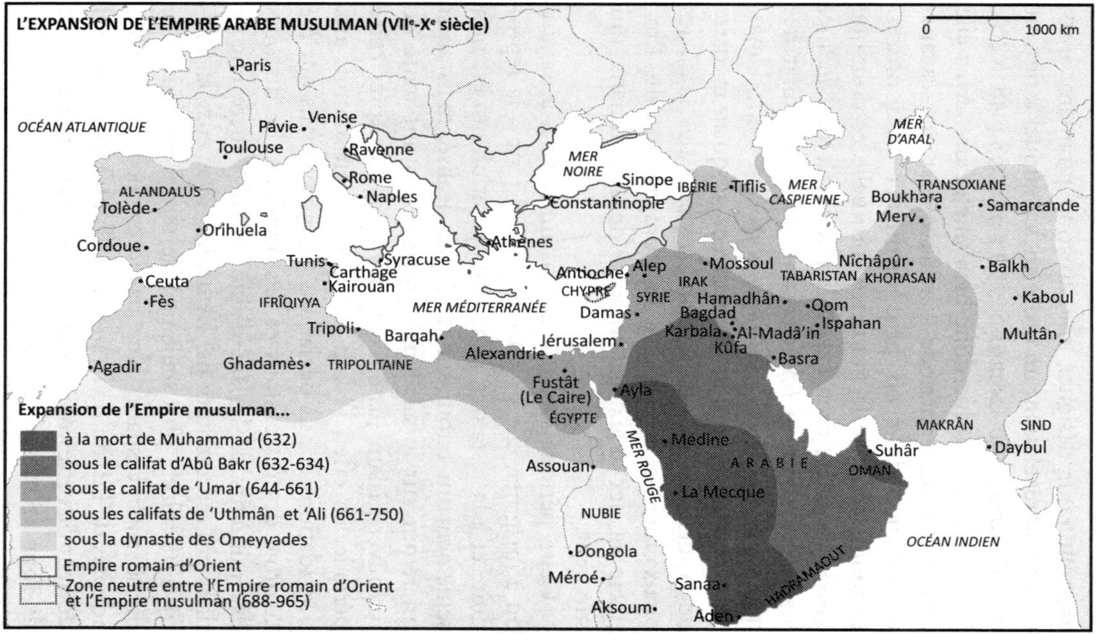
L'EXPANSION DE L'EMPIRE ARABE MUSULMAN (VIIe-Xe siècle)
0
1000 km
Paris
OCÉAN ATLANTIQUE
Pavie
Venise
Toulouse
Ravenne
Rome
Naples
AL-ANDALUS
Tolède
Orihuela
Cordoue
MER NOIRE
Sinope
Constantinople
Athènes
IBÉRIE
Tiflis
MER CASPIENNE
MER D'ARAL
TRANSOXIANE
Boukhara
Samarcande
Merv
Tunis
Carthage
Kairouan
Syracuse
Ceuta
Fès
IFRÎQIYYA
MER MÉDITERRANÉE
Antioche
CHYPRE
Alep
Mossoul
IRAK
SYRIE
Damas
Hamadhân
Qom
Bagdad
Ispahan
Karbala
Al-Madâ'in
Kûfa
Basra
Nîchâpûr
TABARISTAN
KHORASAN
Balkh
Kaboul
Multân
Tripoli
Barqah
Jérusalem
Alexandrie
Agadir
Ghadamès
TRIPOLITAINE
Fustât (Le Caire)
ÉGYPTE
Ayla
Médine
ARABIE
La Mecque
MER ROUGE
Suhâr
OMAN
MAKRÂN
SIND
Daybul
Assouan
NUBIE
Dongola
Méroé
Aksoum
Sanaa
Aden
HADRAMAOUT
OCÉAN INDIEN
Expansion de l'Empire musulman...
à la mort de Muhammad (632)
sous le califat d'Abû Bakr (632-634)
sous le califat de 'Umar (644-661)
sous les califats de 'Uthmân et 'Ali (661-750)
sous la dynastie des Omeyyades
Empire romain d'Orient
Zone neutre entre l'Empire romain d'Orient et l'Empire musulman (688-965)

apparaît pour désigner une situation première, antérieure à la révélation, un ordre ancien auquel il ne faut plus se référer (le Coran, 5 : 50 ; 33 : 33 ; 48 : 26). La révélation marque donc bien une césure. Avec elle commence une période sacralisée par les savants musulmans, dont on peut distinguer trois phases. D'abord, celle de la guidance spirituelle et politique que le Prophète exerça dans la cité idéale de Médine, jusqu'à sa mort en 632 ; ensuite, celle du califat des quatre « bien dirigés » (*al-râchidûn*), Abû Bakr, 'Umar, 'Uthmân et 'Alî, qui lui succédèrent, jusqu'au meurtre de ce dernier, en 661 ; enfin, la phase des *salaf*, les pieux anciens, c'est-à-dire les compagnons du Prophète et les deux générations de musulmans qui suivirent.

Cette période sacrée n'est pas un idéal à atteindre ou à imaginer, elle s'est accomplie : il reste à la reproduire et à la restaurer, dans une opération qui est non seulement un retour sur un passé idéalisé, mais aussi un retour sur le sacré par lequel le croyant tente de retrouver l'islam juste, celui des origines. Après cette période, en effet, l'islam a peu à peu été soumis aux dégradations et aux déviations, les musulmans ont été la proie des dissensions et des divisions. Le discours des militants de l'islam d'aujourd'hui s'ancre encore dans ces représentations. Bien plus, avec eux, la *jâhiliyya* ne scinde plus seulement le temps en deux, elle divise aussi l'espace. Une partie est occupée par les adeptes de l'islam qu'ils prônent ; l'autre, par ceux qui dévient de cette voie, même s'ils se disent musulmans : ils sont accusés d'être dans la *jâhiliyya*, comme s'ils n'avaient pas reçu la révélation. Selon cette perspective, la *jâhiliyya* est donc susceptible de ressurgir dans le temps historique de l'islam.

Faute de sources, il reste difficile, pour l'historien, de décrire la *jâhiliyya* et l'Arabie du VIe siècle qui vit naître le Prophète Muḥammad. Néanmoins, il est évident que le passage de cet état d'« ignorance » à l'islam ne fut pas la cassure radicale suggérée par des représentations qui relèvent du dogme islamique et non pas d'une démarche historique. L'Arabie ne passa pas, sans étape ni transition, d'un paganisme débridé au monothéisme le plus achevé. On connaît assez la situation qui prévalait alors au Hedjaz pour établir que l'avènement de l'islam fut favorisé par plusieurs facteurs. D'abord, un certain malaise qui parcourait les sociétés citadines, notamment celle de La Mecque, appelait une réforme des mœurs et des valeurs morales. Les anciens bédouins reconvertis dans le commerce et la finance étaient en mal d'idéaux. Le triomphe d'une société mercantile occupée à accroître ses richesses avait développé l'individualisme au détriment de la solidarité tribale ; certains avaient oublié les vertus cardinales qui faisaient l'homme d'honneur de la société bédouine : prodigalité, bravoure, patience, persévérance [1]…

Par ailleurs, l'ancienne religion subissait des influences et connaissait des changements. Certes, un culte était encore rendu aux pierres dressées et aux arbres sacrés, considérés comme les demeures d'autant

1. C'est la thèse de Montgomery Watt, cf. *Mahomet*, p. 101 *sq*. Elle est niée par Patricia Crone, dans *Meccan Trade and the Rise of Islam*, Oxford, Basil Backwell, 1987.

de divinités locales ; des pèlerinages se déroulaient aux sanctuaires qui leur étaient dédiés et l'on y immolait des animaux. Ainsi, La Mecque, avec sa pierre noire surmontée d'une sorte de cube, la Ka'ba, et d'autres lieux sacrés, attiraient les pèlerins et percevaient une partie de leurs richesses du fait de leur présence régulière.

Toutefois, la croyance en l'existence d'un dieu suprême, créateur de ces divinités locales, s'était déjà imposée ; le christianisme et le judaïsme avaient pénétré dans la région et certaines tribus avaient embrassé l'une ou l'autre religion ; des individus appelés « devins » prêchaient çà et là de nouvelles idées religieuses ; enfin, une tendance monothéiste se dessinait nettement, celle des *ḥanîf*. Ce terme, construit sur une ancienne racine sémitique, semble avoir d'abord désigné des hérétiques, puis les adeptes d'une certaine forme de monothéisme [1] ; on y reviendra plus loin. Certains récits bibliques s'étaient déjà répandus en Arabie, sans doute par bribes et sous forme de motifs : les « légendes des anciens » que Muḥammad sera accusé par les Mecquois incrédules d'écrire quotidiennement, sous la dictée (le Coran, 5 : 5). En outre, la figure d'Abraham était connue et, à La Mecque, elle était associée à la Ka'ba.

Ainsi coexistaient au Hedjaz des idées religieuses très diverses qui pouvaient parfois se rencontrer, s'interpénétrer. À Médine, par exemple, les juifs étaient très influents, ce qui favorisait la propagation

1. Frederick Mathewson Denny, « Some religio-communal terms and concepts in the Qur'ân », *Numen*, XXIV/1, avril 1977, p. 26-28.

de croyances monothéistes, sans empêcher, toutefois, le culte très vivace de divinités attachées au clan, à un notable ou à une famille [1]. On voit donc que la rupture entre un avant plongé dans les ténèbres de l'ignorance et du paganisme et un après régi par la loi sacrée (*charî'a*) ne fut pas si nette, même si, au regard de l'histoire, la révélation de l'islam présente un caractère d'instantanéité, puisqu'elle s'étala sur une vingtaine d'années seulement.

*La révélation (*al-tanzîl*)*

C'est l'image de la pluie qui se cache derrière le mot *tanzîl* (descente), utilisé en arabe pour désigner l'ensemble de ce que, plus prosaïquement, on appelle aujourd'hui des séquences révélatoires. Selon la doctrine, Dieu fit descendre (*anzala*) le Coran aux hommes, par étapes successives, et par l'intermédiaire de son messager (*rasûl*), Muḥammad. Il est admis par les historiens que celui-ci reçut les premières séquences révélatoires vers 610, qu'il commença à les rendre publiques à partir de 613, et qu'il poursuivit ainsi sa prédication jusqu'à sa mort, en 632. Néanmoins, sur le début de la révélation, au moment où Muḥammad ne la divulguait qu'à ses proches, on ne sait pratiquement rien de sûr ; concernant l'ordre des sourates « descendues », bien des éléments demeurent à vérifier. Aussi est-il très hardi de retracer les débuts de la révélation d'un point de vue historique.

---

1. Michael Lecker, « Idol worship in pre-islamic Medina (Yathrib) », *Le Muséon*, n° 106/3-4, 1993, p. 331-343.

Selon la tradition islamique, Muḥammad aurait reçu la première séquence révélatoire alors qu'il s'était retiré dans la grotte du mont Ḥirâ' pour méditer. L'ange Gabriel lui serait alors apparu et lui aurait ordonné :

> Lis, au nom de ton Seigneur qui créa
> créa l'homme d'un caillot de sang
> Lis, car ton Seigneur est le Très-Généreux
> qui enseigna au moyen du calame
> enseigna à l'homme ce qu'il ne savait pas.

Ce sont donc ces versets, les cinq premiers de la sourate « Le caillot de sang » (le Coran, 96 : 1-5) qui, selon la tradition, auraient constitué la première séquence révélatoire, dans les conditions énoncées ci-dessus. Or, cette affirmation pose problème à l'historien. La retraite de Muḥammad dans la grotte du mont Ḥirâ' reste à vérifier et, surtout, l'intervention de l'ange Gabriel semble avoir été ajoutée *a posteriori*. Non seulement son nom n'est pas mentionné dans ces versets, mais il n'apparaît, dans le Coran, que dans des sourates considérées comme plus tardives (le Coran, 2 : 97-98 et 66 : 4). En tout cas, si rien ne prouve que les célèbres versets aient été les premiers révélés à Muḥammad, le récit de cette vision constitue néanmoins une belle entrée en matière pour le Coran. D'autres suivront, tel le récit figurant dans la sourate « L'étoile », où il est question d'un pouvoir intense et pénétrant, qui planait, puis s'approcha de Muḥammad et « lui révéla ce qu'il lui révéla » (le Coran, 53 : 1-18).

Le choix des cinq versets se révèle donc judicieux.

D'abord ils commencent par le fameux « *iqrâ'* » que les arabisants continuent de traduire par « lis », par égard pour l'usage établi, et presque par pure convention puisqu'ils savent désormais qu'au temps du Prophète, le verbe *qara'a*, emprunté au syriaque, n'avait pas encore pris le sens qu'il a aujourd'hui, mais signifiait plutôt réciter à haute voix, psalmodier [1]. De là le mot *al-qur'ân*, la récitation, qui donna en français : le Coran.

Ensuite, ces cinq versets contiennent des idées-forces de la nouvelle religion : Dieu y est d'abord présenté comme le créateur de toutes choses et, surtout, de l'homme, envers lequel il se montre généreux en lui prodiguant son enseignement. Or, que lui apprend-il ? Ce que l'homme ne savait pas, c'est-à-dire le contenu essentiel de la révélation. On retrouve ici l'opposition ignorer/savoir mise en rapport avec la révélation, qui est récurrente dans le Coran : d'un côté, ceux qui savent et acceptent de se soumettre à Dieu, les croyants ; de l'autre, les dénégateurs (*al-kâfirûn*), qui refusent la révélation. Quant au contenu essentiel de la révélation, il s'agit du monothéisme.

Si l'on tente de reconstituer la mise en place du concept de monothéisme durant la révélation, on s'aperçoit qu'il ne s'est certainement pas imposé d'emblée. Muḥammad lui-même professait une religion répandue dans son milieu, le ḥanîfisme, avant d'en fonder une nouvelle. Par ailleurs, s'il rencontra un certain succès auprès de son entourage lorsqu'il se

1. Cf., par exemple, la traduction de Jacques Berque.

mit à prêcher, il ne tarda pas à se heurter à des oppositions de la part des Mecquois. Le phénomène s'analyse d'autant mieux si l'on envisage son aspect économique. Tout changement religieux menaçait la position des gardiens des lieux sacrés, donc leur pouvoir. Or, les Mecquois, et plus particulièrement la tribu des Quraych, étaient les gardiens de la Ka'ba et de son aire sacrée (*ḥaram*). En outre, toute mise en cause du culte rendu aux divinités locales menaçait de tarir la source de revenus que constituaient les pèlerinages pour les habitants et, surtout, les chefs de clans des oasis. À Ṭâ'if, on vénérait al-Lât ; à Nakhla, al-'Uzza ; entre La Mecque et Médine, un sanctuaire était consacré à Manât… Les notables de ces villes étaient prêts à défendre leurs intérêts communs. Aussi était-il risqué de promouvoir l'idée d'un dieu unique en abolissant le culte et les croyances liés à ces divinités.

Cela explique la descente des fameux « versets sataniques », appelés ainsi parce que, selon la tradition islamique, ce fut Satan qui les inspira à Muḥammad alors en pleine récitation de ce que Dieu lui révélait. Parlant d'al-Lât, d'al-'Uzza et de Manât, Muḥammad aurait donc ajouté, sous l'emprise du Démon : « Voici les grues exaltées, espère leur intercession. » Les auditeurs, satisfaits de ce discours, se prosternèrent. Mais bientôt l'ange Gabriel vint à Muḥammad pour lui montrer son erreur et lui inspirer d'autres versets qui remplacèrent celui-ci. Ainsi les trois divinités mentionnées furent-elles réduites à néant :

> Elles ne sont que les noms dont vous et vos pères les avez nommées : Dieu n'a fait descendre en elles aucun pouvoir.
>
> (le Coran, 53 : 19-23)

Ce fut sans doute la première véritable affirmation monothéiste émise par Muḥammad. L'historien y voit une rupture avec les notables des clans soucieux de préserver l'ancien culte : la détermination du Prophète à nier les divinités secondaires, son rejet intransigeant du polythéisme coupèrent court à toute tentative d'accord ou de compromis avec eux [1]. Une séquence révélatoire explicite allait en quelque sorte consommer cette rupture :

> Dis : « Ô dénégateurs
> je n'adore pas ce que vous adorez
> et vous, n'adorez pas ce que j'adore [...]
> À vous votre religion, à moi ma religion. »
> (le Coran, 109 : 1-6)

Dès lors, les croyants en cette nouvelle religion durent faire face à des pressions de plus en plus fortes, à des « persécutions » qui se manifestèrent surtout sous la forme d'attaques verbales. Quant à Muḥammad, il lui fallait consolider les bases de ce qui allait devenir l'islam.

Abrahamisme, ḥanîfisme, islam

La grande différence entre la religion de Muḥammad et celle que suivaient la plupart des Mecquois résidait donc dans le refus d'associer à la croyance en un dieu créateur celle de divinités mineures, ses « filles ». Aussi, bon nombre de séquences révélatoires

1. Sur cet épisode, cf. Montgomery Watt, *Mahomet*, p. 133 *sq*.

allaient, d'une part, affirmer l'existence d'un dieu unique et tout-puissant et, d'autre part, fustiger l'associationnisme (*chirk*) et les associants (*muchrikûn*).

Le message délivré par Muḥammad allait désormais promouvoir le culte pur, la religion foncière, en arabe : *al-ikhlâṣ*, titre d'une sourate coranique correspondant à une seule séquence révélatoire, brève autant que forte :

> Dis : « Il est Dieu, il est un
> Dieu de plénitude
> Il n'a pas engendré et il n'a pas été engendré
> et il n'a point d'égal. »
>
> (le Coran, 112) [1]

Muḥammad n'était pas le seul à le professer, ce monothéisme. D'autres que lui célébraient un dieu unique et affichaient une conduite ascétique ; certains portaient des vêtements distinctifs, déclamaient des vers et se disaient prophètes. Comme Muḥammad, c'étaient des *ḥanîf.* Tous affirmaient leur adhésion à la religion d'Abraham (*dîn Ibrâhîm*), l'ancêtre des Arabes, qui n'adorait qu'un seul dieu. Ils observaient les rites du pèlerinage à la Ka'ba de La Mecque qui, croyait-on, avait été fondée par Abraham. Toutefois, les *ḥanîf* ne formaient pas un mouvement organisé, mais poursuivaient individuellement leur quête spirituelle et développaient leurs propres conceptions religieuses. Aussi, certains adhéreront au message de Muḥammad, alors que d'autres refuseront de l'entendre, en partie par loyauté envers les Quraych,

1. Denise Masson traduit « *al-Ikhlâṣ* » par « le culte pur » ; Jacques Berque, par « la religion foncière ».

gardiens de la Ka'ba sacrée, et ils s'inscriront en rivaux contre le Prophète de l'islam [1].

Il semble donc qu'une forme de ḥanîfisme pouvait coexister sans heurt avec l'associationnisme. Ce n'était pas le cas dans le message apporté par Muḥammad :

> Abraham n'était ni juif ni chrétien, mais il était *ḥanîf*, soumis [à Dieu] (*muslim*). Il n'était pas un associant.
>
> (le Coran, 3 : 67)

Il est clair, ici, que le ḥanîfisme d'Abraham tel que Muḥammad voulait le restaurer n'admettait pas de divinités ; d'autres séquences révélatoires montrèrent comment Abraham s'était converti au culte du dieu unique et comment il avait détruit les idoles comme le fera ensuite Muḥammad (le Coran, 6 : 74 *sq.* ; 19 : 41 *sq.* ; 21 : 52 *sq.*, etc.). Par ailleurs, ce passage nous indique que la religion de Muḥammad ne se définissait pas seulement par rapport au ḥanîfisme, mais aussi par rapport aux deux autres religions révélées connues en Arabie, le judaïsme et le christianisme, qui se réclamaient, elles aussi, de l'héritage d'Abraham. Bien plus, la révélation faite à Muḥammad contiendra bien d'autres récits, ou des bribes de récits, concernant les prophètes de la Bible. En cela, la révélation de l'islam prétend venir confirmer les révélations antérieures pour, finalement, se les approprier [2]. Aussi les juifs et les chrétiens étaient-ils invités à abandonner leurs

1. Cf. Uri Rubin, « Ḥanifiyya and Ka'ba : an inquiry into the Arabian pre-islamic background of *dîn Ibrâhîm* », *Jerusalem Studies on Arabic and Islam*, n° 13, 1990, p. 85-112.

2. Sur cette notion d'appropriation, plus juste que celle d'emprunt, cf. Jacqueline Chabbi, *Le Seigneur des tribus*, p. 59.

croyances pour embrasser la religion de Muḥammad, présentée comme celle d'Abraham, c'est-à-dire leur véritable religion, qui avait été jusque-là altérée. Elle était contenue dans *La Mère du livre* (*Umm al-kitâb*), le livre archétypal, céleste, dont cette nouvelle et dernière révélation était l'émanation.

Les contours de cette nouvelle religion apparaissaient de plus en plus nettement. Cependant, Muḥammad continuait de subir les pressions de ses détracteurs mecquois et de débattre avec eux. En fait, ses opposants ne rejetaient pas d'emblée le monothéisme, qui leur était familier, ni une nouvelle révélation, qu'ils étaient prêts à accepter pour peu qu'elle s'inscrivît dans l'idée qu'ils se faisaient des révélations antérieures. Aussi exigeaient-ils de Muḥammad les preuves concrètes, physiques, de la puissance de son dieu.

> Ils dirent : « Nous ne te croirons pas tant que tu n'auras pas fait jaillir pour nous une source de la terre,
>
> Ou que tu ne posséderas pas un jardin de palmiers et de vignes où tu feras jaillir des ruisseaux
>
> Ou que tu ne feras pas tomber sur nous le ciel, comme tu l'as prétendu, par morceaux. […] »
>
> (le Coran, 17 : 90-93)

Ils lui demandaient de faire apparaître Dieu et les anges, d'avoir une riche demeure, de s'élever dans le ciel… bref, de montrer ses pouvoirs et ceux de son Dieu par des « signes » (*âyât*). À cela, Muḥammad répondait que les signes de la puissance divine étaient partout, dans la perfection de la création, pour qui savait les voir. Son message opposait ainsi aux contestataires une attitude qui ne se fondait pas sur des arguments tangibles, mais sur l'acceptation, la confiance, la soumission : l'islam [1].

> Dis : « Moi, j'ai reçu le commandement d'être le premier à me soumettre [...]. »
>
> (le Coran, 6 : 14)

Ceux qui refusaient de se soumettre à Dieu et qui persistaient à nier les signes divins seraient, désormais, les dénégateurs (*al-kâfirûn*). Or, ils poursuivaient leurs attaques contre Muḥammad. Celui-ci continua de prêcher à La Mecque tant que son clan et, notamment, son oncle Abû Ṭâlib lui assuraient protection. Mais après la mort d'Abû Ṭâlib, les Banû Hâchim l'abandonnèrent. L'organisation tribale des Arabes était telle qu'un individu ne pouvait demeurer isolé, sans appartenir à un clan ou bien être rattaché à un autre. Muḥammad et ses partisans auraient certes pu rester à La Mecque, mais ils n'auraient pas pu s'y imposer. Après avoir tenté de se replier à Ṭâ'if, Muḥammad décida de s'expatrier à Yathrib, en 622 : c'est l'hégire.

La fondation d'une communauté nouvelle

Yathrib avait été peu auparavant déchirée par des luttes interclaniques dont elle se relevait à peine ; il se peut que certains de ses habitants aient attendu de l'homme charismatique qu'était Muḥammad un arbitrage propre à apaiser la situation. Son arrivée y fut en tout cas bien préparée.

1. Cf. Mohammed Arkoun, *Lectures du Coran*, p. 30-32.

Muḥammad s'installa à Yathrib avec un groupe de partisans qui le suivirent depuis La Mecque et migrèrent avec lui : les *muhâjirûn*. À Yathrib, d'autres adeptes les rejoignirent et leur portèrent secours : les *anṣâr*. Ensemble, ils formèrent le groupe des croyants dont le message divin transmis par Muḥammad encourageait régulièrement à poursuivre les « efforts dans la voie de Dieu ». À cette communauté (*umma*), Muḥammad associa, dans une série d'accords appelée la « constitution de Médine » (voir p. 281-283) certaines communautés juives locales : de nouveaux liens de solidarité furent ainsi institués au sein de cette nouvelle entité, des liens qui transcendaient ceux des tribus et participaient à la fondation d'une structure sociale nouvelle.

À partir de l'hégire, les séquences révélatoires se firent plus longues et plus détaillées, complétant ainsi le système de croyances partiellement mis en place à La Mecque et instaurant peu à peu un ordre nouveau. On s'en rend compte à la lecture de la sourate « La vache », la plus longue du Coran, qui fut révélée durant cette période. La communauté formée par Muḥammad et ses partisans se conforma aux ordres divinement inspirés qui régirent désormais les pratiques rituelles des croyants comme leurs relations sociales. Muḥammad qui, jusqu'alors, était présenté comme le compagnon ou le contribule (*sâḥib*) de ses auditeurs passa au statut de messager de Dieu et de prophète [1]. Il devait peu à peu être confirmé comme

1. Jacqueline Chabbi, *Le Seigneur des tribus*, p. 73.

le chef de la communauté réunie autour de lui par la révélation :

> Dis : « Obéissez à Dieu et à son messager [...]. »
>
> (le Coran, 3 : 32)

Toutefois, à l'insistance avec laquelle certains versets révélés à cette époque engagent les croyants à obéir au Prophète, à recourir à son arbitrage et à se référer à ses jugements, on voit qu'il ne fut pas d'emblée considéré comme le chef de cette entité qu'il avait constituée à Médine :

> Non, par ton Seigneur, ils ne seront pas des croyants tant qu'ils ne te prendront pas pour arbitre de leurs différends et tant qu'ils ne trouveront plus d'objection à ta décision mais s'y soumettront totalement.
>
> (le Coran, 4 : 65)

Muḥammad était d'abord vu comme un chef spirituel, dont la tâche principale, en ce début de période médinoise, consistait en l'édification de la nouvelle religion. Les obligations rituelles de l'islam furent établies de manière de plus en plus organisée : d'abord la prière rituelle (*ṣalât*) et la purification par le don (*zakât*), puis le jeûne (*ṣawm*) et le pèlerinage (*ḥajj*). Au cours de ce processus, elles furent adaptées aux circonstances du moment : après l'hégire et la rupture avec les quraychites, par exemple, l'orientation de la prière (*qibla*) ne fut plus la Ka'ba de La Mecque, mais Jérusalem ; puis, après la rupture avec les tribus juives, la Ka'ba sera rétablie. De même, le jeûne des musulmans fut calqué sur celui des chrétiens et sur celui des juifs pour ce qui est de la date choisie avant d'en être démarqué et fixé au mois de ramadan.

Ces pratiques reprenaient parfois, en partie, les cultes anciens en les adaptant au pur monothéisme. Ainsi, le nouveau pèlerinage à La Mecque intégra des rites anciens et populaires, comme la lapidation à Minâ, qui furent ensuite placés sous l'autorité d'Abraham. Puisque celui-ci était considéré comme le fondateur de la Ka'ba et qu'il était associé au sanctuaire de La Mecque, il ne restait qu'à lui attribuer la paternité de ces rites pour les « islamiser » [1]. En outre, certaines formules rituelles liées à l'ancien pèlerinage furent débarrassées de leurs aspects polythéistes et conservées pour le nouveau [2]. Le premier pèlerinage musulman fut conduit par Abû Bakr, fidèle lieutenant du Prophète, en 631 ; l'année suivante, peu avant de mourir, Muḥammad le dirigea lui-même et indiqua le déroulement du rituel. Certains détails des cérémonies, restés imprécis, furent ensuite traités par les docteurs des différentes écoles de l'islam.

Ainsi, les musulmans se dotèrent de leurs propres institutions religieuses.

De la même manière, un nouvel ordre moral fut instauré. Là encore, il ne s'agissait pas de bouleverser les coutumes et les usages ; bon nombre de règles tribales furent conservées et, en quelque sorte, sacralisées par la révélation. Cependant, en tant que Prophète et détenteur de l'autorité religieuse, Muḥammad définit la bonne manière de se comporter, la voie qui conduisait

1. Cf. Reuven Firestone, « Abraham's association with the Meccan sanctuary and the pilgrimage in the pre-islamic and early islamic period », *Le Muséon*, n° 104, 1991, p. 359-387.

2. Meir J. Kister, *Society and Religion*, « Labbayka... ».

au salut. Avant de fixer les peines encourues, il s'agissait, d'abord, d'inciter le croyant à se conformer aux ordres de Dieu et à implorer son pardon en cas de faute. Par ailleurs, si la révélation reconduisit des règles comme la loi du talion, ce ne fut pas sans leur recommander un allègement : dans ce cas précis, la possibilité de payer une compensation pour le sang versé au lieu de prendre « une vie pour une vie ».

En outre, Muḥammad édicta les normes morales qui devaient assurer le vivre ensemble, la cohésion et l'ordre au sein de la nouvelle entité formée à Médine. Aussi, sans pour autant viser l'élaboration d'un système juridique – ce sera le but des fondateurs du *fiqh* –, Muḥammad devint un Prophète-législateur [1].

Parallèlement, Muḥammad parvint à s'imposer en tant que chef politique, et cela lui permit d'achever son œuvre fondatrice : unir les tribus arabes sous sa bannière et installer à Médine un État.

De la confédération tribale à l'État ?

Avec la « constitution de Médine », Muḥammad instaura une entité qui n'était plus fondée, comme la tribu, sur le lignage, mais sur le territoire. En effet, il y associait aux croyants, les Quraych venus de La Mecque ainsi que les Aws et les Khazraj de Médine, des groupes juifs dont la particularité était de résider à Médine où ils étaient alliés par un pacte (*ḥilf*) à

1. Joseph Schacht, *Introduction au droit musulman*, p. 21-23.

des clans arabes [1]. Le but de cette charte était donc d'instituer une unité territoriale se substituant à l'ordre tribal. Certains historiens y voient les bases d'un État, même si le mot n'était pas employé à l'époque ; d'autres réfutent cette idée.

Il fallut assurer la viabilité économique de la communauté composée, en partie, d'étrangers à son territoire : les expéditions militaires allaient permettre, grâce au butin dégagé du pillage, de nourrir les croyants qui auraient combattu « sur le chemin de Dieu ». Ainsi, la razzia en usage chez les bédouins fut peu à peu transformée en *jihâd*, en combat sacré.

L'ennemi à soumettre fut désigné par la révélation : d'un côté, les associants, à commencer par ceux de La Mecque ; de l'autre, les juifs qui, malgré les exhortations, avaient refusé d'embrasser l'islam. Au nom du ḥanîfisme originel, ils avaient en effet d'abord été invités à se soumettre à la religion de Muḥammad, mais comme seuls quelques individus obtempérèrent, Muḥammad reçut des révélations blâmant les juifs [2]. La rupture fut consommée par la séparation totale des rites religieux des deux communautés ; une lutte verbale s'ensuivit et leurs relations s'envenimèrent.

Les premières expéditions des partisans de Muḥammad furent lancées contre des caravanes mecquoises qu'il s'agissait de prendre en embuscade et de piller, comme le faisaient habituellement les bédouins. Elles ne remportèrent pas le succès escompté. En mars 624,

1. Uri Rubin, « The "constitution of Medina". Some notes », *Studia islamica*, n° 62, 1986, p. 9-10.

2. Cf. par exemple, le Coran, 4 : 45-56.

Muḥammad prit la tête d'une troupe plus importante que les précédentes et livra bataille, à Badr, contre un détachement mecquois qui portait secours à la caravane convoitée. Ce fut la première véritable bataille menée par les musulmans : une victoire assortie d'un appréciable butin. Une révélation vint à Muḥammad après l'événement pour signifier aux combattants que Dieu avait été l'artisan de leur victoire et qu'il y en aurait d'autres (le Coran, 8 : 1-19). Il y eut, en fait, la bataille d'Uḥud, lancée un an plus tard par les Mecquois pour se venger, qui ne fut qu'un demi-succès. En mars 627, ils marchèrent de nouveau sur Médine avec l'intention d'en finir, et les moyens en hommes nécessaires. Fin stratège, et conseillé, rapporte-t-on, par un Persan converti, Salmân, Muḥammad fit creuser une tranchée où il posta ses troupes. Ainsi fit-il échec au siège de Médine par les Mecquois.

L'événement permit à Muḥammad de se débarrasser de l'opposition interne, médinoise. Déjà, la tribu juive des Qaynuqâ' avait été chassée de la ville et, après elle, celle des Naḍîr. Ce fut le tour des Qurayẓa, qui n'avaient pas participé à la défense de Médine :

> Une partie d'entre eux, vous l'avez tuée et l'autre, vous l'avez emprisonnée.
>
> (le Coran, 33 : 26)

Restait l'opposition de ceux qui avaient embrassé l'islam sans grande conviction et qui, au lieu de lutter au côté de Muḥammad, adoptaient au moment du combat une position attentiste. Bien des séquences révélatoires furent consacrées à les vitupérer : c'étaient les *munâfiqûn*, terme que l'on traduit par « hypocrites ». Ce succès mit provisoirement fin à leurs agissements et assit l'autorité de Muḥammad. Celui-ci dirigea ensuite de nouvelles expéditions et remporta des victoires qui accrurent son pouvoir auprès des tribus nomades. Peu à peu, elles se rallièrent à lui, soit par la conversion à l'islam, soit en se plaçant sous sa protection. En janvier 630, Muḥammad et ses troupes entrèrent presque sans opposition à La Mecque qui se soumit. Juste après, les musulmans vainquirent les Hawâzin à Ḥunayn et ce ne fut ensuite qu'une succession de délégations qui vinrent demander la protection de Muḥammad.

Il ne s'agissait plus de confédération tribale, d'accords mutuels passés entre différentes tribus. Muḥammad avait unifié les tribus autour de lui, garanti la sécurité sur un vaste territoire et instauré une nouvelle forme de solidarité qui ne se réalisait plus dans le cadre tribal, mais dans celui de l'État fondé à Médine. Son habileté politique avait permis à cet État de s'organiser, ses qualités de chef de guerre lui avaient permis de s'étendre.

À la mort de Muḥammad, certaines adhésions se révélèrent fragiles : des tribus brisèrent leur allégeance à son successeur, Abû Bakr, et cherchèrent à renégocier des pactes de non-agression, tels qu'ils se pratiquaient auparavant. C'était faire vaciller les fondements du jeune État et le mettre en danger ; cette sécession, à la fois politique et religieuse, fut appelée *ridda*, terme qui prit le sens d'apostasie (voir p. 233-236). Abû Bakr ramena les tribus rebelles sous son autorité par la force, il s'assura de leur loyauté et poursuivit l'œuvre du Prophète en impulsant des conquêtes hors d'Arabie. L'État était appelé à s'étendre encore. Toutefois, Muḥammad n'avait pas laissé toutes les instructions qui auraient été nécessaires pour l'administrer, y rendre la justice, y perpétuer l'ordre qu'il avait institué. La révélation, dont il était l'unique messager, avait cessé : les musulmans devaient désormais gérer cet héritage sans lui.

2

Le Coran

Dans le christianisme, le verbe divin s'est incarné en Jésus ; dans l'islam, il s'est fait livre. Le Coran, pour les musulmans, c'est donc le Livre par excellence : *al-kitâb.* Le livre saint est perçu par eux dans sa globalité et son unité : il leur suffit de réciter une partie d'un verset coranique ou de citer une expression tirée d'un verset pour faire surgir l'ensemble du Coran. Rien n'illustre mieux cela que l'idée promue par les soufis selon laquelle : tous les livres antérieurs sont contenus dans le Coran ; tout le Coran est contenu dans la Fâtiha, la sourate liminaire ; toute la Fâtiha est contenue dans la Basmala (« Au nom de Dieu le clément le miséricordieux ») ; toute la Basmala est contenue dans la lettre *ba* ; tout ce qui est contenu dans le *ba* est contenu dans le point diacritique qui sert à l'écrire.

En outre, le simple croyant d'aujourd'hui ne connaît qu'un Coran : l'édition du Coran tend à se standardiser, et la référence la plus courante est celle qui a été mise au point à al-Azhar, au Caire, en 1924.

Toutefois, le Coran peut aussi être saisi dans sa diversité et dans sa complexité. C'est un texte extrêmement composite, aussi bien dans la forme que dans le fond ; il est jaillissement, foisonnement, et paraît parfois désordonné. La langue, ancienne, n'est pas toujours d'emblée compréhensible, même pour un arabophone. Si le croyant a une manière particulière de saisir et de vivre le texte qu'il a mémorisé dans sa jeunesse et intériorisé, le lecteur non habitué au genre – d'ailleurs unique – peut le trouver ardu. Au moins y décèlera-t-il une infinie richesse.

Le texte coranique

Le livre se divise en 30 parties appelées *juz'*, et en 114 sourates (*sûra*) numérotées, qui commencent toutes par la Basmala, sauf la neuvième. Les sourates sont de longueurs diverses : elles comportent entre 3 et 286 (ou 287) versets (*âya*), eux aussi numérotés. Le verset est donc l'unité de base de la révélation. Dans le Coran lui-même, le terme *âya* revient 400 fois, investi de sens différents. Il y est d'abord employé à propos de phénomènes naturels, puis de faits extraordinaires qui témoignent de la puissance divine : ce sont les « signes » de Dieu. Ensuite, il désigne le message révélé et, enfin, l'unité de base de ce message. Cela dit, *âya* recèle tous ces sens à la fois.

Les titres des sourates sont en quelque sorte des mots-clés qui furent sans doute utilisés comme aide-mémoire par les récitateurs : soit ils se rapportent à un thème traité dans la sourate, à l'un de ses traits marquants ou bien à un personnage, soit ils sont extraits des premiers mots. Certaines sourates commencent par une énumération de lettres que le récitant épelle l'une après l'autre ; il semble que ces lettres aient fait partie de la révélation. Leur signification, malgré les conjectures des savants et des mystiques à ce sujet, demeure mystérieuse.

Le Coran, comme le terme *qur'ân* l'indique, est une récitation ; ce fut d'abord une parole dite par Muḥammad à ses compagnons, puis par ses compagnons qui la transmirent, à leur tour, oralement. Le texte coranique laisse transparaître cette oralité : il se présente comme une parole dite, vivante, à répéter à haute voix. Sa forme fait aussi apparaître le Coran comme un message que Dieu, le locuteur, adresse aux hommes, les destinataires. Muḥammad est l'intermédiaire par lequel le message est porté, l'instrument de la révélation divine. « Dis ! » (*iqrâ'*), lui ordonne Dieu ; ou bien : « Annonce ! » (*bachchir*) ; ou bien : « Avertis ! » (*andhir*).

La langue du Coran est la *'arabiyya*, la koinè qui était utilisée dans les villes commerçantes du Hedjaz où se retrouvaient les tribus parlant des dialectes différents. Elle est décrite, dans le Coran lui-même, comme la langue arabe claire et simple (*lîsân 'arabî mubîn*), celle qui permet d'expliciter et de comprendre toutes choses. Le Coran puise dans cette langue et, en retour, la transforme, à la fois par des glissements de sens et par un processus de sacralisation.

Cette koinè était en fait, aussi, la langue des poètes. Toutefois, le style du Coran se distingue à la fois de la prose et de la poésie : il s'agit de prose assonancée (*saj'*), qui n'a ni mètre ni rime systématique, et comporte çà et là des répétitions, des refrains. Autant dire que, avant toute compréhension, le Coran est une musique, aussi bien pour les auditeurs non arabophones que pour les bédouins de la *jâhiliyya* ou pour les Arabes d'aujourd'hui. Le Coran s'annonce lui-même comme incomparable (le Coran, 2 : 23 ; 10 : 38 ; 11 : 13) ; la doctrine de cette inimitabilité (*i'jâz*) fut mise au point par des savants comme al-Rummânî (m. 996) ou bien al-Bâqillânî (m. 1013), qui lui consacra un traité.

Cette musique, qui ravit l'oreille, est aussi un jaillissement d'images et de métaphores, une profusion de sens qui impressionnent l'auditeur et frappent son imagination. Comme le résume fort justement Mohammed Arkoun : « Le discours coranique est, en fait, une orchestration à la fois musicale et sémantique de concepts clés puisés dans un lexique arabe commun qui s'est trouvé radicalement transformé pour des siècles [1]. »

Le Coran s'inscrit entre une histoire sacrée passée – contenue dans la Bible – et une eschatologie à venir. Entre ces deux extrêmes, entre les histoires des anciens prophètes et les descriptions du feu de l'enfer ou des délices du paradis, s'offre une palette variée de thèmes qui se juxtaposent ou s'entrecroisent.

Il y a l'affirmation de la transcendance divine, dont témoigne toute la création ; il y a le rappel (*dhikr*) du pacte que l'homme a conclu avec le Dieu tout-puissant ; des règles, des normes (*aḥkâm*) auxquelles les croyants devront se conformer ; et puis des chroniques, des controverses, des formules liturgiques, etc. Plusieurs

1. Mohammed Arkoun, *Lectures du Coran*, p. 6.

thèmes peuvent coexister dans une même sourate, lui conférant ainsi des tons différents. D'où l'impression de profusion et de désordre : « Le discours passe d'un sujet à l'autre, sans être poursuivi, et encore non épuisé. Le même thème, le même motif revient çà et là sans régularité discernable », remarque Jacques Berque. Toutefois, à y regarder de près, le Coran cache selon lui « un ordre synchronique, qui décrit souvent des entrelacs ». Bien plus, il décèle une certaine symétrie à partir du milieu du Coran (en comptant par nombre de phonèmes, de monèmes ou de versets), ainsi qu'au sein de certaines sourates [1].

Il y a encore beaucoup à découvrir sur le Coran. Historiens et philologues en abordent actuellement l'étude de différentes manières, et les études coraniques ont connu un regain d'intérêt ces vingt-cinq dernières années. Jacques Berque a développé, de manière intuitive, des analyses littéraires, purement formelles, du texte. Angelika Neuwirth pousse plus loin l'analyse textuelle. En considérant la sourate comme une unité formelle, et même un genre littéraire, elle en étudie la composition, les versets et les rimes afin de faire apparaître toute l'unité textuelle du Coran [2]. Christoph Luxenberg cherche, lui, à comprendre le Coran à travers une lecture faisant apparaître le substrat linguistique syro-araméen du texte ; sa démarche et ses résultats suscitent l'engouement des

1. Cf. Jacques Berque, *Relire le Coran*, p. 19-33.
2. Angelika Neuwirth, *Studien zur Komposition der mekkanischen Suren*, Berlin, De Gruyter, 1981.

uns, le doute des autres [1]. Michel Cuypers applique des méthodes d'analyse utilisées dans les études bibliques et replace le Coran dans le contexte d'autres documents de la littérature sacrée pour procéder à une lecture qui en renouvelle la compréhension [2]. D'autres, à travers le Coran, s'interrogent sur l'histoire de la langue arabe et de sa grammaire. D'autres, enfin, s'y réfèrent pour écrire l'histoire de la fondation de l'islam. Ils cherchent alors à repérer, à l'intérieur des sourates, des séquences révélatoires susceptibles de les informer sur les événements contemporains à la révélation et sur les acteurs de cette histoire, à commencer par le Prophète lui-même. Les approches aujourd'hui se multiplient et les études coraniques sont très dynamiques, en Europe comme aux États-Unis [3]. En tant qu'outil pour l'histoire, le corpus coranique est malheureusement souvent trop elliptique. Sans doute, les

1. Christoph Luxenberg, *Die syro-aramäische Lesart des Koran : ein Betrag zur Entschlüsselung der Koransprache.* Parmi les nombreuses réactions à l'ouvrage, cf. Claude Gilliot, « Langue et Coran : une lecture syro-araméenne du Coran », *Arabica*, I/3, 2003, p. 386-391 et Angelika Neuwirth, « Qur'an and history – a disputed relationship. Some reflections on Qur'anic history and history in the Qur'an », *Journal of Qur'anic Studies*, V/1, 2003, p. 1-18.

2. Michel Cuypers, *Le Festin. Une lecture de la sourate al-Mâ'ida.*

3. Sur l'histoire des méthodes utilisées et des débats sur les études coraniques, cf. Alfred-Louis de Prémare, *Aux origines du Coran*, chap. I et II ; Françoise Micheau, *Les Débuts de l'islam*, chap. IV ; Mehdi Azaiez (dir.), « Introduction », *Le Coran. Nouvelles approches.* Pour des informations scientifiques régulièrement mises à jour sur ces questions, se reporter au site : www.mehdi-azaiez.org (consulté le 13 janvier 2016).

auditeurs de Muḥammad comprenaient ses allusions ; elles furent ensuite d'autant plus difficiles à déchiffrer que la vulgate coranique, une fois collectée, fut classée dans un ordre non chronologique.

Classement des sourates et chronologie de la révélation

Dans le Coran, les sourates sont classées, *grosso modo*, par ordre de longueur décroissante : après la liminaire, la Fâtiha, vient la sourate « La vache », la plus longue ; les dernières sourates sont les plus courtes et ne comptent que quelques versets. On ignore tout de cet arrangement : qui, dans l'histoire de l'élaboration de la vulgate, l'a imposé, quand, où… ? Cependant, il existe un autre classement, qui n'apparaît pas dans la présentation du texte, mais qui est souvent indiqué, en note ou à côté du titre de la sourate. Il s'agit d'un classement tentant de retrouver l'ordre chronologique de la révélation.

Très tôt, les musulmans ont eu besoin de savoir dans quel ordre avaient été révélées les sourates du Coran. Aussi cherchèrent-ils à retrouver dans quelles circonstances tel ou tel verset avait été révélé. Pour ce faire, ils ne pouvaient s'appuyer que sur les récits et anecdotes qui circulaient, parmi eux, depuis la mort de Muḥammad. Ces récits, appelés *ḥadîth* ou *khabar*, rapportaient les faits et gestes du Prophète et de ses compagnons ; ceux qui racontaient les événements ayant déclenché une révélation furent appelés *asbâb al-nuzûl*, les circonstances, ou bien les causes de la révélation.

À partir de ces récits, des listes de sourates, dressées selon un ordre chronologique, apparurent ; on dispose ainsi de listes anciennes datant du VIIIe siècle, et reprises par les savants postérieurs. Le premier découpage chronologique établi partagea les sourates en deux parties : celles qui avaient été révélées à La Mecque, et celles qui avaient été révélées à Médine. Ce découpage fut ensuite affiné pour aboutir à un classement [1].

Les orientalistes refusèrent de se fonder sur le classement des savants musulmans parce qu'il reposait, selon eux, sur des prémisses inacceptables. D'une part, les *ḥadîth*, selon leurs critères scientifiques, ne constituent pas des preuves fiables ; d'autre part, la sourate n'est pas une unité de la révélation, mais regroupe différentes séquences révélatoires. Les chercheurs européens développèrent donc leur propre système de datation, en s'appuyant sur d'autres hypothèses. Gustav Weil, dans la seconde moitié du XIXe siècle, mit au point une méthode et un classement dont s'inspirèrent ensuite des auteurs tels que Nöldeke, Bell ou Blachère. Les trois critères retenus se fondaient sur le texte coranique lui-même : le contenu du texte, son style et les allusions à des événements connus. Gustav Weil divisa ainsi la révélation en quatre périodes, trois mecquoises et une médinoise. Le ton des périodes mecquoises est apocalyptique, chargé d'émotions et d'images fortes : il faut frapper, attirer, convaincre.

1. Régis Blachère, *Introduction au Coran*, p. 243-246.

Celui de la période médinoise est plus mesuré : il s'agit alors d'organiser la jeune communauté musulmane, de la doter de règles. Enfin, signalons que, curieusement, les résultats obtenus par Weil et ses successeurs ne sont pas très éloignés de ceux de la tradition islamique…

L'histoire de la révélation est loin d'être achevée. De nouvelles hypothèses ont récemment vu le jour, grâce à des travaux réalisés sur les monothéistes et sur ceux que l'on appelle les « informateurs » de Muḥammad. Ces travaux permettent de « replacer la naissance du message muhammadien davantage dans l'histoire des divers mouvements ou tendances religieuses qui ont animé la péninsule Arabique [1] ». L'étude du texte coranique lui-même, par les philologues et les linguistes qui s'interrogent sur son lien avec le texte biblique et, par ailleurs, sur l'auditoire de la révélation, et de son contexte historique devraient converger vers une meilleure connaissance de l'histoire du fait coranique et de la communauté émergente des musulmans. Ensuite, il faut poursuivre cette démarche en se penchant sur l'histoire des recensions du Coran lui-même. La parole dite, récitée par le Prophète et reprise par ses adeptes, à l'origine, fut peu à peu consignée, colligée, couchée par écrit, puis fixée.

Collection, recension et codification du Coran

On ne peut aborder la constitution de la vulgate coranique sans s'intéresser, au préalable, à l'histoire de

1. Claude Gilliot, « Le Coran et les contraintes de l'histoire », dans l'ouvrage de Stefan Wild (dir.), *The Qur'an as Text* ; Françoise

l'écriture et de la transmission du savoir dans la péninsule Arabique. Sur ce point, les recherches de Gregor Schœler nous sont d'une grande utilité [1]. Celui-ci montre que l'utilisation de l'écriture dans les centres urbains de l'Arabie remonte à la période antéislamique : certains documents, contrats, lettres, traités étaient déjà couchés par écrit. La littérature relative aux traditions tribales, comme les généalogies ou les récits des batailles, les jours des Arabes (*ayyâm al-'arab*), demeurait orale. Quant à la poésie, elle était transmise oralement, par les poètes eux-mêmes ou par leurs « rapporteurs » (*râwî*) qui, pour mieux la conserver, se mirent à prendre des notes écrites et à se constituer des aide-mémoire. Elle ne fut transmise par écrit, publiée, que sous l'impulsion des califes omeyyades, puis la rédaction de recueils s'intensifia à partir du IXe siècle.

C'est dans ce cadre qu'il faut situer la recension du Coran. Même lorsqu'elle fut « notée » et colligée, et même après avoir été codifiée, fixée, la récitation de Muḥammad continua d'être transmise oralement. C'est d'ailleurs ainsi, à la fois par le biais de l'oralité et par celui de l'écriture, que s'effectua toute la transmission du savoir religieux en islam – et ce, jusqu'à nos jours.

La tradition islamique rapporte que le Coran commença à être colligé du vivant du Prophète. Il existe,

---

Micheau, *Les Débuts de l'islam*, chap. IV, « Le Coran à l'épreuve de l'histoire ».

1. Gregor Schœler, « Writing and publishing. On the use and function of writing in the first centuries of islam », *Arabica*, n° 44, 1997, p. 424-430.

pour appuyer cette idée, un célèbre propos (*ḥadîth*) attribué à Zayd b. Thâbit, qui était le scribe de Muḥammad : « Nous étions chez l'envoyé de Dieu, à colliger le Coran à partir de fragments de papier, d'os ou de tiges de palme. » Il y eut ensuite des récits différents et contradictoires concernant le successeur du Prophète qui poursuivit l'œuvre de collection : ainsi, les quatre califes dits « bien dirigés » se virent successivement attribuer ce rôle. Finalement, les versions s'harmonisèrent et les savants musulmans s'accordèrent sur le choix de 'Uthmân. C'est donc lui qui, selon la tradition, ordonna et dirigea la recension du Coran [1].

Les « feuilles » (*ṣaḥîfa*) furent donc rassemblées, et l'on en rédigea un livre (*kitâb*) qui fut copié en plusieurs exemplaires. Ces exemplaires officiels du Coran furent envoyés dans les différentes capitales des provinces de l'Empire, pour servir de copies de référence. La tradition date l'événement de 653. D'après Schœler, ce type de publication était déjà attesté avant l'islam, et il est donc fort probable que les choses se soient passées ainsi pour le Coran.

Les historiens de l'islam, dans leur grande majorité, acceptent la version de la tradition islamique et considèrent que c'est bien 'Uthmân qui a supervisé la recension du Coran et institué la vulgate. Quelques voix s'étaient élevées pour contredire cette thèse, notamment celles de John Burton et de John Wansbrough ; Jacqueline Chabbi, elle, émettait des doutes, estimant

1. Cf. John Burton, *The Collection of the Qur'an.*

qu'une datation plus tardive de la recension, sous les Omeyyades, serait probable [1].

Il apparaît toutefois dans les dernières recherches sur les manuscrits du Coran, que ce soit ceux « de Sanaa » ou d'autres fragments conservés ailleurs, que le texte fut bien consigné dès le premier siècle de l'islam, voire du vivant du Prophète [2].

Cependant, même après la recension et la publication de la vulgate « officielle », les récitateurs-lecteurs (*qârî*) continuèrent d'appliquer leur méthode, et de transmettre le livre saint oralement, en s'aidant éventuellement de notes. Certains d'entre eux refusèrent de considérer la recension officielle comme la seule version du Coran : celle d'Ibn Mas'ûd demeura un moment en usage à Kûfâ ; celle de 'Ubayy b. Ka'b à Damas ; celle d'Abû Mûsâ à Baṣra, pour ne citer que les plus connues.

En outre, la recension définitive du Coran fut entravée par le caractère défectueux de la notation de la langue arabe. Parmi les voyelles, seules les voyelles longues étaient notées, et encore, pas toujours ; certaines consonnes étaient rendues par un signe unique.

---

1. Jacqueline Chabbi, *Le Seigneur des tribus*, p. 64-65.
2. Asma Hilali, « Le palimpseste de Ṣan'ā et la canonisation du Coran : nouveaux éléments », *Cahiers Glotz*, n° 21, 2010, p. 443-448 ; Behnam Sadeghi et Uwe Bergmann, « The codex of a companion of the prophet and the Qur'ān of the prophet », *Arabica*, 57/4, 2010, p. 343-436 ; Behnam Sadeghi, « The chronology of the Qur'ān : a stylometric research program », *Arabica*, 58/3-4, 2011, p. 210-299 ; Behnam Sadeghi et Mohsen Goudarzi, « Ṣan'ā' 1 and the origins of the Qur'ān », *Der Islam*, 87/1–2, 2012, p. 1-129 ; François Déroche, *La Transmission écrite du Coran dans les débuts de l'islam : le codex parisino-petropolitanus.*

Des points diacritiques furent introduits, pour les distinguer, à partir du milieu du VIIIe siècle ; leur usage se généralisa peu à peu sous les Abbassides. Le texte coranique fut entièrement vocalisé au Xe siècle.

Jusqu'à cette date, le Coran était transmis avec des variantes en quelque sorte non contrôlées. Elles étaient dues, principalement, à des pratiques différentes de la langue ou à des dialectalismes. Anas b. Mâlik (m. 710) jugeait même permis de remplacer des mots par des synonymes car, pour lui, l'important était de transmettre le sens du texte. Aussi y avait-il différentes « lectures » ou « leçons » (*qirâ'ât*) du Coran [1].

Dans la première moitié du Xe siècle, un savant de Bagdad, Ibn Mujâhid (m. 936), interdit l'usage de lectures qu'il jugea non canoniques, telle celle d'Ibn Mas'ûd. Il s'appuya pour cela sur un *ḥadîth* disant que le Coran avait été révélé en sept lectures, et obtint le soutien du gouvernement. Ainsi, sept lectures émanant de savants ayant vécu au VIIIe siècle dans différentes villes furent fixées et officialisées, en 934. Ensuite, trois autres lectures, puis quatre, furent admises, ce qui porta à quatorze le nombre de lectures coraniques reconnues. Celle d'un savant de Kûfa, 'Âṣim (m. 744), est aujourd'hui la plus répandue ; l'édition égyptienne du Coran s'y conforme. Les discussions entre les savants en sciences islamiques se sont néanmoins poursuivies, jusqu'à nos jours, sur la question des lectures du Coran. Les recensions non retenues sont d'ailleurs parvenues jusqu'à nous et leur étude permet aux chercheurs d'affiner la

1. Gregor Schœler, « Writing and publishing... », p. 430-432.

connaissance que nous avons de l'histoire de la recension coranique [1].

Expliquer, interpréter, extrapoler le Coran

Le Coran se définit lui-même comme un livre clair et simple ; pour le croyant, il est parfait. Cela n'exclut pas, toutefois, la nécessité de l'expliquer et de l'interpréter, afin de rendre les prescriptions coraniques applicables à toutes éventualités. En outre, il contient des passages elliptiques reprenant des motifs bibliques qui durent être développés, complétés pour être explicites. Ainsi, durant les trois premiers siècles de l'islam, s'élabora autour du Coran un immense corpus de récits qui constitua l'historiographie sacrée de l'islam.

Parmi ces récits, les « histoires des prophètes » (*qiṣas al-anbiyâ'*) étaient rapportées par des conteurs (*qâṣṣ*), souvent des juifs convertis à l'islam, tels les fameux Ka'b al-Ahbâr et Wahb b. Munabbih. Ceux-ci reprenaient et adaptaient des fragments d'histoire biblique qu'ils versaient dans l'islam, l'inscrivant ainsi dans la continuité des deux monothéismes qui l'avaient précédé [2]. Lorsque cette tâche fut achevée, ces conteurs perdirent de leur influence et ils durent se reconvertir en sermonnaires populaires, dans les mosquées. Reste que le corpus formé par ces « histoires des prophètes » fut en partie intégré dans les ouvrages d'exégèse coranique,

1. Encyclopédie de l'Islam, 2ᵉ éd. (*EI²*), « Ḳirâ'a ».
2. Cf. Jacqueline Chabbi, *Le Seigneur des tribus*, 1997, p. 96-116.

au grand dam du savant Ibn Taymiyya qui, au XIVe siècle, allait le premier critiquer le recours à ces *isrâ'îliyyât* pour expliquer le Coran.

D'autres récits rapportaient des faits contemporains de la révélation et participèrent à la construction d'une mémoire des premiers temps de l'islam. Certains apportaient un éclairage sur le Coran, en racontant dans les moindres détails les événements qui avaient déclenché la révélation de tel ou tel verset : les « circonstances de la révélation » (*asbâb al-nuzûl*), qui formèrent un bloc, une sorte de sous-genre littéraire. Les premiers commentateurs du Coran en avaient besoin pour déterminer, entre deux ou plusieurs versets qui se contredisaient ou, du moins, différaient, lequel avait été révélé en dernier. C'était alors à celui-là qu'ils devaient se conformer. En effet, face aux divergences de certains versets coraniques, ils avaient développé une théorie selon laquelle le dernier verset révélé abrogeait le précédent.

Cette théorie, dite « de l'abrogeant et de l'abrogé » (*al-nâsikh wa al-mansûkh*), se fondait sur le Coran lui-même – entre autres, sur ce verset : « Nous n'abrogeons un verset ni le faisons oublier sans en apporter un meilleur ou semblable » (le Coran, 2 : 106). Autrement dit, Dieu pouvait se réserver de fixer le contenu final de la révélation, soit en faisant oublier à Muḥammad de transmettre un verset, soit en le remplaçant par un autre. Cette théorie permit de mieux appréhender les prescriptions coraniques. Ainsi les spéculations des musulmans autour du Coran visaient-elles à alimenter les premières réflexions qui allaient mener à l'élaboration du droit islamique (*fiqh*).

Enfin, l'historiographie islamique fut composée d'autres récits, ou propos (*ḥadîth*), indépendants du Coran, qui décrivaient les faits et gestes des compagnons du Prophète et transmettaient leurs paroles ; de même, concernant le Prophète lui-même. Ils feront l'objet du prochain chapitre.

Compléter le Coran en lui adjoignant une historiographie sacrée susceptible de le rendre plus accessible et de poursuivre, parallèlement au contenu de la révélation, l'élaboration du dogme, fut l'un des aspects de l'activité des premiers commentateurs du livre saint. L'autre aspect fut de se concentrer sur le texte lui-même en cherchant à mieux le comprendre et l'expliquer. Les milieux des récitateurs du Coran étaient les plus portés à assumer cette tâche. Lorsqu'ils récitaient le Coran devant un auditoire, ils s'arrêtaient parfois sur un mot pour en donner un synonyme, ils expliquaient une expression, ou bien ils paraphrasaient un verset afin de le rendre plus accessible. Ainsi se mit en œuvre, dans ces milieux, une forme de proto-exégèse.

Le Coran établit une distinction entre deux types de versets : ceux qui sont clairs, péremptoires (*muḥkam*), et ceux dont le sens est ambigu, vague, ou allégorique (*mutachâbih*) ; l'interprétation de ces derniers, réservée à Dieu, est interdite aux hommes (le Coran, 3 : 7). C'est donc le cas, par exemple, de la parabole sur la lumière divine (le Coran, 24 : 35), contenant l'expression connue « lumière sur lumière » (*nûr 'alâ nûr*). Il semble d'ailleurs que, parmi les premiers musulmans, certains répugnaient à faire l'exégèse du Coran ; le calife 'Umar s'y serait d'ailleurs opposé [1]. Néanmoins, les versets ambigus, comme les autres, firent l'objet d'interprétations et de commentaires car le livre saint, dans sa totalité, fut passé au crible de l'exégèse.

Il fallut trois siècles pour que la science de l'exégèse parvînt à sa phase de maturité. Entre-temps, le Coran fut colligé et fixé ; d'autres disciplines religieuses virent le jour et furent transmises, non plus seulement de manière orale, mais aussi par l'écrit. L'État hérité de Muḥammad s'était étendu et avait assis ses fondements ; la société musulmane avait changé de nature et s'était trouvée confrontée à de nouvelles questions.

*L'exégèse coranique (*tafsîr*)*

Deux termes, en arabe, désignent l'activité de commenter le Coran : *tafsîr*, ou exégèse, et *ta'wîl*, ou interprétation, herméneutique. D'abord synonymes, ils furent ensuite distingués et appliqués à des opérations différentes : le mot *ta'wîl* fut réservé à une interprétation de type ésotérique visant à retrouver le sens premier (*awwal*), le sens intérieur ; le terme *tafsîr*, qui signifie expliquer, fut retenu comme terme général, pour indiquer à la fois l'activité qui consiste à commenter le sens littéral du Coran, la discipline qui en découla et le type d'ouvrage que l'on composa à cet effet [2].

1. Claude Gilliot, « Les débuts de l'exégèse coranique », *Revue du monde musulman et de la Méditerranée*, n° 58, 1990, p. 84-85.
2. Andrew Rippin, *EI*², « Tafsîr ».

C'est sans doute pour cette raison qu'il y eut confusion sur l'expression *tafsîr al-nabî*, l'exégèse du Prophète. Il ne s'agissait par là que de signifier que le Prophète fournissait, lorsqu'on le sollicitait, des explications concernant le contenu des révélations. Aussi ne faut-il pas prendre ce *tafsîr al-nabî*, mis en avant par la tradition islamique, pour l'origine de l'exégèse, en tant que discipline. De la même manière, la tradition considère certains compagnons comme les premiers exégètes, notamment Ibn 'Abbâs (m. 687), qui en serait en quelque sorte le « père ». Il fait figure d'autorité, et l'on s'évertue, aujourd'hui encore, à reconstituer son « commentaire », à partir de citations glanées dans des ouvrages plus tardifs, qui sont regroupées [1].

À ce propos, les orientalistes se sont engagés dans des directions divergentes. Sezgin émit la thèse que, effectivement, les écrits des auteurs anciens, pour lesquels nous ne disposons pas de manuscrit original, sont restitués par des citations figurant dans des ouvrages postérieurs, qui nous sont, eux, parvenus. Il est donc possible de retrouver les manuscrits perdus en les recomposant à partir de ces ouvrages postérieurs. D'autres chercheurs s'opposèrent à cet avis. Ainsi de John Wansbrough, pour qui tous ces textes – même le Coran – sont des reconstructions du passé, effectuées au terme de deux siècles de composition et de transmission orale. Aujourd'hui, certains chercheurs

1. Pour plus de détails sur le *tafsîr* d'Ibn 'Abbâs, cf. notamment : Andrew Rippin, « *Tafsîr Ibn 'Abbâs* and criteria for dating early *tafsîr* texts », *Jerusalem Studies in Arabic and Islam*, n° 18, 1994, p. 38-83.

reviennent sur ces positions déconstructivistes, à la lumière de nouvelles données. Des manuscrits anciens ont, en effet, été découverts et édités, ce qui a permis de réexaminer l'histoire du commentaire en tant que discipline coranique.

En fait, il semble que des cahiers ou des recueils de commentaires existaient déjà à la fin du VIIIe siècle, tels des aide-mémoire dont la fonction était de noter, de consigner une tradition vivante, toujours susceptible d'être revue, aménagée. Par la suite, des ouvrages de commentaire coranique virent le jour, qui, certes, expliquaient le livre saint, mais révélaient toute une vision du monde, ainsi que les représentations que la société abbasside développait sur elle-même [1].

Claude Gilliot, spécialiste de la question, fait remonter les débuts de l'exégèse, en tant que discipline scientifique élaborée, à l'introduction de la grammaire dans les commentaires, introduction qui date de l'ouvrage d'Abû Ubayda (m. 822), rédigé au milieu du VIIIe siècle. Selon lui, le recours à ce « savoir positif » conféra à l'exégèse « l'apparence d'un savoir sûr », constitué par les sciences afférentes à la langue arabe. Au même moment, poursuit-il, l'historiographie se dota de chaînes de transmission qui soutenaient, authentifiaient les récits rapportés. L'enjeu était d'imposer les vues d'une orthodoxie qui était en train de s'instituer [2]. Cette orthodoxie s'exprima pleinement dans une œuvre majeure de Tabarî (m. 923), Persan

1. Claude Gilliot, « Les débuts de l'exégèse coranique », *ibid.*, p. 90-92.

2. *Ibid.*, p. 82-83 et p. 94.

résidant à Bagdad, capitale d'un califat abbasside alors entre son apogée et son déclin. Il s'agit de *Jâmi' al-bayân 'an ta'wîl al-Qur'ân*, un commentaire du Coran qui est considéré comme un monument, et la référence en la matière [1].

Après cet ouvrage fondamental, dans lequel la grammaire jouait un rôle important, d'autres auteurs composèrent des commentaires. Ils y déclinèrent les méthodes et les techniques propres à l'exégèse qui constituèrent les disciplines coraniques (*'ulûm al-qur'ân*) : la grammaire et la lexicographie (notamment l'étude des « mots rares » du Coran, *gharîb al-qur'ân*) ; la théorie de l'abrogation, les « circonstances de la révélation » ; les « histoires des prophètes », etc. Certains exégètes se bornèrent à énumérer les différentes significations possibles d'un verset, sans prendre parti pour l'une ou l'autre ; d'autres développèrent leurs propres conceptions religieuses dans leurs commentaires. Ainsi de Zamakhcharî (m. 1144) qui promut dans son *tafsîr* des positions rationalistes de type mu'tazilite (sur ce mouvement d'idées, voir *infra*, chapitre V, p. 109 *sq.*). Si bien des penseurs sunnites furent, pour cette raison, en désaccord avec les aspects théologiques de l'ouvrage, ils reconnurent l'intérêt de ses analyses en matière de sémantique et de rhétorique.

Ensuite vint le *tafsîr* de Ṭabarsî (m. 1153), le premier commentaire de référence pour les chiites duodécimains. Puis celui de Râzî (m. 1210), de tendance philosophique et encyclopédique ; celui de Qurṭubî

1. Claude Gilliot, *Exégèse, langue et théologie en islam. L'exégèse coranique de Tabari.*

(m. 1273), à visée juridique. Le commentaire de Baydâwî (m. 1286), qui reprit, de manière simplifiée et résumée, celui de Zamakhcharî, est très utilisé ; de même, celui que l'on appelle *Tafsîr al-Jalâlayn*, c'est-à-dire le commentaire « des deux Jalâl », à savoir al-Mahallî (m. 1459) et al-Suyûṭî (m. 1505). Il existe ainsi de très nombreux ouvrages classiques de *tafsîr*, dont des commentaires mystiques [1].

À partir du XIXe siècle, le *tafsîr* se fit apologétique, comme celui d'al-Âlûsî (m. 1854), ou bien il se voulut moderniste, comme celui de Muḥammad ʿAbduh (m. 1905), qui fut publié par Rachîd Riḍâ (m. 1935) dans la revue *al-Manâr* [2]. Néanmoins, ʿAbduh se conforma à la méthode des anciens, consistant à suivre le texte coranique, verset après verset, et à l'expliquer. Sayyid Quṭb (m. 1966) fit de même dans un commentaire pourtant très nouveau quant à son contenu, révolutionnaire et idéologique, qui contribua à la construction de la doctrine des Frères musulmans [3]. Enfin, signalons que le XXe siècle a vu l'apparition de commentaires thématiques, depuis les œuvres de Mahmûd Chaltût (m. 1963) jusqu'au commentaire émanant du clerc chiite Muḥammad Bâqir al-Ṣadr (m. 1980).

---

1. À ce propos, cf. Pierre Lory, *Les Commentaires ésotériques du Coran d'après ʿAbd al-Razzâq al-Qashânî*, Paris, Les Deux Océans, 1980.

2. Cf. Jacques Jomier, *Le Commentaire coranique du Manâr*.

3. Sur cet ouvrage, cf. Olivier Carré, *Mystique et politique. Lecture révolutionnaire du Coran par Sayyid Quṭb, Frère musulman radical*.

3

Le Prophète comme modèle : la *sunna* et la *sîra*

L'histoire de Muḥammad et de l'islam commence – et finit – avec le Coran, estime justement Francis E. Peters [1]. Hormis le livre saint, en effet, il n'y a quasiment aucun document d'époque pour nous renseigner sur le personnage historique de Muḥammad et les événements qui jalonnèrent sa vie ; nous ne disposons que de reconstructions postérieures. Or, le Coran ne fournit que de quelques indications éparses et allusives sur Muḥammad, des bribes d'informations que l'histoire politique, économique et religieuse de La Mecque au VIIe siècle, trop lacunaire, ne peut éclairer ni compléter. C'est pourquoi l'on sait fort peu de choses sur le Muḥammad historique, si ce n'est qu'il passa du statut de contribule, à La Mecque, à celui d'envoyé de Dieu, puis de Prophète, et enfin de chef de guerre et de chef d'une communauté en formation, à Médine.

À l'origine, le dogme était tout entier contenu dans la révélation coranique qui instituait Muḥammad

1. Francis E. Peters, « Appendix : the quest of the historical Muhammad », dans *Muhammad and the Origins of Islam*, p. 257.

comme son messager. Rien, dans le Coran, ne permet d'attribuer à Muḥammad des dons particuliers ou des qualités surnaturelles. Il était un homme comme un autre, susceptible de commettre des erreurs – hormis lorsqu'il était en état de prophétie, en train d'accomplir sa mission. De la même façon, plus tard, la doctrine le déclara « infaillible dans la prophétie » (*ma'ṣûm fî al-nubuwwa*).

Ainsi, dans le Coran, Muḥammad apparaît comme un homme ordinaire : « Je ne suis qu'un humain comme vous… » (le Coran, 18 : 110 et 41 : 6). Il est seulement chargé de transmettre la révélation et de montrer aux autres hommes les « signes » de Dieu. La tradition islamique ne fit pas moins de lui un thaumaturge, un modèle d'homme et un exemple à suivre pour tous les croyants. Dans l'historiographie sacrée qui s'élabora autour du texte coranique, Muḥammad prit une place particulière, charnière, entre l'histoire des prophètes antérieurs, dont il était le sceau, et celle de l'islam, dont il était le fondateur. Aussi fallait-il que tous les événements de sa vie, comme l'enseignement qu'il délivra, concourent à édifier les fidèles en faisant de lui un personnage hors du commun.

Deux corpus de textes satisfirent cet objectif : le premier est composé de récits de vie, appelés *sîra*, et le second constitue la *sunna*, c'est-à-dire l'ensemble des faits et gestes, des paroles et des prises de position, même tacites, imputés au Prophète. Ces deux corpus furent fabriqués à partir du même matériau de base, le *ḥadîth*, à savoir un récit généralement court, transmis oralement, et rapportant un « fait advenu » (*ḥadath*) [1].

1. Jacqueline Chabbi, *Le Seigneur des tribus*, p. 129.

La constitution du corpus des ḥadîth

Avant l'avènement de l'islam, le *ḥadîth*, comme le *khabar*, désignaient des informations données dans le cadre des échanges de nouvelles, vitaux dans une société nomade où il faut toujours se renseigner sur la sécurité des pistes et l'état des puits. En outre, ces deux termes renvoyaient aux récits et aux proverbes transmis de génération en génération qui alimentaient la mémoire de la tribu en rapportant les hauts faits de ses guerriers ou en déclinant leurs généalogies [1]. Pendant la période de formation de l'islam s'élaborèrent peu à peu des récits centrés sur le Prophète qui participèrent d'une nouvelle forme de savoir.

Après la mort de Muḥammad, ses compagnons parlèrent de lui, transmirent des récits le concernant aux musulmans qui venaient les consulter sur ce que le Prophète avait fait ou dit. Interrogés, ils répondaient donc par des *ḥadîth* qui, ensuite, furent repris par d'autres et circulèrent parmi leurs disciples et les générations suivantes de musulmans. Les récits des exploits du Prophète étaient aussi parfois rapportés par les conteurs (*qâṣṣ*). Avec la révélation coranique, ils contribuèrent à assurer la cohésion de la nouvelle communauté en lui forgeant une identité.

Il est difficile d'établir quand, exactement, ce nouveau type de *ḥadîth* commença à être transmis. Selon la tradition islamique, le processus aurait débuté juste après le décès du Prophète, mais les historiens de l'islam, depuis Goldziher jusqu'à Juynboll, ont critiqué

1. *Ibid.*

ce point de vue et estimé que les *ḥadîth* étaient apparus à une date postérieure. Aujourd'hui les chercheurs pensent, pour le moins, que les *ḥadîth* furent produits par une société urbanisée, dans les grands centres de l'Empire omeyyade, puis abbasside.

La mise en forme paradigmatique du *ḥadîth* soulève d'autres problèmes de datation. Le *ḥadîth* prophétique se compose en effet de deux parties : la chaîne de transmission, ou chaîne de garants (*isnâd*), qui énumère les transmetteurs successifs de l'information, en remontant jusqu'au compagnon qui s'en fit le rapporteur, puis au Prophète ; et le texte (*matn*). La tradition islamique soutient que cette structure fut mise en place après le meurtre du calife 'Uthmân, en 656, parce que, dans un climat de sédition et de division de la communauté, il n'était plus possible de se fier à tous les transmetteurs ni d'accepter tous les *ḥadîth* [1]. Gautier H.A. Juynboll, spécialiste de la question, récuse cette idée. Pour lui, le *ḥadîth* ne fut pas normalisé avant la fin du VIIe siècle ; les plus anciens *ḥadîth* conformes au modèle remontent aux années 700-720 [2]. Néanmoins, même après cette période, certains *ḥadîth* restèrent dotés de chaînes de transmission incomplètes.

D'abord exclusivement transmis oralement, les *ḥadîth* furent bientôt consignés par écrit, malgré certaines résistances. Les musulmans, en effet, avaient devant eux l'exemple du judaïsme rabbinique, dont la tradition était orale. Compte tenu de ce que nous

---

1. *EI*², « Ḥadîth ».
2. Gautier H.A. Juynboll, *Muslim Tradition*, p. 9-17.

savons de la société de l'époque, les Arabes tentèrent certainement, eux aussi, de maintenir cette oralité. Selon l'hypothèse de Michael Cook, le nombre de *ḥadîth* allant croissant, leur mémorisation orale aurait nécessité une organisation et une division du travail dont les musulmans ne voulaient pas [1].

Quoi qu'il en fût, les musulmans se mirent à écrire les *ḥadîth*. Les premières collections virent le jour, dans différents centres de l'Empire, à la fin du VIIIe siècle : à La Mecque, celle d'Ibn Jurayj (m. 767) ; à Médine, celle d'Ibn Isḥâq (m. 767) et celle de Mâlik (m. 795), et d'autres à Kûfa, à Baṣra, ou au Yémen [2].

À partir de 750, les *ḥadîth* se développèrent avec une telle ampleur que l'on soupçonna bon nombre d'entre eux d'avoir été forgés (*mawḍû'*). C'est pourquoi les transmetteurs, appelés *muḥaddith*, s'interrogèrent sur la manière dont ils pourraient opérer un tri entre les récits – parfois contradictoires – qui étaient en circulation. Soulignons que, dans ce but, ils ne s'attachèrent pas à l'énoncé du texte, mais à la chaîne des garants. Ce fut Mâlik b. Anas qui, le premier, fit une critique des *isnâd*. La méthode fut ensuite poursuivie, améliorée, pour déterminer si les transmetteurs étaient fiables (*thiqa*) ou non, et si la composition de la chaîne était plausible.

Certains recueils de *ḥadîth*, tel le *Musnad* d'Ibn Ḥanbal (m. 855), furent même agencés selon les chaînes de transmetteurs. Bien plus, la critique des

1. Cf. Michael Cook, « The opponents of the writing of tradition in early islam », *Arabica*, XLIV/4, octobre 1997.

2. Gautier H.A. Juynboll, *Muslim Tradition*, p. 22.

isnâd donna lieu à la composition d'ouvrages regroupant les générations de transmetteurs, appelés *ṭabaqât* (« couches »), ou *kutub al-rijâl*, c'est-à-dire, littéralement, « livres des hommes ». Ibn Sa'd (m. 845) rédigea le premier ouvrage du genre, *Kitâb al-ṭabaqât al-kabîr*. La connaissance de ces hommes figurant dans les chaînes de garants, *'ilm al-rijâl*, fut d'ailleurs inclue dans l'étude du *ḥadîth*, *'ilm al-ḥadîth*.

Au bout du compte, des catégories furent établies pour classifier les *ḥadîth* en fonction de leur degré d'authenticité présumé. Par exemple, un *ḥadîth* peut être considéré comme récurrent (*mutawâtir*) ou rare (*gharîb*) ; par ailleurs, il peut être déclaré sain (*ṣaḥîḥ*), bon (*ḥasan*), faible (*ḍa'îf*), etc. Notons néanmoins qu'en l'absence d'autorité religieuse susceptible d'imposer les mêmes critères de sélection et les mêmes termes techniques aux auteurs, il n'y eut pas de véritable harmonisation de ces catégories. Pour la même raison, il fallut attendre plusieurs siècles pour que la « communauté » admît comme ouvrages de référence six collections de *ḥadîth*. Les deux *Ṣaḥîḥ* de Bukhârî (m. 870) [1] et de Muslim (m. 875) furent consacrés au Xe siècle et, par la suite, ceux d'Ibn Mâja (m. 887), al-Sijistânî (m. 889), al-Tirmidhî (m. 892) et al-Nasâ'î (m. 915) [2].

Les orientalistes, on l'a vu, émirent leur propre critique des *ḥadîth*, une critique radicale qui jetait de

1. Cf. Georges-Henri Bousquet, *El-Bokhârî. L'authentique tradition musulmane. Choix de ḥadîths*, Paris, Fasquelle, 1964.

2. *EI*², « Ḥadîth » ; Arent J. Wensick, *Concordance et indices de la tradition musulmane*, 8 vol.

sérieux doutes sur leur authenticité. Juynboll modéra leur jugement, mais poursuivit des analyses dans le même sens. Il aboutit à la conclusion que les *ḥadîth* étaient postérieurs aux compagnons de Muhammad, et même à la génération suivante. Il s'attacha à des figures clés, tels al-Zuhrî, Ibn 'Abbâs ou Abû Hurayra, considérés comme les premiers grands transmetteurs de *ḥadîth*, et des autorités en la matière. Juynboll montra que, derrière leurs noms, se cachaient des groupes de personnages qui participèrent à la fabrication de *ḥadîth* [1]. Selon lui, un grand nombre de chaînes de transmetteurs, comme un grand nombre de textes de *ḥadîth*, furent forgés plusieurs générations après la mort du Prophète.

Certains historiens, néanmoins, admettent l'authenticité d'une partie des *ḥadîth*, et tentent de cerner un « noyau » dur, un corpus ancien qui ne pourrait pas être mis en doute ; ils ont recours, pour cela, à une analyse systématique d'un grand nombre de *ḥadîth*. Cette analyse se révèle fructueuse puisqu'elle nous renseigne au moins sur les représentations que la société islamique médiévale entretenait sur son passé. En effet, si les *ḥadîth* ne rapportent pas de faits historiques qui se sont produits à l'époque du Prophète, ils ne constituent pas moins la mémoire de la communauté islamique. C'est pourquoi Rubin écrit, pour présenter une étude s'appuyant sur des *ḥadîth*, qu'il ne cherche pas à y distinguer l'événement de la fiction, mais à les envisager comme un miroir reflétant l'état d'esprit des

1. Gautier H.A. Juynboll, *Muslim Tradition*, chap. IV.

croyants parmi lesquels ils furent créés [1]. L'examen des *ḥadîth* considérés comme forgés est par ailleurs fort utile à l'historien pour comprendre comment l'orthodoxie est construite et contrôlée [2].

La sîra*, ou biographie sacrée*

Les premiers récits que rapportèrent les conteurs sur la vie de Muḥammad, appelés *maghâzî*, concernaient exclusivement ses campagnes militaires. Ils s'inscrivaient donc dans un genre connu chez les Arabes, les *ayyâm al-'arab*, qui retraçaient le déroulement des combats par le menu détail, et rapportaient les joutes poétiques auxquelles se livraient les poètes et les défis que se lançaient les champions. À ces éléments habituels s'ajoutèrent les récits des interventions des anges que Dieu dépêchait sur terre pour conduire l'armée de Muḥammad à la victoire [3].

Parmi les premiers *maghâzî* parvenus jusqu'à nous, aucun ne fait état d'événements antérieurs à la bataille de Badr, en 624. Il semble donc que les *maghâzî* commencèrent à être produits à partir de cette date. Autant dire que, pour ce qui concerne la période mecquoise, de l'enfance de Muḥammad aux débuts de sa prédication, les récits dont nous disposons sont des constructions postérieures.

---

1. Uri Rubin, *The Eye of the Beholder*, p. 1-2.
2. Asma Hilali, « Compiler, exclure, cacher. Les traditions dites "forgées" dans l'islam sunnite (VIe-XIIe siècles) », *Revue de l'histoire des religions*, 228/2, 2011, p. 163-174.
3. *EI*[2], « Sîra ».

Évidemment, il n'existe pas de manuscrits des premiers *maghâzî*. Il faut donc les retrouver, les reconstituer à partir d'ouvrages ultérieurs qui en sont des compilations. C'est pourquoi une grande partie du travail effectué par des chercheurs comme Miklos Muranyi ou Rudolf Selheim procède d'une lecture croisée de plusieurs de ces recensions. Ce qui permet d'isoler les différentes strates de composition des récits et, ce faisant, de circonscrire le « noyau dur » des faits historiques [1].

Longtemps, on a cru que le plus ancien ouvrage de *maghâzî* était celui d'Ibn Isḥâq (m. 767), repris, notamment, dans la fameuse recension d'Ibn Hichâm (m. 833), mais aussi dans celle de Yûnus b. Bukayr (m. 815) ou d'al-Wâqidî (m. 822). Il semble, aujourd'hui, qu'il n'existait certainement pas de texte original rédigé par Ibn Isḥâq, et que les auteurs postérieurs lui attribuent parfois des récits qui ne sont pas de lui [2]. Reste que c'est en étudiant l'ensemble de ces *maghâzî*, datant des deux premiers siècles de l'islam, que l'on peut trouver des traces du Muḥammad historique.

Ces *maghâzî* se présentent généralement sous la forme d'une juxtaposition de *ḥadîth* conformes au modèle convenu, c'est-à-dire composés de la chaîne des garants suivis d'un texte assez court. Parfois, les *ḥadîth* mentionnés rapportent le même événement sous différentes versions. L'auteur, plutôt que de construire son propre récit en opérant des choix, préfère aligner les *ḥadîth* bout à bout, comme si chaque

1. Uri Rubin, *The Eye of the Beholder*, p. 2.

2. Cf. Miklos Muranyi, « Ibn Isḥâq's *Kitâb al-magâzî* in der riwâya von Yûnus b. Bukayr ».

ḥadîth avait forcément sa part de vérité et devait, à ce titre, figurer parmi les autres. Au bout du compte, il en résulte un certain flottement et le lecteur peut se demander, devant des versions très différentes de la même scène, si les différents *ḥadîth* parlent bien de la même chose.

Les *maghâzî* se diversifièrent en relatant d'autres types de récits que ceux des expéditions militaires, sans pour autant qu'on les désignât sous d'autres termes. Ainsi, lorsqu'ils se chargèrent de récits visant à expliquer le contenu de la révélation, comme les *asbâb al-nuzûl*, dans lesquels le Prophète joue évidemment un rôle de premier plan. Mais les *maghâzî* contiennent aussi des poèmes, des textes vantant les mérites de Muḥammad et de ses compagnons, des lettres ou des traités conclus avec les tribus ennemies, et enfin bon nombre de récits légendaires inspirés par la littérature chrétienne, juive ou manichéenne, ainsi que des récits de prodiges accomplis par le Prophète [1].

C'est de ces matériaux pour le moins hétéroclites qu'est composée *al-Sîra al-nabawiyya* (*Le Récit de vie du Prophète*) d'Ibn Hichâm, qui fit date dans l'histoire du genre puisqu'elle devint la référence en matière de biographie du Prophète. On y trouve reproduits, en effet, des documents historiques, comme celui qui est appelé la « constitution de Médine », à côté de récits légendaires ou mythiques, tel le récit du *mi'râj*, l'ascension céleste de Muḥammad [2].

En fait, le propos d'Ibn Hichâm n'était pas seulement de faire la biographie du Prophète, mais d'écrire

1. *EI*², « Sîra ».
2. Cf. Ibn Isḥâq, *The Life of Muhammad.*

une histoire sacrée du monde dans laquelle la *sîra* proprement dite devait s'insérer. Tabarî fit de même dans son *Târîkh* (*Histoire*), incluant à la fois l'histoire des Prophètes et celle des rois de Perse[1]. Ibn Sa'd (m. 845), dans ses *Tabaqât* regroupant des notices sur les compagnons et les suivants, introduisit une biographie de Muḥammad qu'il fit précéder d'une brève histoire des Prophètes antérieurs. Ibn Kathîr (m. 1373), dans *al-Bidâya*, une histoire du monde depuis la création, inséra lui aussi le récit de vie de Muḥammad. D'autres procédèrent de façon similaire. La *sîra*, ou biographie sacrée du Prophète, faisait bien de lui un pivot entre l'histoire des anciens Prophètes et celle des savants et des saints de l'islam.

Ibn Hichâm fut le premier à employer le terme *sîra* à la place de l'ancien *maghâzî*. L'œuvre devint une référence et son titre un nom commun qui désigna la biographie du Prophète et tout autre récit de vie. Sa signification est assez proche de celle de *sunna*, et il n'est pas étonnant que les deux concepts aient été institués au moment où les musulmans étaient en quête de normes propres. En outre, *sîra* n'est pas tout à fait éloigné de *maghâzî* : au pluriel, il donne *siyâr*, qui désigne les règles de guerre, le comportement à adopter en cette situation. Quant à *sîra*, il désigne, plus généralement, une manière de faire, de procéder.

La *sîra* du Prophète est donc l'ensemble des comportements qui font de lui à la fois un homme hors du commun et un modèle à suivre. La société islamique qui les produisit devait s'imposer face aux communautés monothéistes qu'elle avait vaincues, surtout

1. Cf. Ṭabarî, *Mohammed, sceau des Prophètes.*

les juifs et les chrétiens. Aussi devaient-ils imposer une image de leur Prophète susceptible de concurrencer et de dépasser celles des prophètes antérieurs. Ils le firent en s'inspirant de la révélation coranique, mais ils puisèrent aussi dans de grands thèmes des religions du Livre [1]. Ainsi, la *sîra* présente une image du Prophète qui transcende largement le Muḥammad historique. Celui-ci demeure méconnu : une biographie détachée de l'histoire sacrée, qui résiste à la nécessaire critique des sources est, malgré les efforts dispensés par les historiens, encore impossible [2].

L'institution de la « Sunna *du Prophète »*

Au début de l'islam, *sîra* et *sunna* étaient quasiment synonymes [3]. Ce furent, en fait, les premiers développements doctrinaux qui les distinguèrent. Dans la mesure où les deux notions de *sîra* et de *sunna*, en tant que manière de procéder, étaient attachées au Prophète pour exprimer son exemplarité, l'une en vint à désigner le récit de sa vie et l'autre, l'ensemble de ses dits et de ses actes. Voyons comment.

Le terme *sunna* désigne une pratique, une manière de procéder, un usage et, donc, un précédent à reproduire ; il était connu et employé par les anciens habitants

1. Uri Rubin, *The Eye of the Beholder*, p. 3-4.

2. Voir Tilman Nagel, *Histoire d'un Arabe. Invention d'un prophète* et Harald Motzki (dir.), *The Biography of Muhammad. The Issue of the Sources.*

3. Meïr M. Bravmann, *The Spiritual Background of Early Islam*, p. 126-139.

de l'Arabie, avec une connotation positive. Il s'opposait déjà au verbe *aḥdatha*, qui signifiait introduire une innovation, avec une connotation péjorative. Ces deux mots reflétaient l'attitude des Arabes vis-à-vis de la coutume, du changement et de la nouveauté ; soulignons que cette incapacité à assumer le changement et à revendiquer la paternité d'une innovation sociale n'est pas spécifique à la société de l'Arabie, mais se retrouve dans la plupart des sociétés traditionnelles. Après l'avènement de l'islam, ces deux notions furent sacralisées et introduites dans le lexique islamique : la *sunna* devint la *sunna* du Prophète (*sunnat al-nabî*), et fut considérée comme source de la *charî'a* ; quant à l'innovation, elle fut blâmée par la doctrine.

Les historiens de l'islam s'interrogèrent sur les modalités du passage de la *sunna* à la *sunna* du Prophète (*sunnat al-nabî*), non sans discussions et divergences. Selon Joseph Schacht, il y avait, à l'origine, une *sunna* anonyme, suivie par les Arabes de la *jâhiliyya*. Cette « vieille idée arabe de *sunna* » réapparut d'abord dans un contexte politique, s'agissant de la *sunna* des califes, qui devait se conformer à celle du Prophète. Ensuite, poursuit Schacht, elle fut introduite dans le droit musulman en pleine gestation par les juristes de l'Irak, au début du VIIIe siècle [1]. Des travaux postérieurs, notamment ceux de Meïr M. Bravmann, ont permis d'affiner cette position et de rapprocher ainsi la vision des historiens de celle que

1. Joseph Schacht, *Introduction au droit musulman*, p. 26-27.

véhicule la tradition islamique, affirmant que la *sunna* du Prophète existait déjà du vivant de celui-ci.

En effet, Meïr M. Bravmann montra que la *sunna*, même en tant que pratique suivie par les Arabes, avait été amenée, à l'origine, par un individu qui en était le promoteur. Lorsque le Prophète adoptait une *sunna*, il reprenait une ancienne pratique qu'il changeait parfois quelque peu, et ainsi la recréait. Après cela, elle était considérée non plus comme une ancienne *sunna* des Arabes, mais comme une *sunna* du Prophète, et reprise en tant que telle. Les premiers à s'y conformer furent les compagnons et les califes qui avaient la charge, à l'instar de Muḥammad, de diriger la communauté. Les pratiques suivies par les compagnons ou par les califes furent entérinées par la communauté et devinrent des pratiques courantes, anonymes. Toutefois, les musulmans ne pouvaient plus en imputer la paternité aux anciens Arabes : c'était selon eux Muḥammad qui les avait instituées [1]. Ainsi, même des pratiques étrangères au milieu dans lequel le Prophète avait vécu furent incluses dans la *sunna* du Prophète.

On trouve donc, dans la *sunna* du Prophète, deux types de pratiques normatives provenant de deux sources différentes : d'une part, les pratiques arabes de la *jâhiliyya* qui furent approuvées par le Prophète, parfois après avoir subi un changement ; d'autre part, des pratiques émanant des provinces de l'Empire qui furent peu à peu assimilées par la communauté islamique

1. Meïr M. Bravmann, *The Spiritual Background of Early Islam*, p. 175-177.

et perçues par elle comme dérivant de la *sunna* du Prophète [1].

Au début du VIIIe siècle, quelques décennies après la mort de Muḥammad, l'idée de *sunna* du Prophète prit une importance croissante car les musulmans aspiraient à être guidés par des sources révélées ; la *sunna* leur apparaissait comme ayant été dictée par Dieu à son envoyé. La première génération de juristes était alors en train de jeter les bases doctrinales du *fiqh* et avait besoin de « précédents » sur lesquels s'appuyer. Bon nombre d'entre eux partirent à la recherche d'informations concernant la *sunna* du Prophète dans les centres de l'Empire. On appela cette quête de savoir *ṭalab al-'ilm* : il s'agissait d'aller de ville en ville et d'écouter ce qui s'y rapportait sur les pratiques du Prophète, afin d'alimenter la connaissance de sa *sunna*, ainsi que sur les précédents qui étaient contenus dans le Coran et constituaient désormais des règles de la *charî'a* (normativité révélée) [2]. Le mot *'ilm* en vint à désigner le Coran et la *sunna* ; il engloba ensuite d'autres formes de savoir coranique, puis du savoir religieux, pour finalement signifier science, savoir.

Au début, on recherchait surtout à reconstituer une pratique du Prophète à travers des descriptions qui ne revêtaient aucune forme particulière. Or, alors même que l'idée de *sunna* du Prophète comme pratique normative s'ancrait peu à peu chez les musulmans, de nouveaux *ḥadîth* étaient mis en circulation. Comme ils permettaient aisément de mettre en forme et de

---

1. Wael B. Hallaq, *A History of Islamic Legal Theories*, p. 17.
2. *Ibid.*, p. 15.

transmettre une *sunna*, les *ḥadîth* furent de plus en plus utilisés à cet effet. C'est pourquoi, peu à peu, les *ḥadîth* qui remontaient à des compagnons furent éliminés au profit d'autres *ḥadîth*, qui furent attribués au Prophète, bien que, parfois, la *sunna* rapportée fût en réalité la même. Le *ḥadîth* devint donc le véhicule de la *sunna* et les deux notions finirent par être apparentées, à tel point qu'on les confond parfois, alors qu'elles demeurent bien distinctes. Même si *ḥadîth* et *sunna* sont tous deux attribués au Prophète, le *ḥadîth* est un récit (ou un ensemble de récits), alors que la *sunna* est une pratique (ou un ensemble de pratiques).

À partir de la fin du VIIIe siècle, des juristes commencèrent à associer le Coran et la *sunna* et à préconiser de se référer au *ḥadîth* pour établir les règles légales. Muḥammad b. Idrîs al-Châfi'î systématisa la doctrine en affirmant que le Coran et la *sunna* constituaient les deux sources de la *charî'a*. Ce ne fut pas tant le caractère exemplaire du comportement du Prophète qu'al-Châfi'î avança dans sa démonstration, que l'ordre intimé par Dieu de lui obéir, dans le Coran. En outre, al-Châfi'î eut recours à plusieurs versets coraniques mentionnant la sagesse (*ḥikma*) que le Prophète était venu enseigner aux hommes : « il vous enseigne le Livre et la sagesse… » (le Coran, 2 : 151), et il assimila cette sagesse à la *sunna* [1]. Ce fut Ibn Ḥanbal qui, un peu plus tard, parvint à la fois à relier le concept de *sunna* du Prophète au Coran et à instituer l'exemplarité du modèle prophétique en s'appuyant sur le verset

1. Shâfi'î, *La Risâla*, p. 91 *sq*.

suivant : « Vous avez dans le Prophète de Dieu un bel exemple... » (le Coran, 33 : 21) [1].

Sunna *et proto-sunnisme*

Le concept de *sunna* permit donc un processus de légitimation de pratiques juridiques qui, pour certaines, explicitaient et complétaient les prescriptions coraniques et, pour d'autres, étaient totalement extérieures à la révélation. Le recours à la *sunna* du Prophète fut bientôt systématisé à tel point que l'on s'y référa non seulement pour tout ce qui concernait le culte, mais aussi pour les moindres gestes de la vie quotidienne. Le corpus des *ḥadîth* pourvut les croyants de toutes sortes de *sunna* attribuées au Prophète qui leur permirent de calquer leur comportement sur celui du modèle. Toutefois, ce processus ne se fit pas sans heurts ni débats doctrinaux.

Aux VIIIe-IXe siècles, la prolifération des *ḥadîth* rapportant une profusion de *sunna* provoqua des réserves et des oppositions au sein de la communauté musulmane. Si certains juristes produisaient des *ḥadîth*, d'autres les récusaient. Ainsi des rationalistes, qui estimaient que le seul texte sur lequel il fallait fonder la *charî'a* était le Coran ; pour l'expliciter, ils avaient recours au raisonnement. Aussi se montraient-ils très précautionneux envers les *ḥadîth*.

Pour répondre aux controverses soulevées par les juristes rationalistes, les transmetteurs de *ḥadîth* ou

1. *EI*², « Sunna ».

muḥaddith, on l'a vu, se dotèrent d'un appareil critique et composèrent des recueils de référence. Ils se définissaient comme *aṣḥâb al-ḥadîth*, les partisans du *ḥadîth*. L'un d'eux, Ibn Qutayba (m. 889), rédigea un traité dans lequel il concéda que certains *ḥadîth* étaient forgés tout en maintenant que l'on pouvait les distinguer des autres et les éliminer. Il tenta de démontrer, en outre, que la contradiction décelable entre certains *ḥadîth* n'était qu'apparente [1].

De la même façon, les défenseurs de la *sunna* se nommèrent *ahl al-sunna*. L'expression avait été formulée par Muḥammad Ibn Sîrîn (m. 728), un *muḥaddith* de Baṣra qui divisait les gens en *ahl al-sunna* et *ahl al-bid'a*, blâmant ainsi tous ceux qu'il jugeait avoir dévié de la bonne voie. Un siècle plus tard, l'expression était employée pour qualifier des groupes qui définissaient leur identité politico-religieuse en terme d'adhésion à la *sunna* du Prophète [2]. Le terme *sunnî* apparut peu après [3].

Les partisans de la *sunna* l'emportèrent sur leurs adversaires. L'influence de certaines grandes figures comme celle d'Ibn Ḥanbal (m. 855), qui avait été persécuté pour ses idées, aida le mouvement à s'imposer. À partir des années 850, les *ahl al-sunna* constituèrent le courant fort et majoritaire, parmi les musulmans. L'expression donna, en français, le terme « sunnite », et les islamologues considérèrent le « sunnisme » comme l'orthodoxie islamique.

---

1. Ibn Qutayba, *Le Traité des divergences du hadît*, chap. III.
2. Muhammad Qasim Zaman, *Religion and Politics under the Early 'Abbâsids : the Emergence of the Proto-Sunnite Elite*, p. 1.
3. *EI*^{2}, « Sunna ».

Il ne faut pas pour autant imaginer que les sunnites sont les seuls à adhérer à la *sunna* du Prophète. Les chiites duodécimains, par exemple, qui forment le deuxième groupe musulman en nombre, se réfèrent eux aussi à la *sunna*, mais ils la définissent d'une autre manière et n'ont pas le même corpus de *ḥadîth*. Au modèle du Prophète s'ajoute pour eux celui des imams et ils n'ont pas les mêmes chaînes de transmetteurs que les sunnites.

4

Le droit islamique et sa méthodologie (*fiqh* et *uṣûl al-fiqh*)

La *charî'a*, ou normativité révélée de l'islam [1], se donne, pour les musulmans, comme un système de référence fixe et immuable, mais le droit sacré qui en est issu a une histoire que l'on peut mettre en rapport avec les conditions politiques, sociales et économiques de l'Empire dans lequel il a été élaboré. En outre, l'histoire du droit islamique (*fiqh*), depuis ses origines jusqu'à nos jours, est celle de tensions entre la révélation (*naql*) et la raison (*'aql*) ; entre une théorie idéalisée, construite à partir de principes et de méthodes complexes, et une pratique juridique souple et évolutive.

Le *fiqh* est le droit sacré déduit de la *charî'a* par les juristes musulmans. Autrement dit, l'objet de cette discipline est de décliner et d'expliciter l'ensemble des normes – juridiques, sociales, culturelles, etc. – contenues dans la *charî'a* dont la vocation est de régir tous les domaines de l'activité humaine. D'où les tâtonnements des historiens de l'islam et leurs difficultés d'en donner une définition juste. L'orientaliste hollandais

1. Cette définition est empruntée à Baber Johansen, *Contingency in a Sacred Law*, p. 514.

Snouck Hurgronje, le premier, avait considéré le *fiqh* comme une « déontologie », un système de devoirs ; ce point de vue fut discuté [1]. Joseph Schacht, le grand historien du *fiqh*, définit la *charî'a* comme « un ensemble universel de devoirs religieux, la totalité des commandements d'Allah, qui règlent la vie de chaque musulman sous tous ses aspects [2] ». Des travaux plus récents, ceux de Baber Johansen, définissent le *fiqh* comme un ensemble de normes (*ḥukm*), surtout éthiques et religieuses, mais aussi juridiques. Les juristes musulmans classiques s'appliquèrent à isoler ces normes juridiques qui, par la suite, allaient être intégrées dans les droits positifs mis en place par les États musulmans modernes [3]. Par-delà la diversité des écoles de *fiqh* et des traditions jurisprudentielles locales, la *charî'a* tient lieu de référence absolue. En tant qu'elle a été révélée, la *charî'a* est immuable, mais elle s'engendre et se révèle surtout – au sens photographique cette fois – à travers la production du *fiqh*, œuvre des juristes. Autrement dit, la *charî'a* est à la fois matrice et idéal et c'est précisément cette idéalité qui lui ménage des capacités de redéploiement infini dans l'imaginaire islamique.

Les origines du fiqh

Au tout début de l'islam, le mot *fiqh* désignait la compréhension, la connaissance globale de la religion.

---

1. Cf. Baber Johansen, *Contingency in a Sacred Law*, p. 42-72.
2. Joseph Schacht, *Introduction au droit musulman*, p. 11.
3. Baber Johansen, *Contingency in a Sacred Law*, p. 71.

Il fut ensuite appliqué spécifiquement au droit islamique, et divisé en deux parties : les *furû'*, c'est-à-dire les « branches », les applications, les cas pratiques ; et les *uṣûl*, ou les « racines », les sources-fondements, la méthodologie. L'érudit en la matière fut appelé *faqîh*, que l'on rendra par « juriste », terme commode, même s'il n'est pas entièrement satisfaisant. Toutefois, il faut garder présent à l'esprit que le *faqîh* en question demeurait, aux yeux des musulmans, un savant en religion dans la mesure où l'apprentissage des sciences religieuses passait forcément par celui du *fiqh*.

Selon la tradition islamique, la science et la pratique juridiques remontent au Prophète, et les fondateurs des écoles de *fiqh* se sont inspirés de son héritage pour construire leurs systèmes, notamment en s'appuyant sur ses propos et ses actes rapportés dans les *ḥadîth*. Les historiens prirent le contre-pied de cette théorie qui relevait, pour eux, de la construction théologique *a posteriori*. Ainsi, Goldziher puis Schacht montrèrent qu'il y avait une discontinuité historique entre la révélation et la mise en place du *fiqh*. Bien plus, selon les conclusions de Schacht, dans sa fameuse *Introduction au droit musulman*, qui furent reprises et développées par Wansbrough dans *Coranic Studies*, le Coran exerça une influence secondaire en matière de normes. Tous les travaux postérieurs sur l'histoire du *fiqh* se référèrent à ceux de Schacht, que ce fût pour les corroborer, pour les réfuter ou pour chercher une voie médiane entre ses positions et la version islamique [1].

1. *EI*², « Sharî'a ».

La contribution la plus importante de Schacht fut d'établir que les premiers ouvrages de *fiqh* transmettaient ce qu'il appelle des « traditions vivantes », c'est-à-dire des pratiques juridiques qui s'étaient développées dans les communautés islamiques de certaines villes, notamment Kûfa, Baṣra, Damas, La Mecque et Médine [1]. Le droit islamique n'est donc pas né dans la société arabe bédouine au moment de la révélation, mais dans une société arabophone et urbaine, deux siècles après la révélation.

Reste que le Coran contient, déjà, des normes, des prescriptions et des injonctions précises. Même s'ils reflètent, pour l'historien, une pratique locale ensuite érigée en principe juridique [2], ces énoncés constituent, aux yeux des croyants, la base de la *charî'a.* Il s'agit d'environ cinq cents versets, dit « légiférants » car ils recèlent des prescriptions divines et ce, sur divers sujets : le rituel, l'aumône, la propriété, le traitement des orphelins, l'héritage, l'usure, le mariage, le divorce, l'adultère, le vol, l'homicide, etc. Ces prescriptions et ces normes ne constituent pas un code systématique. Certaines peines (*ḥudûd*) sont fixées, concernant des infractions déjà répréhensibles dans la société bédouine, comme le vol. Toutefois, c'est plutôt à un châtiment dans l'au-delà auquel s'expose le pécheur. En outre, celui-ci est, avant tout, incité à se repentir et à implorer le pardon de Dieu.

1. Joseph Schacht, *Introduction au droit musulman*, chap. IV à VI.

2. Cf. Norman Calder, *Studies in Early Muslim Jurisprudence*, p. 218.

En aucun cas on ne saurait dire que le Coran renferme un droit. Il ne semble pas d'ailleurs que Muḥammad ait eu l'intention de produire un système juridique achevé [1] ; il se contenta de prôner un nouvel ordre moral, d'arbitrer les conflits, et d'appliquer certaines règles nécessaires à la construction de son État. Il se peut, en outre, qu'il ait dû apporter des compléments et des précisions à des préceptes coraniques, à la demande des musulmans. Après sa mort, ses successeurs, les califes, firent de même et prirent de nouvelles dispositions administratives et légales [2]. En fait, l'histoire des débuts du droit musulman demeure obscure et l'on n'en a pas de vision globale.

La communauté musulmane continua de se conformer aux règles coutumières préislamiques, et suivit, en même temps, les prescriptions de la révélation. Mais, pour connaître et promouvoir ces prescriptions, il fallut établir la vulgate coranique. Les principes de l'abrogeant et de l'abrogé, qui permettaient de résoudre les contradictions qui se trouvaient dans le texte coranique, ainsi que l'importance accordée à la chronologie de la révélation, contribuèrent à déterminer et à fixer ces prescriptions.

Lorsque la capitale de l'État musulman fut transférée à Damas, au moment de l'instauration du califat omeyyade, et que de nouveaux territoires furent conquis, les règles coutumières bédouines ne suffirent plus à l'administration de l'Empire. En fait, dans les centres des différentes provinces de l'Empire, les juges

1. Joseph Schacht, *Introduction au droit musulman*, p. 22.
2. Noël Coulson, *Histoire du droit islamique*, p. 24-28.

continuaient d'observer des pratiques juridiques locales. Les premiers juristes musulmans se fondèrent sur ces pratiques (*sunna*) pour composer leurs ouvrages de *fiqh*. Norman Calder a trouvé des illustrations de ce fait dans plusieurs ouvrages qu'il étudia de près, dont la *Mudawwana* attribuée à un juriste de Kairouan, Saḥnûn (m. 854), où on lit : « C'est la *sunna* que j'ai vu les gens suivre... »

Selon Calder, l'origine du *fiqh* se trouve à la fois dans ces pratiques sur lesquelles s'accordaient les juristes locaux et dans une élaboration conceptuelle créative de ces juristes. Dans certaines régions, la réflexion et la libre spéculation eurent même plus d'impact sur l'élaboration du *fiqh*. Ainsi, le jeu entre une réalité sociale et une pensée – forcément idéalisée – fut, dès le début, producteur des normes du *fiqh* [1]. À cela, il faut ajouter des influences « étrangères », en fait bien ancrées dans la culture proche-orientale, constituées d'éléments grecs, romains, juifs, chrétiens et persans [2].

On a vu comment, peu à peu, les partisans du *ḥadîth* développèrent un corpus de propos attribués à Muḥammad et imposèrent l'idée de *sunna* du Prophète. Cette *sunna* et ce qui constituait la matière administrative et juridique des provinces fusionnèrent pour produire des normes de *fiqh*. Au *ra'y*, l'opinion argumentée telle qu'elle était pratiquée dans les tribunaux omeyyades, s'ajouta l'*ijtihâd al-ra'y*, c'est-à-dire

1. Norman Calder, *Studies in Early Muslim Jurisprudence*, p. 198-200.

2. *Ibid.*, p. 213.

l'activité intellectuelle de raisonnement s'appuyant sur des autorités religieuses [1]. En outre, l'idée de chercher un précédent juridique dans le comportement des compagnons, puis dans celui du Prophète exclusivement, fit son chemin. Au début de l'Empire abbasside, les hommes de religion qui occupèrent des fonctions de juristes s'employèrent à promouvoir une doctrine de plus en plus liée au Coran et au *ḥadîth*. Cette tendance sera érigée en règle par al-Châfi'î.

De la pluralité des approches aux quatre écoles juridiques

Pendant la période de formation du *fiqh*, du VIIIe au XIe siècle, des approches très diverses se faisaient concurrence dans les différents centres de l'Empire. Des ouvrages furent composés, qui contenaient des règles couvrant les domaines des pratiques rituelles publiques et de la vie en communauté. Selon Calder, bon nombre de ces ouvrages, attribués à des autorités, sont en fait des textes sans paternité définie, qui reflètent plusieurs étapes de réflexion juridique, à travers des couches successives de rédaction [2]. Reste que des autorités sont effectivement distinguées et que certaines sont devenues les éponymes des grandes écoles de *fiqh*. Ainsi d'Abû Ḥanîfa (m. 767), un représentant de l'école de Kûfa, qui n'écrivit pas d'ouvrage de droit

1. Wael B. Hallaq, *A History of Islamic Legal Theories*, p. 15.
2. Norman Calder, *Studies in Early Muslim Jurisprudence*, chap. I-VI.

islamique proprement dit, mais forma des disciples, notamment Muḥammad al-Chaybânî (m. 805) et le cadi Ya'qûb Abû Yûsuf (m. 798), qui mit sa science au service du calife Harûn al-Rachîd. Le premier est à l'origine d'une somme appelée *al-Mabsûṭ* et le second l'auteur présumé du *Kitâb al-kharâj* (*Le Livre de l'impôt foncier*) ; avec Abû Ḥanîfa, ils sont considérés comme les premiers grands juristes de l'école ḥanéfite. Cette école fut adoptée par les Turcs seldjoukides, puis par l'administration de l'Empire ottoman ; elle se répandit par ailleurs en Asie centrale, dans le sous-continent indien, et en Chine.

Mâlik b. Anas (m. 795) est connu comme le grand représentant de l'école du *ḥadîth* à Médine et l'auteur de l'un des plus anciens ouvrages de *fiqh*, *al-Muwaṭṭa'*. Selon Schacht, cet ouvrage fut rédigé par ses disciples qui consignèrent l'enseignement du maître ; selon Calder, il fut écrit par des juristes andalous, à la fin du IXe siècle [1]. C'est en tout cas un traité de référence pour les mâlikites, dont l'école s'est imposée en Andalousie et au Maghreb, en Haute-Égypte, puis au Soudan, en Afrique occidentale et centrale ; elle est aussi représentée sur la côte orientale de l'Arabie.

Muḥammad al-Châfi'î (m. 820), lui, voyagea en Orient et acquit son savoir religieux auprès de plusieurs maîtres avant de se fixer au Caire. Deux ouvrages qui eurent une grande influence dans l'histoire de l'élaboration du *fiqh* lui sont attribués : *Kitâb al-umm* et *al-Risâla*. Schacht vit en lui « le fondateur

1. Joseph Schacht, *Introduction au droit musulman*, p. 45 ; Norman Calder, *Studies in Early Muslim Jurisprudence*, p. 37-38.

des *uṣûl al-fiqh* », alors que Coulson le qualifiait de « maître architecte » en la matière [1] ; on verra que ces appréciations sont aujourd'hui contestées. L'école châfi'ite s'implanta en Basse-Égypte, au Proche et au Moyen-Orient, au Yémen, en Afrique orientale et en Indonésie.

Aḥmad Ibn Ḥanbal (m. 855), de Bagdad, fut le dernier de ceux que l'on appela les quatre « imams », c'est-à-dire les fondateurs des quatre grandes écoles de *fiqh* sunnite. Il comptait parmi les partisans du *ḥadîth* et développa leur doctrine plus que des théories concernant le *fiqh*, mais les premières générations de ses disciples se chargèrent de mettre en forme, de codifier et de fixer l'ḥanbalisme [2]. Il eut d'abord pour centre Bagdad, puis Damas, et fit des adeptes parmi les savants musulmans sans se propager sur un territoire. Aujourd'hui, après avoir été revivifié par le wahhâbisme (voir *infra*, chapitre IX, p. 194-198), il est surtout représenté en Arabie saoudite, dans les pays du Golfe et en Inde.

Seules ces quatre écoles juridiques, appelées *madhhab*, ont survécu après le XIVe siècle, en milieu sunnite. La tendance à la recherche du consensus (*ijmâ'*) eut raison de l'ancienne tolérance envers les divergences d'opinions (*ikhtilâf*) qui existaient entre les précédentes traditions juridiques locales. En outre des écoles de *fiqh*, pour diverses raisons, perdirent leur

1. Joseph Schacht, *Introduction au droit musulman*, p. 47-48 ; Noël Coulson, *Histoire du droit islamique*, p. 53 *sq*.

2. Henri Laoust, « Le hanbalisme sous le califat de Bagdad », *Pluralismes dans l'islam*, p. 74-98.

vitalité, ne purent se relever et disparurent. L'histoire de la doctrine a retenu les noms et les œuvres d'autorités juridiques dont l'apport est reconnu, mais dont l'école ne parvint pas à perdurer. Ainsi de l'« imam » Awzâ'î (m. 774), un contemporain d'Abû Ḥanîfa, originaire de Baalbek, qui vécut à Damas où il représenta une tendance archaïque du *fiqh*. Son école s'éteignit à la fin du Xe siècle. L'école ẓâhirite, elle aussi, fit long feu. Fondée par Dâwûd b. Khalaf (m. 884), elle avait pour principe de s'appuyer sur le sens littéral et évident (*ẓâhir*) du Coran et récusait les constructions intellectuelles et les méthodes formulées par les autres écoles [1]. L'Andalou Ibn Ḥazm (m. 1064) s'en fit l'un des plus fervents défenseurs dans ses écrits alliant le *fiqh* à des considérations théologiques. Ibn Tûmart (m. 1130), fondateur du mouvement almohade au Maghreb, s'en inspira. Toutefois, l'école périclita.

D'autres savants, tels Abû Thawr (m. 854) ou même Ṭabarî (m. 923), développèrent leurs propres doctrines juridiques, sans être suivis. Les écoles sunnites de droit islamique furent limitées aux quatre écoles mentionnées plus haut [2]. Il ne faut pas pour autant oublier l'existence d'écoles juridiques dans d'autres branches de l'islam : ainsi du *fiqh* zaydite, du *fiqh* ja'farite (celui des chiites duodécimains), ou bien de celui des ibâḍites, par exemple.

1. Cf. Joseph Schacht, *Introduction au droit musulman*, p. 45 et p. 59.
2. *Ibid.*, p. 60-62.

La relative fixité du droit islamique

Après la phase de formation du *fiqh*, la période classique commença au XIe siècle, des traités furent rédigés qui reprenaient les travaux antérieurs, pour les expliciter ou pour les résumer. Les historiens musulmans comme les chercheurs occidentaux ont longtemps considéré que, à cette date, les portes de l'*ijtihâd* se fermèrent, c'est-à-dire que les juristes mirent fin aux efforts qu'ils déployaient jusque-là pour établir les normes de la *charî'a* selon des méthodes et un raisonnement énoncés dans les *uṣûl al-fiqh* propres à chaque école. Disons plutôt que le nombre de savants exerçant l'*ijtihâd* se réduisit.

Autant dire qu'il ne restait à ces juristes qu'à s'attacher aux doctrines des quatre écoles retenues sans les remettre en question. Chacun suivait donc les normes établies par l'école dont il relevait : c'est ce qu'on appelle le *taqlîd* (littéralement, imitation). Ainsi, les juristes se consacrèrent à des tâches de conservation, de réarticulation de la doctrine sous forme de commentaires (*charḥ*) ou d'abrégés (*mukhtaṣar*), comme si le *fiqh* avait été constitué et fixé une fois pour toutes. Les traités de *fiqh* produits depuis le IXe siècle jusqu'au XIXe siècle montrent bien qu'aucune modification majeure n'affecta la discipline.

Les traités dits de *fiqh* sont en fait des traités de *furû'* (applications du *fiqh*), et contiennent des systèmes de normes (*ḥukm*), regroupés par thèmes et agencés, pour la plupart, selon le même modèle. Ils se divisent en deux grandes parties. D'abord viennent les *'ibâdât*, ou obligations du croyant envers Dieu, c'est-à-dire les pratiques cultuelles : la pureté rituelle, les ablutions, la prière, les pratiques funéraires, le jeûne, l'aumône, le pèlerinage. Ensuite, ce sont les *mu'âmalât*, ou obligations qui lient les croyants entre eux. Les règles énoncées concernent le droit commercial (la vente, le prêt, le don, etc.), le droit de la propriété foncière, le droit de la famille (les successions, le mariage, la répudiation, l'esclavage, etc.), et le droit de la guerre. Elles se rapportent aussi à différents types de délits, à commencer par l'homicide, et fixent des peines précises (*ḥadd*) pour certaines fautes, comme le vol ou l'apostasie : ce sont là les peines stipulées dans les Écritures. De plus, elles régissent aussi bien les serments que les interdits alimentaires. Enfin, elles organisent la judicature et déterminent la procédure judiciaire [1].

Il ne faut pas déduire de la quasi-uniformité et de la fixité des traités que le *fiqh* se figea complètement. De nouvelles normes pouvaient apparaître aussi bien dans les commentaires des traités (*charḥ*) que dans les ouvrages consacrés à des questions particulières ou dans les *fatwâ* émises par les jurisconsultes [2]. En outre, il était possible de passer d'une école juridique à l'autre, ce qui permettait une plus grande flexibilité : lorsqu'on trouvait plus commodes ou plus avantageuses les normes édictées dans une autre école, il suffisait de

1. Cf., à titre d'exemple, *Le Précis de droit d'Ibn Qudâma*, juriste ḥanbalite (m. 1223), qui est traduit par Henri Laoust.

2. Baber Johansen, « Legal litterature and the problem of change », *Contingency in a Sacred Law*, p. 446-464.

déclarer y adhérer. Les juristes avaient aussi recours à des « ruses » ou expédients (*ḥiyal*) qui débouchaient sur d'autres solutions que celles préconisées par leur école. Dans la pratique, les *furû' al-fiqh* n'étaient donc pas le schéma idéalisé, ni le système fermé et sclérosé que l'on décrit souvent.

Certains chercheurs considèrent comme mineures les divergences qui existent, sur des points précis des *furû'*, entre les quatre écoles sunnites de *fiqh* – et même entre celles-ci et les écoles aujourd'hui disparues, comme celle de l'imam Awzâ'î, ou bien les écoles non sunnites, telles les différentes écoles chiites ou celle des ibâḍites [1]. C'est d'ailleurs le discours des savants musulmans eux-mêmes. Ainsi, au XVIe siècle, al-Cha'rânî, dans un traité de *fiqh* intitulé *al-Mîzân* (*La Balance*), déclarait que les différences entre les écoles n'étaient que le résultat de l'exercice de l'*ijtihâd*, le raisonnement indépendant des juristes. Elles relevaient plus, selon lui, d'une « latitude d'interprétation » que d'une véritable divergence (*ikhtilâf*) [2].

L'attitude de ce juriste s'explique entre autres par le fait que les oulémas avaient pour tâche de conserver la tradition islamique et de garantir l'unité de la *umma* ; autant dire qu'il leur fallait gommer les divergences plutôt que de les faire apparaître au grand jour. Au début du XXe siècle, lorsque, au nom du panislamisme, les oulémas s'employèrent à rapprocher les branches de l'islam (*taqrîb*) et à nouer le dialogue entre représentants de différentes sectes, ils s'aperçurent que,

1. Cf., par exemple, Yves Linant de Bellefonds, « Le droit imâmite », dans l'ouvrage de Robert Brunschwig et Toufic Fahd (dir.), *Le Shî'isme imâmite*, *passim*.

2. Noël Coulson, *Histoire du droit islamique*, p. 99.

au-delà de leur accord de principe, demeuraient de nombreux désaccords, et non des moindres, concernant les *furû'*[1].

Aujourd'hui, les juristes musulmans admettent de prendre en compte la diversité des solutions apportées par les différentes écoles juridiques ; d'ailleurs, certaines écoles religieuses ont introduit le « droit islamique comparé » (*al-fiqh al-muqâran*) dans leur cursus, afin que ces divergences soient mieux maîtrisées par les futurs oulémas.

On ne s'étonnera donc pas du fait que, depuis une quarantaine d'années, des historiens de l'islam se sont employés à montrer l'importance et la portée des divergences entre les *madhhab*. Noël Coulson, le premier, a relevé que si une grande partie des divergences se révélait insignifiante, certaines pouvaient engendrer d'importantes conséquences[2]. Baber Johansen se range à cet avis en l'illustrant de nouveaux exemples ; il explique notamment que, pour les mâlikites et les ḥanéfites, quiconque se soumet à un gouvernement musulman peut devenir un sujet non musulman de ce gouvernement, alors que les châfi'ites et les ḥanbalites estiment que, pour cela, il faut appartenir aux « gens du Livre »[3].

La *charî'a*, telle qu'elle s'exprime dans les écoles de *fiqh*, n'est donc pas un bloc homogène. C'est précisément son statut d'idéal qui lui permet de maintenir,

1. Cf., par exemple, Sabrina Mervin, *Un réformisme chiite*, chap. VII.
2. Noël Coulson, *Histoire du droit islamique*, p. 94-99.
3. Baber Johansen, *Contingency in a Sacred Law*, p. 67-68.

d'un côté, une unité d'inspiration et, de l'autre, une pluralité d'expression. Quant aux méthodes développées par les juristes pour établir l'ensemble des normes du *fiqh*, elles admettent, elles aussi, des divergences et des convergences, selon les écoles.

De Châfi'î à la phase de maturité des uṣûl al-fiqh

On a longtemps imputé la fondation des *uṣûl al-fiqh* à Muḥammad b. Idrîs al-Châfi'î (m. 820), dans son célèbre traité (*al-Risâla*), mais cette idée est aujourd'hui remise en question par les chercheurs. Calder estime que la *Risâla* est postérieure à son auteur présumé, et Hallaq qu'elle ne fut pas à l'origine de la construction de la science des *uṣûl al-fiqh*. Notons, en tout cas, que le syntagme *uṣûl al-fiqh*, utilisé à la fois pour désigner les sources-fondements du droit islamique et la méthodologie des juristes musulmans, ne date pas d'al-Châfi'î, mais lui est ultérieur [1].

Dès les débuts du *fiqh*, les juristes musulmans eurent recours à un certain nombre de méthodes qu'ils empruntèrent aux juges des tribunaux, puis transformèrent, ou bien élaborèrent en fonction de leurs besoins. Ainsi, l'opinion juridique (*ra'y*) fut remplacée par de nouvelles méthodes, le *qiyâs* ou raisonnement analogique, et l'*ijtihâd*, le raisonnement fondé sur des textes sacrés. De plus, des concepts comme celui

1. George Makdisi, « The juridical theology of Shâfi'î : origins and significance of uṣûl al-fiqh », *Religion, Law and Learning in Classical Islam*, p. 7-9.

d'*ijmâ'* (consensus), appartenant à la culture politique tribale des Arabes, étaient déjà opératoires ; ils furent réinvestis par les juristes [1]. Enfin, certaines techniques, comme le recours à la préférence juridique (*istiḥsân*), étaient déjà requises par les juristes, avant al-Châfi'î.

Que fut, dès lors, l'apport d'al-Châfi'î ? Si la *Risâla* est un ouvrage primitif et isolé, il présente quand même, déjà, les caractéristiques d'un manuel d'*uṣûl*, et en traite les principaux thèmes [2]. Bien plus, al-Châfi'î fut surtout le premier juriste musulman à articuler la théorie affirmant que la *sunna* du Prophète faisait partie de la révélation, dans la mesure où Muḥammad avait été divinement inspiré. La *sunna* venait donc, selon lui, compléter le Coran pour fonder la *charî'a*. L'idée n'était certes pas neuve au temps d'al-Châfi'î, puisque des partisans du *ḥadîth* la soutenaient déjà. Mais al-Châfi'î la mit en forme et en fit l'idée-force sur laquelle devait reposer l'élaboration des normes, la base de la méthode juridique islamique [3].

Les analyses de l'historien Wael Hallaq soulignent que les propositions d'al-Châfi'î demeurent rudimentaires et ne peuvent pas être prises pour un début de méthodologie systématique ; en outre, il néglige des questions qui furent ensuite fondamentales dans les *uṣûl al-fiqh* [4]. Cela explique que ce traité ne fut pas,

1. Wael B. Hallaq, *A History of Islamic Legal Theories*, p. 19-20.
2. *EI*², « Sharî'a ».
3. Cf. Shâfi'î, *La Risâla*, p. 90-104.
4. Wael B. Hallaq, « Was al-Shafi'i the master architect of islamic jurisprudence ? », *Law and Legal Theory in Classical and Medieval Islam*, p. 591.

d'emblée, considéré comme un modèle du genre ou un ouvrage fondateur et ne suscita ni commentaire, ni critique, durant tout un siècle. En revanche, il fut en quelque sorte redécouvert par les juristes du Xe siècle, au plus fort des débats entre les défenseurs du rationalisme et les partisans du *ḥadîth*. Tous trouvèrent dans la *Risâla* matière à réconcilier raison et révélation. Ainsi, selon Hallaq, elle ne constitue pas un moment tournant dans l'histoire du droit islamique, mais une étape intermédiaire entre les débuts de la discipline, au VIIIe siècle, et le point culminant de la production en la matière, au Xe siècle [1].

Au XIe siècle, les *uṣûl al-fiqh* entrèrent dans une phase de maturité, avec plusieurs auteurs comme al-Juwaynî (m. 1085) et, surtout, son disciple Ghazâlî (m. 1111). Lui-même très imprégné de logique aristotélicienne (*manṭiq*), Ghazâlî l'introduisit dans ses travaux sur les *uṣûl* et encouragea ses lecteurs à y avoir recours, pour asseoir tout raisonnement juridique [2]. Il composa plusieurs traités d'*uṣûl*, dont un manuel qui eut une grande influence sur les développements ultérieurs de la discipline, *al-Mustasfâ* [3]. Solidement charpenté, ce manuel expose de manière précise la méthodologie préconisée par Ghazâlî pour établir les

1. *Ibid.*, p. 595-601.

2. Cf. Robert Brunschwig, « Pour ou contre la logique grecque chez les théologiens-juristes de l'islam », *Études d'islamologie*, t. I ; Wael B. Hallaq, « Logic, formal arguments and formalization of arguments in sunnî jurisprudence », *Law and Legal Theory in Classical and Medieval Islam*.

3. *EI*², « Sharî'a » ; sur ce manuel, cf. Henri Laoust, « La pédagogie d'al-Ġazâlî dans le Mustaṣfâ », *Pluralismes dans l'islam*.

normes de la *charî'a*. Il se divise en quatre grandes parties : la norme (*al-ḥukm*) ; les « indices probants » (*dalîl*) sur lesquels le juriste s'appuie pour établir les normes ; les modalités de l'« extraction » (*istithmâr*) de ces normes ; les conditions de l'*ijtihâd*[1]. Autant dire que, avec ce manuel, les quatre grands axes qui organiseront par la suite les ouvrages d'*uṣûl* sont déjà fixés.

Méthodes et techniques

Le premier de ces axes concerne les catégories instituées par les juristes musulmans pour classer les normes, qui sont, en général, au nombre de cinq : obligatoire (*wâjib*) ; recommandable (*mandûb*, *mustaḥabb*) ; licite (*jâ'iz*, *mubâḥ*) ; répréhensible ou blâmable (*makrûh*, *munkar*) ; interdit (*ḥarâm*, *maẓhûr*). Ce classement est établi en fonction de la sanction ou de la récompense auxquelles le croyant s'expose, selon qu'il accomplit, ou non, l'acte en question. Par exemple, le non-accomplissement d'un acte obligatoire comme la prière (*ṣalât*) entraîne une sanction ; un acte licite est neutre, et n'entraîne ni sanction, ni récompense, qu'on l'effectue ou non.

C'est sans doute à partir de deux catégories présentes dans le Coran, le licite (*ḥalâl*) et l'interdit (*ḥarâm*) que les juristes constituèrent ce système, qui apparut entre le IXe et le Xe siècle, semble-t-il[2]. S'ils

1. Abû Ḥâmid al-Ghazâlî, *al-Mustasfâ*, Beyrouth, Mu'assasat al-Risâla, 1997, 2 vol.

2. Baber Johansen, *Contingency in a Sacred Law*, p. 69-70.

sont parvenus à une relative harmonisation des théories émises autour de ces catégories, ils ne se sont pas accordés quant au lexique technique employé et ont recours à différents termes pour désigner la même catégorie. En outre, les juristes instituèrent une typologie des actes prescrits par la *charî'a* : un acte peut être valide (*ṣaḥîḥ*), imparfait (*fâsid*) ou bien nul (*bâṭil*).

L'étude des sources-fondements (*uṣûl*) dont on peut tirer les normes du *fiqh* constitue le deuxième grand axe développé dans les *uṣûl al-fiqh*. Les écoles juridiques sunnites admettent quatre sources, dans l'ordre : le Coran ; la *sunna* du Prophète ; le consensus (*ijmâ'*) et le raisonnement analogique (*qiyâs*). On connaît les deux premières ; quelques explications s'imposent quant aux deux secondes.

Le consensus, idéalement, est celui de la communauté des croyants, tout comme il était, au temps de la *jâhiliyya*, celui de la tribu. Les juristes musulmans l'ont fondé sur des *ḥadîth* attribués au Prophète, dont celui-ci : « Ma communauté ne s'accordera pas sur une erreur. » Il leur fut toutefois rapidement impossible de recueillir le consensus d'une communauté en pleine expansion. Ils se limitèrent donc à l'avis unanime des *mujtahid*, c'est-à-dire les juristes d'une même génération capables d'exercer l'*ijtihâd* sur une question donnée. On voit combien l'*ijmâ'* ainsi défini est difficile à manier et à réaliser. Les juristes musulmans ne s'accordèrent d'ailleurs pas tous sur cette définition : certains limitèrent l'*ijmâ'* aux compagnons, d'autres le restreignirent aux « gens de la famille » du Prophète [1].

1. Henri Laoust, *Les Schismes dans l'islam*, p. 385-386.

Le *qiyâs*, ou raisonnement par analogie, permet au juriste de se prononcer sur un cas d'espèce non mentionné dans les textes sacrés, en s'appuyant sur un cas de base (*aṣl*) connu. La méthode consiste à dégager de celui-ci une « cause » ou principe explicatif (*'illa*), dont on pourra déduire la norme à appliquer au cas dérivé (*far'*). Prenons un exemple concret. L'absorption de vin est interdite par un verset coranique (le Coran, 5 : 90) : c'est le cas de base, pour lequel existe une norme ; la raison d'être de cette interdiction réside dans le fait que le vin procure l'ivresse. Par analogie, toute boisson procurant l'ivresse est illicite [1]. Comme le consensus, l'analogie a fait l'objet de bien des discussions entre les juristes musulmans et a donné lieu à des doctrines différentes, selon les écoles. Les techniques et les typologies qui s'y rapportent ont en outre été amplement explicitées dans les manuels d'*uṣûl* [2].

À ces sources-fondements, les juristes peuvent ajouter la loi (*char'*) des Prophètes antérieurs, l'opinion des compagnons ou bien l'usage (*'urf*). Ils disposent également de méthodes promues par les écoles, comme la préférence juridique (*istiḥsân*) surtout pratiquée par les ḥanéfites, l'intérêt commun (*istiṣlâḥ*) des mâlikites, et la présomption de continuité (*istiṣḥâb*) des châfi'ites.

Le troisième axe déployé dans les *uṣûl al-fiqh* englobe les principes interprétatifs qui permettent au juriste d'extraire (*istinbâṭ*) les normes des quatre

1. 'Abd al-Wahhâb Khallâf, *Les Fondements du droit musulman*, p. 77-78.
2. Wael B. Hallaq, *A History of Islamic Legal Theories*, p. 82-107.

sources. Ces principes relèvent de la linguistique et de la rhétorique, et sont formulés par des couples antithétiques : l'ambigu et le clarifiant ; l'évident et l'implicite ; l'ordre et l'interdiction ; le général et le particulier, etc. [1].

Enfin, le quatrième axe de réflexion récurrent dans les ouvrages d'*uṣûl al-fiqh* est celui de l'*ijtihâd*. Il s'agit d'exposer les compétences requises chez le juriste ainsi que les conditions et les modalités de son exercice. Là encore, certains concepts peuvent être énoncés comme autant de méthodes et de techniques mis en œuvre pour établir une norme. Ainsi de la doctrine de l'abrogation (*naskh*), ou de la contradiction (*ta'âruḍ*) entre deux textes et de la recherche de celui qui prévaut (*tarjîḥ*) [2].

1. *EI*[2], « Sharî'a ».
2. 'Abd al-Wahhâb Khallâf, *Les Fondements du droit musulman*, p. 341-358.

5

L'élaboration de la théologie

La théologie musulmane a connu une lente gestation dont témoignent, comme autant d'étapes franchies, les différents termes qui furent utilisés pour la désigner. La première expression employée par les musulmans, que l'on retrouve sous la plume d'Abû Ḥanîfa, fut *al-fiqh al-akbar* (littéralement, la connaissance majeure, soit celle de la religion). Elle nous indique que les premières générations de musulmans avaient saisi l'importance, pour le dogme, des questions soulevées par cette discipline encore embryonnaire. Il s'agissait de comprendre (*faqiha*) la religion révélée par l'intermédiaire du Prophète Muḥammad et, *in fine*, de mieux connaître le Créateur lui-même et ses desseins vis-à-vis de sa création.

Les anciens habitants de l'Arabie croyaient en un destin implacable, le *dahr*. Avec l'avènement de l'islam, il s'agit pour eux de passer de la conception d'une justice immanente à celle d'une justice transcendante. Il leur fallut peu à peu concevoir l'idée d'un Dieu jugeant leurs actes, susceptible de leur réserver les plus terribles châtiments comme de faire preuve de clémence à leur égard. Avant d'embrasser l'islam, ils associaient à un Dieu créateur de l'univers des divinités, ses « filles », auxquelles ils rendaient un culte ; désormais, il fallait concevoir l'idée d'un Dieu unique, ne souffrant aucun « associé » (*charîk*). Aussi l'unicité de Dieu fut-elle l'un des thèmes cardinaux de la théologie, qui fut appelée *'ilm al-tawḥîd* : la science de l'unicité divine.

Dieu et ses attributs

Ce Dieu unique était décrit dans le Coran. Il y était même doté de nombreux noms qui correspondaient à des attributs le qualifiant : vivant (*ḥayy*, c'est-à-dire éternellement vivant, contrairement à ses créatures, vouées au trépas) ; omniscient (*'alîm*, *khabîr*, *chahîd*) ; juste (*'adl*), bon et bienfaiteur (*raḥmân*, *raḥîm*), etc. Par ailleurs, le Coran contenait des éléments descriptifs donnant quasiment corps à Dieu : ses mains, sa face, ses yeux, le trône sur lequel il siège, etc. Tout cela informait les musulmans sur leur Créateur, mais soulevait aussi de nombreuses questions auxquelles ils répondirent différemment : par exemple, ces attributs étaient-ils seulement des adjectifs décrivant Dieu, ou bien étaient-ils des « choses » existant en lui [1] ? C'est pourquoi la théologie fut encore appelée : la science de l'unicité de Dieu et de ses attributs (*'ilm al-tawḥîd wa al-ṣifât*). En outre, l'étude de ces noms (*asmâ'*) divins conduisit les érudits à en faire l'exégèse et à en dresser des listes, dont la plus connue, devenue

1. *EI*[2], « Ṣifa ».

quasi canonique, est celle d'al-Walîd b. Muslim (VIIIe siècle) [1]. Dieu a quatre-vingt-dix-neuf noms, qu'un *ḥadîth* du Prophète engage le croyant à mémoriser ; aussi les récite-t-il en égrenant un chapelet.

La seule connaissance du Coran ne pouvait résoudre toutes les questions qui se posaient aux croyants. De plus, le texte coranique lui-même contenait des affirmations problématiques sur certains points. De nombreux qualificatifs attribués à Dieu se réfèrent à des fonctions perceptives et sensorielles (voyant, entendant, etc.) ou à des qualités morales (généreux, magnanime) qui recèlent une dimension anthropomorphique irréductible, difficilement compatible avec l'affirmation de sa transcendance absolue. Ainsi, dans un même verset, on lit : « Rien ne lui est semblable, il est l'Entendant et le Clairvoyant » (le Coran, 42 : 11). Autre exemple de contradiction – au moins apparente –, celle qui concerne la vision de Dieu par le croyant. Est-elle possible, comme le laissent penser ces versets se rapportant au jour du Jugement dernier : « Des visages, ce jour-là, seront éclatants, vers leur Seigneur regardant » (le Coran, 75 : 22-23) ? Ou bien est-elle impossible, comme le suggère l'expression : « les regards ne l'atteignent pas... » (le Coran, 6 : 103) ? Là encore, les avis furent partagés. Certains pensèrent que le croyant avait la possibilité de voir Dieu, au moins dans l'au-delà ; d'autres n'acceptèrent que l'idée d'une « vision par le cœur ».

Le Coran pouvait également faire l'objet d'interprétations divergentes sur les actes humains et la destinée

1. Cf., à ce sujet, Daniel Gimaret, *Les Noms divins en islam : exégèse lexicographique et théologique*, chap. I et III.

de l'homme. Dieu avait-il laissé à sa créature l'entière liberté de ses actions, bonnes ou mauvaises ? Ou bien avait-il, de toute éternité, établi un décret sur les actes humains ? Ainsi se posait la question du libre arbitre (*qadar*) et de la prédestination (*qaḍâ'*), qui engendra bon nombre de controverses et de discussions parmi les musulmans.

Ceux qui débattaient, discutaient, allaient être appelés *mutakallim* – du verbe *takallama*, parler intelligemment, et la théologie spéculative : le *kalâm*. Ce terme ne fut appliqué à la théologie, en tant que science religieuse, qu'à la fin du Xe siècle, alors que cette discipline était déjà bien établie depuis deux siècles [1]. Une autre expression apparut comme une alternative à *kalâm* et lui fit concurrence : *uṣûl al-dîn*, qui signifie littéralement les sources-fondements de la religion. Au raisonnement dialectique et aux controverses auxquels renvoyait le *kalâm* répondaient les sources mêmes de la religion, à savoir le Coran et la *sunna*, auxquels les *uṣûl al-dîn* se référaient.

Cette dichotomie terminologique révélait une tension qui opposait les tenants d'une théologie spéculative, visant à démontrer, par des arguments rationnels, la véracité du message prophétique, à ceux d'une discipline prenant le Coran et la *sunna* comme point de départ pour faire l'apologie de la religion. On verra plus loin comment les seconds prirent le pas sur les premiers et se chargèrent de définir l'orthodoxie sunnite

1. Zakaria Bin Stapa, « The origins and historical background of the kalâm : an overview discussion », *Hamdard islamicus*, 16/1, p. 39-40.

en matière de théologie. Notons ici que cette tension entre deux courants de la pensée islamique se refléta dans les travaux des historiens de l'islam et dans leurs manières d'envisager la théologie musulmane. À titre d'exemple, Louis Gardet définit la théologie musulmane comme une « apologie défensive [1] ». 'Abdurraḥmân Badawi critique cette opinion et estime qu'elle n'est applicable qu'à la période de décadence du *kalâm* ; du VIIIe au XIe siècle, le *kalâm* se préoccupait surtout, selon lui, de « l'intelligence de la foi [2] ».

On se référera ici à une définition large du *kalâm*, proposée par le philosophe Fârâbî dans sa classification des sciences : c'est « une science qui permet à l'homme de faire triompher les dogmes et les actions déterminés par le législateur de la religion, et de réfuter toutes les opinions qui les contredisent [3] ».

La formation des écoles théologiques

Il est difficile de dater précisément l'apparition des écoles de théologie et de délimiter leurs positions respectives avant la seconde moitié du VIIIe siècle. Avant cela, on ne peut parler que de tendances, voire de courants, souples et labiles, qui se révélèrent au moment de la bataille de Ṣiffîn, en 657.

---

1. Louis Gardet et Marcel M. Anawati, *Introduction à la théologie musulmane*, p. 6 *sq*.
2. 'Abdurraḥmân Badawi, *Histoire de la philosophie en islam*, p. 9-11.
3. Cité dans *EI*², « Kalâm », par Louis Gardet.

Trois facteurs contribuèrent au développement de la théologie musulmane : les dissensions politiques qui apparurent lors de la lutte pour le califat, après le meurtre de 'Uthmân en 656 ; l'influence d'autres religions puis, surtout, de la philosophie grecque sur l'élaboration de la pensée islamique ; puis, dans une moindre mesure, les débats doctrinaux contre la *zandaqa*, c'est-à-dire la libre pensée qui s'inspirait du manichéisme ou du mazdéisme.

Les rivalités entre groupes sociopolitiques qui briguaient le califat provoquèrent des dissensions entre les musulmans, aussi bien sur la personne du calife et sur la légitimité de son pouvoir que sur sa responsabilité quant au mal qu'il pouvait causer. Il s'agissait de se prononcer sur les meurtres de 'Uthmân (656) et de 'Alî (661), et sur le califat des Omeyyades, qui s'étaient emparés du pouvoir. Des questions se posèrent alors de manière impérieuse, questions que seule la théologie pouvait prendre en charge, telles que la prédestination et le libre arbitre, la foi et ses œuvres, et le statut du pécheur. Différentes tendances émergèrent. Celle des « qadarites » – appelés ainsi parce qu'ils croyaient que l'homme détenait le pouvoir de déterminer ses actes, le *qadar* – regroupait des opposants aux Omeyyades. Ils considéraient en outre que les œuvres du croyant faisaient partie de sa foi, et certains d'entre eux allaient jusqu'à dire que l'homme qui commettait une faute grave (*kabîra*) devenait un impie (*kâfir*). Sur terre, la communauté musulmane devait le rejeter ; dans l'au-delà, il était voué à l'enfer. Cette position fut notamment défendue par les khârijites, qui accusaient les califes omeyyades de péchés graves, et les prenaient donc pour des impies [1].

À l'opposé se tenaient les partisans de la contrainte divine (*jabr*), appelés « jabrites ». Ils affirmaient que Dieu avait créé les actes des hommes, bons ou mauvais ; selon ce principe, les Omeyyades étaient parvenus au pouvoir par la volonté divine. Les jabrites, bien sûr, bénéficiaient du soutien des califes. Une troisième tendance était composée des murji'ites : ils dissociaient la foi et les œuvres et remettaient à Dieu (*irjâ'*) le soin de reconnaître les siens et de statuer sur la foi des croyants pécheurs.

Ces tendances, on l'a dit, étaient souples et labiles. De plus, aucun traité exposant leur doctrine ne nous est parvenu. Pour en avoir une idée, on peut toujours se référer à des ouvrages d'hérésiographie plus tardifs, mais ceux-ci sont forcément sujets à caution [2].

L'élaboration du *kalâm* connut un tournant vers 750, au moment où les Abbassides prenaient le pouvoir. Jusqu'alors, les débats s'étaient tenus à Damas, autour de la cour omeyyade, où l'influence de la théologie chrétienne était incontestable [3] ; avec les Abbassides à Bagdad, les débats furent marqués par l'influence des religions perses, le manichéisme et le mazdéisme. Néanmoins, ce fut la pensée grecque qui eut le plus d'impact sur le développement du *kalâm*. Bien avant l'hégire, la culture grecque était étudiée

1. Cf., sur ces discussions, Montgomery Watt, *The Formative Period of Islamic Thought*, p. 94-99.

2. *Ibid.*

3. Louis Gardet et Marcel M. Anawati, *Introduction à la théologie musulmane*, p. 35-37.

dans différents centres, au Proche et au Moyen-Orient, tels Édesse, Nisibe, Séleucie-Ctésiphon, Jundichâpûr ou Antioche, ainsi que dans des monastères ; des textes étaient déjà traduits du grec au syriaque.

Ce mouvement de traduction fut réactivé par le calife, à la fin de la période omeyyade, et facilité, à partir de 762, par la fabrication du papier [1]. Mais ce furent surtout les Abbassides qui patronnèrent l'entreprise et lui donnèrent son ampleur. La contribution la plus importante fut celle du calife Ma'mûn qui fonda, en 832, Bayt al-ḥikma (la Maison de la sagesse), et envoya des missions de savants chercher des manuscrits à Byzance pour les traduire en arabe. Ibn Nadîm, dans son *Fihrist* (*Le Catalogue*), raconte qu'Aristote lui était apparu en songe et lui avait suggéré de procéder ainsi. D'autres savants partirent pour leur propre compte en quête de textes, les rapportèrent à Bagdad et les traduisirent [2].

Certaines de ces traductions passaient d'abord par le syriaque, d'autres, plus rares, allaient directement du grec à l'arabe ; elles furent le fruit du travail d'érudits chrétiens et musulmans. Grâce à ces « médiateurs », l'œuvre d'Aristote, certains ouvrages de Platon, de Plotin, de Proclus, de Porphyre et d'autres furent portés à la connaissance des penseurs arabes. Certes, il s'agissait parfois d'« adaptations » plus que de traductions, puisque toute référence païenne en était gommée. En outre, bien vite, les savants musulmans

1. Mohammed Arkoun, *La Pensée arabe*, p. 38.
2. 'Abdurraḥmân Badawi, *La Transmission de la philosophie grecque au monde arabe*, p. 16-17.

ne travaillèrent plus que sur des textes déjà traduits, car le grec n'avait pas été introduit dans l'enseignement des sciences arabo-islamiques. Néanmoins, la philosophie et la logique grecques, notamment les *Catégories* d'Aristote, apportèrent aux penseurs musulmans de nouveaux outils pour construire leur objet.

Certains musulmans conçurent donc une théologie, le *kalâm*, qui n'hésitait pas à s'appuyer sur une argumentation rationnelle discursive. Ce fut le cas des mu'tazilites, qui créèrent la dogmatique spéculative de l'islam et connurent leur heure de gloire, particulièrement sous le califat de Ma'mûn, avant d'être évincés.

Heurs et malheurs du mu'tazilisme

L'origine du mot *mu'tazila* pour désigner les adeptes d'une école théologique demeure obscure. On a beaucoup glosé autour de l'idée de séparation, que dénote le terme *i'tizâl*, et qui aurait fait des mu'tazilites des sécessionnistes de tel ou tel mouvement. Serait-ce que, comme plusieurs historiens l'ont remarqué, cette appellation n'avait rien de péjoratif puisque ceux qui la portaient en étaient fiers [1] ? Sa raison d'être, en tout cas, est tombée dans l'oubli.

Il est généralement admis que les mu'tazilites étaient en quelque sorte les héritiers des qadarites, sans pour autant en être les successeurs directs ; Badawi, lui,

1. Cf., entre autres, l'exposé de Henry Corbin sur ce sujet, dans son *Histoire de la philosophie islamique*, p. 155-160.

récuse cette allégation [1]. Le fait que Wâṣil b. ʿAṭâʾ (m. 749) puisse être considéré comme le fondateur du muʿtazilisme, comme le suggère l'hérésiographie postérieure et bon nombre d'historiens, est par ailleurs aujourd'hui débattu [2]. Les débuts du mouvement demeurent donc mal connus. Grâce aux Abbassides, il prit ensuite de l'ampleur et de l'assurance, tant et si bien que sa doctrine fut officiellement adoptée par le calife Maʾmûn, en 827.

Deux écoles muʿtazilites se faisaient concurrence, l'une à Bagdad, fondée par Bichr b. al-Muʿtamir (m. 825), et l'autre, plus brillante, à Baṣra où se détacha la figure d'Abû al-Hudhayl al-ʿAllâf (m. vers 841). À l'instar de bon nombre de penseurs muʿtazilites, c'était un *mawlâ*, un client d'une tribu arabe, car il n'était pas lui-même d'origine arabe. Passé maître dans l'art de la polémique, aussi bien contre des non-musulmans que contre des musulmans professant d'autres opinions, il fit l'admiration des califes et, dit-on, convertit trois mille hommes ! Il élabora en outre une doctrine riche et originale, fondée sur une grande connaissance des cultures musulmane, grecque et persane et, surtout, sur l'argumentation rationnelle. Il opposait en effet à la tradition scripturaire (*samʿ*) l'usage de la raison (*ʿaql*).

Après lui, Ibrâhîm al-Naẓẓâm (m. 846) s'engagea sur la voie du muʿtazilisme et entretint d'ardentes

1. ʿAbdurraḥmân Badawi, *Histoire de la philosophie en islam*, vol. 1, p. 19.

2. Cf. par exemple l'avis de Henri Laoust, *Les Schismes dans l'islam*, p. 52-54, qui diffère de celui de Zakaria Bin Stapa, « The origins and historical background of the kalâm… », p. 52.

polémiques pour faire triompher sa doctrine. Il se montra méfiant envers les transmetteurs de *ḥadîth* autant qu'à l'égard des commentateurs du Coran, émit bien des opinions audacieuses concernant le dogme, et réfléchit sur des questions philosophiques et théologiques. On connaît peu de chose de sa vie, excepté ce qu'en a écrit son illustre disciple, al-Jâḥiẓ (m. 868) qui, bien que professant lui aussi des idées mu'tazilites, était avant tout un brillant homme de lettres.

Au Xe siècle, d'autres penseurs mu'tazilites s'illustrèrent au sein de l'école de Baṣra : Abû 'Alî al-Jubbâ'î (m. 915), qui composa une œuvre immense, et son fils Abû Hâchim (m. 933), qui se distingua par sa formulation de la théorie des « modes » (*aḥwâl*). Le dernier grand représentant de cette école fut son disciple le cadi 'Abd al-Jabbâr (m. 1025), dont un grand nombre d'ouvrages nous est parvenu. Il y reprend les théories de ses prédécesseurs mu'tazilites dont les ouvrages ont été perdus, et donne ainsi un aperçu de la théologie mu'tazilite [1].

La diversité et la richesse des doctrines mu'tazilites ne permettent pas d'en rendre compte ici ; de plus, les mu'tazilites débattirent et polémiquèrent, entre eux, sur de nombreuses questions. Néanmoins, ils s'accordaient sur cinq thèses, constituant les cinq piliers du mu'tazilisme, qu'il fallait adopter pour être compté parmi ses adeptes.

La première repose sur l'unicité divine. Les mu'tazilites insistent sur la transcendance et l'inaccessibilité

---

1. Sur les doctrines de ces penseurs mu'tazilites, cf. 'Abdurraḥmân Badawi, *Histoire de la philosophie en islam*, p. 54-261 ; Daniel Gimaret, *Théories de l'acte humain en théologie musulmane*, chap. I.

de Dieu. Aussi faut-il le débarrasser de tout anthropomorphisme, considérer les attributs divins de manière symbolique : Dieu n'a pas de « main », au sens propre, et l'expression coranique qui en fait état est une métaphore suggérant sa puissance. On ne peut le voir dans l'au-delà. Quant au Coran, parole divine, il est créé.

La deuxième thèse concerne la justice (*'adl*) de Dieu. Ce principe implique la liberté et la responsabilité de l'homme, qu'il fasse le bien ou le mal.

En conséquence, et selon la troisième thèse mu'tazilite, le sort de l'homme dépend de ses actes : avoir la foi, c'est professer l'islam, mais aussi accomplir les œuvres prescrites. L'homme s'expose à « la promesse et la menace » (*al-wa'd wa al-wa'îd*) de Dieu.

La quatrième thèse définit un état intermédiaire (*al-manzila bayna manzilatayn*) entre le statut de croyant et celui d'impie : c'est celui du pécheur (*fâsiq*) qui demeure, sur terre, dans la communauté des croyants, mais qui est voué, dans l'au-delà, à l'enfer.

Enfin, la cinquième thèse se rapporte à l'impératif moral de commander le bien et d'interdire le mal. Pour les mu'tazilites, l'ensemble de la communauté doit mettre cet impératif en pratique, éventuellement par l'épée [1].

Au moment où Ma'mûn proclamait son adhésion au mu'tazilisme, celui-ci était en situation de concurrence avec le courant des partisans du *ḥadîth*. L'enjeu consistait à parvenir à s'imposer comme courant majoritaire, susceptible de représenter l'« orthodoxie » de

1. Montgomery Watt, *The Formative Period of Islamic Thought*, p. 228-249.

l'islam. Les partisans du *ḥadîth* jouissaient du soutien des milieux populaires, plus perméables à leur doctrine qu'aux thèses mu'tazilites. Le calife Ma'mûn apporta son appui aux mu'tazilites qui connurent ainsi un triomphe éphémère et quelque peu factice, lors d'un épisode que l'on appela la *miḥna*, l'épreuve.

En 833, Ma'mûn, alors en voyage, demanda à son représentant à Bagdad de faire subir un examen aux cadis de sa juridiction au sujet du Coran : était-il créé (*makhlûq*) ou incréé (*ghayr makhlûq*) ? Ainsi commença cette épreuve infligée aux oulémas par les Abbassides pendant une vingtaine d'années. À Bagdad et dans les provinces, ceux qui ne répondaient pas selon la doctrine mu'tazilite, en considérant le Coran comme créé, étaient destitués, frappés, jetés en prison, voire exécutés. Dans les tribunaux, seuls les témoins qui déclaraient le Coran créé étaient entendus. La plupart des oulémas se plièrent à la volonté califale, mais il y eut, parmi eux, des exceptions, dont la plus fameuse est celle d'Ibn Ḥanbal, flagellé sur ordre du calife al-Mu'taṣim en 835. En 847, le calife al-Mutawakkil mit fin à l'épreuve, puis il interdit les discussions à propos du Coran et fit relâcher les prisonniers, en 851 [1]. Peu à peu, les califes se remirent à soutenir la majorité des oulémas et se prononcèrent donc pour la tendance des *muḥaddith*, « proto-sunnite », avec laquelle ils composèrent pour se partager le pouvoir religieux [2]. Les mu'tazilites perdirent de

1. *EI*², « Miḥna ».
2. Muhammad Qasim Zaman, *Religion and Politics under the Early 'Abbâsids : the Emergence of the Proto-Sunnite Elite*, p. 106-118.

leur influence et furent taxés de *zandaqa* après avoir eux-mêmes utilisé cette notion pour disqualifier leurs adversaires. Le terme de *zandaqa*, cependant, était devenu très flou et permettait de suggérer l'hérésie ou l'impiété chez ceux que l'on voulait combattre. Les mu'tazilites furent, à leur tour, traduits devant les tribunaux et leurs œuvres furent détruites ; il faudra attendre la fin du XIXe siècle et le mouvement réformiste pour les voir réhabiliter. Quant aux autres *mutakallim*, ils firent, eux aussi, l'objet des critiques des transmetteurs de *ḥadîth*.

La solution de l'ach'arisme

Les partisans du *ḥadîth*, Ibn Ḥanbal et ses disciples en tête, récusaient le *kalâm* et ses arguments rationnels pour ne s'appuyer que sur le savoir transmis par les anciens. Malgré leurs attaques, une certaine forme de *kalâm*, qui prit ses distances avec la philosophie, survécut. Mélange de raisonnement spéculatif et d'opinions fondées sur les *ḥadîth*, elle affichait comme but de consolider les croyances religieuses et fut ainsi tolérée. L'ach'arisme, souvent décrit comme une voie médiane entre raison et tradition, s'inscrivit dans cette forme de *kalâm* et put ainsi avoir droit de cité.

Abû al-Ḥasan al-Ach'arî (873-935 ?) fut longtemps un disciple du mu'tazilite Abû 'Alî al-Jubbâ'î dont il prôna la doctrine, à Baṣra, avant d'annoncer sa conversion. Un beau jour, en effet, il prit la parole dans la mosquée de Baṣra pour renier publiquement le mu'tazilisme en se déclarant désormais résolu à en réfuter les thèses. Al-Ach'arî connaissait assez les doctrines des mu'tazilites pour en trouver les failles, en utilisant leurs propres outils, c'est-à-dire des arguments rationnels. Autant dire qu'en procédant de la sorte, il s'attirait aussi la condamnation des ḥanbalites, dont il défendait pourtant les thèses principales. Cependant, contrairement à eux, al-Ach'arî jugeait nécessaire de raisonner pour connaître Dieu.

À l'instar des littéralistes, al-Ach'arî affirme la réalité des attributs divins. Dieu, selon lui, a réellement des mains, un visage, etc., mais il ne faut pas se demander comment : c'est le fameux *bi-lâ kayfa*, qui signifie littéralement « sans comment ». Il déclare en outre que Dieu est visible aux regards humains et qu'il sera vu dans l'au-delà. Selon al-Ach'arî, la volonté de Dieu est éternelle et il veut tout ce qui advient, y compris les actes mauvais des hommes ; Dieu crée donc l'acte humain, mais il attribue à l'homme l'« acquisition » (*kasb*) de cet acte. La doctrine se situe ainsi à mi-chemin entre celle des mu'tazilites et celle des ḥanbalites. Par ailleurs, pour al-Ach'arî, Dieu est nécessairement juste et sage dans tout ce qu'il fait. Sur la question de la foi et des œuvres, il adopte une position plutôt murji'ite en établissant que ce sont deux choses distinctes. Le pécheur, selon lui, reste un croyant ; il se repent, et Dieu lui pardonne, s'il veut. Quant au Coran, al-Ach'arî professe qu'il est à la fois incréé, dans le sens où il est la parole divine, et créé, lorsqu'il en est l'expression [1].

---

1. Cf., *passim*, la somme que fit Daniel Gimaret à ce sujet, *La Doctrine d'al-Ash'arî*.

On décèle, dans cette doctrine, un grand souci de conciliation entre des thèses et des visions du monde opposées, souci qui guida son auteur et assura son succès. Al-Ach'arî apportait une solution aux problèmes posés par la théologie musulmane et aux controverses qui déchiraient les différentes écoles de pensée. En matière de droit, bien que plutôt châfi'ite, il pouvait s'accorder avec les mâlikites et les ḥanéfites qui ne manquèrent pas, plus tard, de le revendiquer comme un des leurs. Al-Ach'arî était donc le penseur consensuel autour duquel pouvait se former un courant de pensée majoritaire susceptible de représenter l'orthodoxie. Toutefois, avant qu'il fût reconnu comme tel, son école se heurta à des hostilités et à des rivalités.

Les premières attaques dirigées contre al-Ach'arî vinrent de tous côtés, autant de celui des mu'tazilites que de celui des ḥanbalites. Lui-même, puis ses disciples, durent y faire face pour développer et étendre le mouvement. Cependant, un courant de pensée rival avait vu le jour en Orient. Il avait été initié par un contemporain d'al-Ach'arî, Abû Manṣûr al-Mâturîdî (m. 944), un ḥanéfite qui vivait à Samarcande. Il proposait, lui aussi, une voie médiane visant à résoudre les problèmes de la théologie musulmane et à regrouper les « gens de la *sunna* ». Moins influencé qu'al-Ach'arî par le mu'tazilisme, ses thèses en étaient pourtant plus proches, notamment sur la question des actes humains [1]. S'il n'a pas vraiment fait école, des *mutakallim* se sont

1. Cf. *EI²*, « al-Mâturîdî » et « Mâturîdiyya » ; Wilferd Madelung, « The spread of mâturîdism and the Turks », *Religious Schools and Sects in Medieval Islam*.

réclamés de sa pensée, et ce jusqu'à nos jours. Dans l'Occident musulman, la doctrine d'Ibn Ḥazm (m. 1064), qui mêlait le *fiqh* et le *kalâm*, constituait aussi une menace pour l'expansion de l'ach'arisme [1].

Après avoir été étouffé par les émirs bouyides, acquis au chiisme, l'ach'arisme profita de la prise de pouvoir des Turcs seldjoukides, qui s'emparèrent de Bagdad en 1055. Le mouvement connut son apogée lorsque le vizir Niẓâm al-Mulk (m. 1093), qui fonda les deux grandes *madrasa* de Bagdad et de Nîchâpûr, en fit la doctrine officielle de l'Empire abbasside. L'ach'arisme avait été brillamment défendu par Bâqillânî (m. 1013) ; Juwaynî (m. 1085) prit la suite, puis ce fut le grand Ghazâlî (m. 1111), qui, en combattant à la fois les courants ésotériques de l'islam et les philosophes, consolida la pensée ach'arite.

Certes, des oulémas ḥanbalites vinrent, régulièrement, porter des coups à l'ach'arisme ; ce fut surtout le cas d'Ibn Taymiyya (m. 1328), particulièrement virulent à l'égard du *kalâm*, qu'il taxait d'hérésie. Opposés à la pratique de la discipline, les ḥanbalites ne composèrent donc pas de traités de théologie, mais ils exposèrent leur doctrine dans des professions de foi (*'aqîda*) ; Ibn Taymiyya lui-même en rédigea plusieurs. Grâce à la limpidité de leur doctrine, les ḥanbalites surent conserver le soutien populaire et ils firent preuve d'une vitalité qui s'est renforcée, à l'époque moderne, avec la naissance de mouvements réformistes (wahhâbisme, salafisme, etc.).

---

1. Cf. Roger Arnaldez, *Grammaire et théologie chez Ibn Hazm de Cordoue. Essai sur la structure et les conditions de la pensée musulmane*, Paris, Vrin, 1956.

Après avoir vaincu les mu'tazilites, les ach'arites affrontèrent les *falâsifa*, les philosophes héritiers de la pensée grecque et de l'hellénisme oriental. Après Ghazâlî, Chahrastânî (m. 1153) s'illustra dans ce rôle de défenseur du *kalâm* contre la *falsafa*, puis Fakhr al-Dîn al-Râzî (m. 1210) et al-Jurjânî (m. 1413). Nourris des écrits de leurs adversaires, ils empruntèrent des outils conceptuels à la philosophie pour la contrer, et les intégrèrent dans leur mode de raisonnement, enrichissant ainsi leur propre discipline et la pensée ach'arite [1].

Bientôt, avec la quasi-disparition du mu'tazilisme et l'éviction des philosophes, les *mutakallim* perdirent leurs interlocuteurs, donc leur désir de convaincre et leur verve. Ils se contentèrent de reproduire des manuels et la discipline s'appauvrit, se sclérosa pendant plusieurs siècles. L'absence de débat, au lieu de permettre aux savants d'approfondir leurs pensées, avait tué le *kalâm*. Seuls les réformistes, et surtout Muḥammad 'Abduh (m. 1905), tenteront de le faire revivre [2].

La définition de l'« orthodoxie » sunnite

Lorsque l'ach'arisme atteignit son apogée, au XIe siècle, le texte coranique était fixé et les sciences qui l'étudiaient étaient définies ; les grands recueils de *ḥadîth* retenus comme canoniques avaient été compilés ; les

1. Louis Gardet et Marcel M. Anawati, *Introduction à la théologie musulmane*, p. 72-78.
2. Cf. sa *Rissalat al tawhid* (exposé de la religion musulmane).

quatre écoles juridiques sunnites étaient constituées. L'adoption de l'ach'arisme acheva la construction de l'« orthodoxie » sunnite, dont les adeptes se définissaient comme les *ahl al-sunna wa al-jamâ'a* (les gens de la *sunna* et de la communauté). En effet, l'expression par laquelle ils s'identifiaient, par la place qu'elle confère à la *sunna* du Prophète et à la communauté vertueuse des débuts de l'islam, celle des *salaf*, les pieux anciens, explicite clairement leur volonté de s'imposer comme l'orthodoxie islamique. Les orientalistes n'ont pas manqué d'avaliser cette revendication, puisqu'ils ont souvent associé *ahl al-sunna* et islam orthodoxe.

Les sunnites s'étaient définitivement prononcés sur le statut des premiers califes. 'Alî, d'abord considéré comme un calife illégitime, entre autres par Ibn Ḥanbal, fut réhabilité par Ibn Ḥanbal lui-même, qui, comme beaucoup de ses contemporains, changea d'avis sur cette question [1]. Ainsi furent désignés les quatre califes « bien dirigés » (*râchidûn*) dont l'ordre de mérite correspondait à l'ordre chronologique du califat : Abû Bakr venait en premier, puis 'Umar, 'Uthmân, et enfin 'Alî. Ensuite venaient les compagnons du Prophète, les *ṣaḥâba*, dont la vertu n'était pas à mettre en cause, puis les disciples qui les avaient suivis, les *tâbi'ûn*, et les disciples de leurs disciples.

Tout principe religieux qui ne s'insérait pas dans la doctrine sunnite était considéré comme une hérésie ou une innovation blâmable. Le système s'était donc

1. Muhammad Qasim Zaman, *Religion and Politics under the Early 'Abbâsids*, p. 51 et p. 168-171.

fermé. Les différents groupes politico-religieux, dont les idées avaient contribué à l'élaboration du sunnisme, étaient écartés, rejetés. Certains, comme les murji'ites, furent réhabilités par le consensus sunnite ; d'autres, tels les mu'tazilites, se virent bannis par le sunnisme [1]. Certaines de leurs thèses, néanmoins, se retrouveront dans le zaydisme ou dans le chiisme duodécimain [2].

Une fois constitué en système clos, le sunnisme se présenta comme l'orthodoxie musulmane. Ses oulémas s'appuyaient, pour cela, sur un *ḥadîth* du Prophète disant que parmi les soixante-treize sectes (*firqa*) de l'islam, une seule serait sauvée. Cependant, des doctrines schismatiques allaient se fonder sur le même *ḥadîth* pour se poser, de la même manière, comme seules détentrices de la vérité.

En effet, alors que l'élaboration du sunnisme s'achevait, d'autres doctrines étaient en train de se constituer.

---

1. *Ibid.*, p. 2.
2. Cf. Wilferd Madelung, « Imâmism and Mu'tazilite theology », dans l'ouvrage de Robert Brunschwig et Toufic Fahd (dir.), *Le Shî'isme imamite.*

6

Les schismes dans l'islam

Des luttes de pouvoir divisèrent les musulmans en groupes distincts lors de la « grande discorde » (*al-fitna al-kubrâ*) qui déchira la communauté, à la suite du meurtre du calife 'Uthmân en 656. Cette crise culmina lors de la bataille de Ṣiffîn, en juillet 657 ; les trois grands partis qui allaient donner naissance aux groupes khârijite, sunnite et chiite, apparurent alors au grand jour. Dans chacun de ces courants en formation allaient s'élaborer des doctrines divergentes, non seulement sur le chef de la communauté mais aussi sur des problèmes théologiques. De là émergèrent les différentes branches de l'islam, qui, elles-mêmes, allaient ensuite se ramifier en sous-groupes ; l'arabe les désigne par le terme *firqa*, ou bien plus simplement par le mot *madhhab*, qui signifie doctrine.

Les difficultés de la succession

L'origine de la division remonte à la mort du Prophète. N'ayant pas eu d'enfant mâle ni rédigé de testament, celui-ci laissa sa communauté sans directives quant à sa succession. Les *anṣâr* voulurent nommer l'un des leurs, mais les *muhâjirûn* ne se laissèrent pas faire et, lors d'une assemblée qui réunit bon nombre de compagnons, dans le hangar des Banû Sâ'ida, ils désignèrent Abû Bakr – fidèle de la première heure et père de 'Â'icha, l'épouse préférée de Muḥammad – comme successeur du Prophète.

Abû Bakr était un compagnon respecté et il appartenait à la tribu des Quraych, comme le Prophète auquel il était apparenté. Toutefois, il n'était pas un membre direct de sa Maison (*bayt*). Celle-ci se sentit lésée. Selon la tradition chiite, Fâṭima, la propre fille de Muḥammad, était encore à s'occuper de son inhumation lorsque l'assemblée délibérait et elle se fâcha en apprenant la nouvelle. Son époux, 'Alî, qui était aussi le cousin de Muḥammad, s'opposa à cette nomination, s'estimant le seul successeur du Prophète. Il fut soutenu dans sa revendication par certains compagnons, dont ses proches partisans, tels Abû Dharr al-Ghifârî, 'Ammâr b. Yâsir, al-Miqdâd b. 'Amr, et Salmân al-Fârisî. Ils furent les premiers grands noms de la *chî'at 'Alî*, c'est-à-dire du groupe des partisans de 'Alî, les chiites [1].

'Alî et ses partisans acceptèrent finalement la nomination d'Abû Bakr. Celui-ci, avant de mourir, désigna lui-même un autre quraychite, 'Umar, comme son successeur. 'Umar, quant à lui, voulut revenir au principe d'électivité qui avait amené Abû Bakr à succéder à Muḥammad. Il réunit un conseil de six hommes, la *chûrâ*, qu'il chargea d'élire le calife qui lui succéderait.

---

1. Syed Husain M. Jafri, *The Origins and Early Development of Shi'a Islam*, p. 27-57.

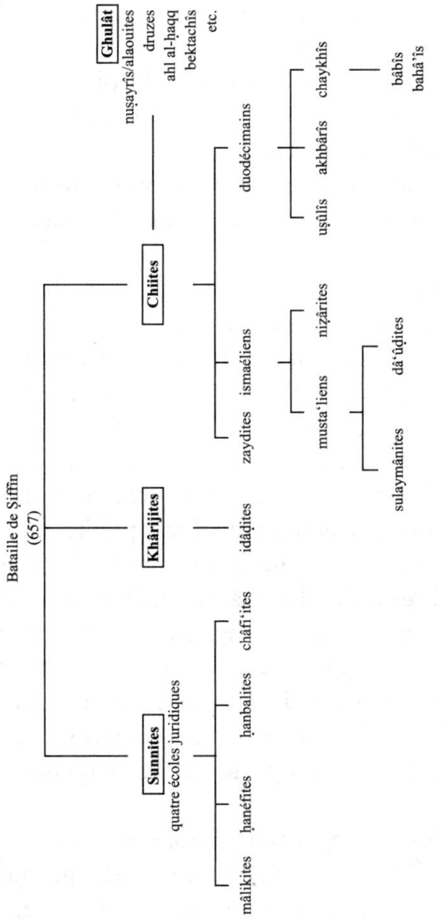

Les branches de l'islam

Les délibérations tournèrent à la désignation pure et simple de 'Uthmân par l'un des membres de la *chûrâ*, les autres se contentant d'entériner ce choix. Ainsi 'Uthmân allait-il diriger la communauté musulmane pendant douze ans ; 'Alî, une fois de plus, avait été évincé par un quraychite, certes, mais qui ne faisait pas partie de la maison du Prophète.

'Uthmân était un converti de la première heure et un *muhâjir*, mais il appartenait au clan des Banû Umayya de La Mecque, qui s'était farouchement opposé à Muḥammad au début de sa prédication. Or, au bout de quelques années de règne, 'Uthmân se mit à favoriser son clan dans la distribution des charges administratives lucratives, ce qui ne manqua pas de faire des mécontents parmi les compagnons qui voyaient ainsi s'enrichir d'anciens adversaires du Prophète. Abû Dharr reprocha publiquement le fait au calife et critiqua sa gestion du bien public (*bayt al-mâl*) ainsi que celle du gouverneur de Damas, Mu'âwiya. Il fut exilé. Ibn Mas'ûd et 'Ammâr b. Yâsir, qui dénoncèrent eux aussi les agissements de 'Uthmân, furent sévèrement molestés, bien que comptant parmi les grands compagnons du Prophète. Le mécontentement s'amplifia. En outre, dans les provinces, la population se plaignait de l'injustice et de la tyrannie des gouverneurs.

En 656, des contingents d'hommes en armes, venus de Kûfa, de Baṣra et de Fustât (Égypte), marchèrent sur Médine et campèrent autour de la ville, afin d'acculer 'Uthmân à recevoir les doléances de ses sujets. Après un siège de quarante jours, celui-ci obtempéra, puis se ravisa. Sa propre maison fut alors assiégée et malgré la pression des insurgés, 'Uthmân refusa de se démettre. Il fut alors tué par un petit groupe d'hommes [1].

L'événement déchira la *umma* : des musulmans allaient bientôt se battre les uns contre les autres. 'Alî fut proclamé calife, à Médine, par ses partisans et par des compagnons, tandis que d'autres le tenaient pour indirectement responsable du meurtre de 'Uthmân. 'Alî dut d'abord livrer combat contre deux rivaux qui revendiquaient pour eux le califat, Ṭalḥa et Zubayr, soutenus par 'Â'icha, la veuve du Prophète. Il les vainquit en décembre 656, lors de la bataille dite « du chameau ». Puis ce fut la bataille de Ṣiffîn qui l'opposa à Mu'âwiya, le gouverneur de Damas, un proche parent de 'Uthmân aussi soucieux de venger la mort de celui-ci que de ravir le califat. Les deux armées, soixante-dix mille hommes au total, s'affrontèrent durant l'été 657, jusqu'à ce que Mu'âwiya fît brandir des feuillets du Coran par ses guerriers, au bout de leurs lances, pour arrêter la bataille et proposer un arbitrage. Deux hommes, chacun représentant un camp, furent chargés d'arbitrer le conflit selon le livre saint [2].

'Alî accepta l'arbitrage qui se fit en sa défaveur, à la suite d'une trahison de son représentant. La question du califat ne fut pas réglée pour autant : 'Alî conserva, théoriquement, son titre, alors que Mu'âwiya conquit des territoires par les armes et ne lui laissa finalement

---

1. Cf., pour plus de détails, Hichem Djaït, *La Grande Discorde*, p. 138-155.
2. *Ibid.*, p. 221-259.

que la province de l'Irak. Lorsque 'Alî fut assassiné, en 661, Mu'âwiya prit définitivement le pouvoir et fonda, à Damas, la dynastie omeyyade.

Ceux qui avaient suivi Mu'âwiya dans cette affaire formèrent le groupe qui, peu à peu, allait promouvoir le sunnisme : on a vu comment dans les chapitres précédents. Le calife, selon eux, devait être élu ou désigné, pourvu qu'il fût de la tribu de Quraych ; ses sujets lui devaient alors obéissance, quelles que fussent ses fautes personnelles. Les partisans de 'Alî, les chiites, estimaient que le califat revenait uniquement aux descendants du Prophète, ou « gens de la Maison » (*ahl al-bayt*). C'est pourquoi 'Alî était, pour eux, le premier imam. Les chiites formèrent la deuxième grande branche de l'islam et ils se divisèrent ensuite en sectes qui allaient développer diverses doctrines, notamment sur le califat.

Certains partisans de 'Alî avaient refusé l'arbitrage car pour eux, le jugement revenait à Dieu seul et serait révélé par l'issue de la bataille : *lâ ḥukma illâ li-llâh* (il n'y a de jugement que de Dieu), proclamaient-ils. Aussi furent-ils appelés les *muḥakkima*. Ils firent sécession, quittèrent l'armée de 'Alî et établirent leur propre camp. Bientôt, d'autres les rejoignirent et, pour cela, sortirent (*kharaja*), à leur tour, du camp de 'Alî : ensemble, ils allaient former le groupe des khârijites, les « sortants », le troisième grand groupe de l'islam.

Des khârijites aux ibâḍites

Si les khârijites ne cessèrent de condamner 'Uthmân pour sa conduite, ils se mirent à incriminer également

'Alî pour n'avoir pas su défendre son droit. Aussi fallait-il, selon eux, renier les deux personnages afin de ne pas tomber dans l'infidélité (*kufr*) ; ils ne reconnaissaient donc que les deux premiers califes. Dès les débuts de la formation de leur groupe, les khârijites en vinrent à ébaucher une conception originale du califat : le calife pouvait être n'importe qui, « même un esclave noir », pourvu qu'il fût élu par la communauté. C'est pourquoi, alors que les khârijites recrutaient à l'origine majoritairement chez des Arabes Tamîm du nord, ils firent bientôt des adeptes parmi les *mawâlî*, les clients non arabes.

La tension monta rapidement entre les chiites et les khârijites : 'Alî les écrasa lors de la bataille de Nahrawân, en juillet 658 ; trois ans plus tard, un certain Ibn Muljam vengea les siens en assassinant 'Alî. Après la défaite de Nahrawân, les khârijites se dispersèrent et propagèrent leur doctrine. Agités, turbulents, ils contribuèrent à la victoire de Mu'âwiya sur 'Alî, puis à celle des Abbassides sur les Omeyyades ; entre 658 et 680, ils ne cessèrent de fomenter des révoltes et se soulevèrent une vingtaine de fois [1].

Ce fut surtout à Baṣra qu'ils se fixèrent, dans une ville foisonnante d'idées où s'élaboraient alors bon nombre de doctrines. Là, dans les années 680, émergèrent différentes tendances au sein du mouvement khârijite, qui constituèrent autant de sectes : ainsi de celle des azraqites, adeptes du premier théologien khârijite, Nâfi' b. al-Azraq (m. 684), qui prônait l'action

1. Montgomery Watt, « Khârijite thought in the Umayyad period », *Der Islam*, n° 36, 1961.

armée contre les infidèles, et d'autres sectes, plus modérées, principalement celles des ṣufrites, des ibâḍites et des najdites [1]. Parmi tous les sous-groupes qui virent alors le jour, et dont l'histoire demeure mal connue, un seul put assurer sa pérennité et survivre à la période abbasside, celui des ibâḍites. Il fut fondé par 'Abd Allâh b. Ibâḍ, qui en énonça les premières doctrines dans des lettres destinées au calife 'Abd al-Mâlik b. Marwân, vers 695.

L'agitation khârijite se poursuivit au VIIIe siècle, dans plusieurs directions. En 747, certains parvinrent même à prendre La Mecque. Ceux qui s'étaient implantés au Maghreb menaient une révolte qui les rendit maîtres de la région pendant une trentaine d'années. Ils parvinrent ensuite à fonder de petites principautés, éphémères, hormis celle de Tâhart (Oranie) qui, entre 776 et 909, fut le centre politique, économique et spirituel de l'ibâḍisme [2]. Ce dernier s'est retranché dans quelques enclaves au Maghreb, dans des milieux berbérophones ou d'origine berbère, en Tripolitaine, au Jabal Nafûsa et à Zuwâra (Libye), sur l'île de Djerba (Tunisie), au Mzab et à Ouargla (Algérie) ; il est toujours vivace à Zanzibar et, surtout, à Oman [3].

---

1. Cf. Henri Laoust, *Les Schismes dans l'islam*, p. 36 *sq*.
2. Pierre Cuperly, *Introduction à l'étude de l'ibâḍisme et de sa théologie*, p. 47-48.
3. Cf. John C. Wilkinson, *The Imamate Tradition of Oman*, Cambridge-New York, Cambridge University Press, 1987 ; Hussein Ghubash, *Oman. Une démocratie islamique millénaire. La tradition de l'imâma. L'histoire politique moderne (1500-1970)*, Paris, Maisonneuve et Larose, 1998.

La doctrine ibâḍite est connue pour le rigorisme moral et l'égalitarisme qu'elle prône. Elle a en effet gardé l'intransigeance de la doctrine khârijite originelle sur le statut qu'acquiert le musulman en fonction de ses œuvres. S'il agit en accord avec la foi, il jouit de la *walâya* de la communauté, c'est-à-dire de son « amitié » et de l'assistance de ses membres ; en revanche, s'il ne met pas sa foi en pratique, la communauté est déliée de toute solidarité à son égard : c'est la *barâ'a*, le pécheur est rejeté par le groupe. C'est pourquoi les prescriptions légales doivent être bien étudiées, connues et respectées, sans ostentation, mais avec une conscience scrupuleuse (*wara'*) [1]. Pour ce qui est de l'égalitarisme et de la justice sociale professés par l'ibâḍisme, ils relèvent de la théorie de l'imamat. La communauté n'a toutefois pas souvent eu, dans l'histoire, la possibilité d'être dirigée par l'imam qu'un conseil de notables, composé de laïcs ou de clercs, lui avait choisi. Aussi l'ibâḍisme connut plus longtemps l'état de clandestinité (*kitmân*) que celui de la manifestation (*ẓuhûr*).

Rigorisme et piété proche du mysticisme ne signifient pas fixité. L'ibâḍisme s'est nourri des échanges intellectuels qui se perpétuèrent au sein de la communauté ainsi que des débats et des controverses qui se déroulèrent avec des savants de l'extérieur. Du point de vue de la théologie, l'ibâḍisme a des points communs avec le mu'tazilisme ; pour ce qui est du droit,

1. Pierre Cuperly, « Une profession de foi ibâḍite : la profession de foi d'Abû Zakariya Yaḥyâ b. al-Ḫayr al-Ǧannâwunî », *Bulletin d'études orientales*, XXXII-XXXIII, 1980, p. 26-30.

il en a avec le mâlikisme. En outre, l'*ijtihâd* y est pratiqué [1]. Aussi, malgré l'apparence d'un système clos et figé, la doctrine ibâḍite peut s'ouvrir au changement. Dans les enjeux de mémoire qui prévalent entre les différentes branches de l'islam aujourd'hui, les représentations sont renouvelées : les ibâḍites se définissent eux-mêmes comme les « démocrates de l'islam » et certains d'entre eux voient l'ibaḍisme comme une cinquième école du sunnisme [2].

Une firqa *chiite : le zaydisme*

Les différentes sectes chiites ont pour même origine la *chî'at 'Alî*, le groupe de partisans de 'Alî b. Abî Ṭâlib qui considéraient celui-ci comme le seul successeur légitime du Prophète. Toutes s'accordent pour proclamer que l'imamat, la direction spirituelle et temporelle de la communauté des croyants, devait revenir à la descendance de Muḥammad, c'est-à-dire à celle de 'Alî, les alides.

Néanmoins, des querelles de succession éclatèrent à plusieurs reprises, après le décès d'un imam, parmi les chiites. Ces divergences donnèrent naissance à bon nombre de tendances diverses et, surtout, à trois grands schismes : le zaydisme, le chiisme duodécimain et l'ismaélisme, auxquels il faut ajouter les groupes

1. Cf. Pierre Cuperly, *Introduction à l'étude de l'ibâḍisme...*, p. 311 *sq.*

2. Cyrille Aillet, « L'ibâḍisme, une minorité au cœur de l'islam », *REMMM*, n° 132, http://remmm.revues.org/7752.

formés par les *ghulât*, ou chiites dits « extrémistes » parce qu'ils vont jusqu'à diviniser la personne de 'Alî. Il est difficile d'établir quand, exactemement, chacun de ces schismes se cristallisa en une doctrine constituée. Aussi les historiens évoquent-ils, quant aux premiers siècles de l'islam, des milieux chiites ou « protochiites », sans les différencier. La doctrine des duodécimains, par exemple, qui sera traitée en détail dans le chapitre suivant, ne fut pas énoncée avant le Xᵉ siècle. Toutefois, dès la fin du VIIᵉ siècle, les chiites s'étaient distingués en tant que tels, à Kûfa ; au milieu du VIIIᵉ siècle, ils exerçaient même une influence certaine dans plusieurs centres de l'Empire abbasside [1].

Avant la fixation des grandes doctrines chiites, des tendances ou des courants d'idées avaient émergé au sein des groupes chiites, et un bon nombre de mouvements plus ou moins éphémères virent le jour, puis disparurent. Ainsi des kaysânites, qui reconnaissaient comme imam un fils que 'Alî avait eu d'une autre femme que Fâṭima, Muḥammad b. al-Ḥanafiyya (m. 701). Un certain Mukhtâr (m. 687) suscita une insurrection à Kûfa, s'empara de la ville et prêta allégeance à Muḥammad b. al-Ḥanafiyya, mais celui-ci préféra rester en retrait de ce mouvement. La révolte fut rapidement matée. Quant au kaysânisme, il se divisa en plusieurs sectes ésotériques qui menèrent une propagande active avant de se fondre dans d'autres courants [2].

1. Meir Bar-Asher, *Scripture and Exegesis in Early Imâmi Shiism*, p. 4 ; Najam Haider, *The Origins of the Shia. Identity, Rituals and Sacred Space in Eight-Century Kūfa*.

2. Henri Laoust, *Les Schismes dans l'islam*, p. 27-32.

Une autre doctrine schismatique allait se révéler plus durable : celle qu'engendra Zayd, fils du quatrième imam Zayn al-'Âbidîn et demi-frère de Muḥammad al-Bâqir, qui allait être choisi comme cinquième imam par la majorité des chiites. Zayd proclamait que l'imamat revenait à tout descendant de Fâṭima qui s'en emparerait les armes à la main. Il mit ses idées à exécution et dirigea une révolte contre le calife Hichâm, à Kûfa, en 740 : les insurgés, et Zayd lui-même, furent massacrés après s'être réfugiés dans la mosquée. Son fils Yaḥyâ en réchappa et parvint à s'enfuir au Khurâsân, mais il y mourut quelques mois plus tard, en 743. D'autres alides se soulevèrent, après lui, au nom de Zayd [1]. Ḥasan b. Zayd (m. 884) fonda un premier émirat zaydite au Tabaristan ; après bien des difficultés qui le firent tomber sous domination sunnite, cet émirat fut restauré par Nâṣir al-Uṭrûch (m. 917) et put se maintenir jusqu'en 1126. Il fut alors définitivement anéanti par les ismaéliens d'Alamût [2]. Plus tard, au XVIe siècle, ces communautés zaydites furent absorbées par le chiisme duodécimain [3].

L'émirat zaydite du Yémen, en revanche, parvint à perdurer jusqu'à la révolution de 1962. Il fut fondé à la fin du IXe siècle par l'imam al-Hâdî Yaḥyâ b. al-Ḥusayn, un descendant de Qâsim al-Rassî (m. 860), le savant qui avait énoncé la doctrine juridique zaydite.

1. Cf. Wilferd Madelung, *Religious Trends in Early Islamic Iran*, p. 87.
2. Henri Laoust, *Les Schismes dans l'islam*, p. 131-134.
3. Heinz Halm, *Le Chiisme*, p. 216.

Al-Hâdî poursuivit son œuvre en la matière et, sur le plan théologique, s'aligna sur les positions de l'école mu'tazilite de Bagdad.

Au début de son histoire, le zaydisme se ramifia en trois groupes principaux, les batrides, les sulaymânites et les jarûdites, qui se différenciaient sur des points de doctrine, notamment celui de l'imamat, ou bien sur l'école juridique qu'ils avaient adoptée [1]. Seule la tendance fondée par Qâsim al-Rassî subsista. Elle intégra des idées mu'tazilites et des pratiques cultuelles (*'ibâdât*) communes avec les chiites duodécimains. D'autres, en revanche, furent rejetées : ainsi du mariage temporaire et de la dissimulation de la foi ou arcane du secret (*taqiyya*). La *taqiyya* pratiquée par les autres chiites autorise le croyant dont la vie est menacée à dissimuler son appartenance religieuse ou à faire mine d'en embrasser une autre.

Pour ce qui concerne la question de l'imamat, le zaydisme relève bien du chiisme, puisqu'il n'admet, comme imam, qu'un descendant de 'Alî. Toutefois, il se rapproche du khârijisme dans la mesure où l'imam est désigné par le libre choix de la communauté (*ikhtiyâr*) qui lui prête allégeance après qu'il a conquis et affirmé son pouvoir par le sabre (*khurûj*). L'imam doit donc être à la fois courageux, savant et capable d'exercer l'*ijtihâd*. Il n'est pas considéré comme impeccable (*ma'ṣûm*), et ne peut pas disparaître en occultation : pas d'attente du Mahdî, donc, chez les zaydites. Enfin, à la différence des chiites duodécimains, les zaydites acceptent le califat de ceux que l'on appelle les « deux

1. Henri Laoust, *Les Schismes dans l'islam*, p. 135-140.

chaykh » (*al-chaykhayn*), Abû Bakr et 'Umar, car s'ils reconnaissent l'imamat de 'Alî, dans la mesure où il était le meilleur (*afḍal*) pour succéder au Prophète, ils considèrent comme valide l'allégeance à de « moins excellents » (*mafḍûl*) que lui. Soulignons, pour terminer, que leur doctrine, rigoriste et très rationaliste, interdit la mystique : il n'existe donc pas d'ordre soufi chez les zaydites [1].

Un mouvement de « sunnitisation » du zaydisme commença au Yémen [2] sous l'influence de Muḥammad Chawkânî (m. 1834). L'imamat zaydite qui avait été fondé en 1598 par Qâsim b. Muḥammad avait réussi à vaincre les Ottomans et à étendre son territoire. Aussi devait-il administrer de nouvelles régions et se transformer en une dynastie régnant sur un État bureaucratisé. Chawkânî favorisa le processus en transformant la doctrine : non seulement il critiqua l'école zaydite, mais il la rejeta pour se tourner vers les traditionnistes sunnites du Yémen. Il y eut peu de réactions de la part des oulémas zaydites, désormais marginalisés. À partir de 1962, la vacance de l'imamat accentua cette mise à l'écart même si, théoriquement, rien n'empêchait un nouvel imam de se manifester (*ẓuhûr*) et de se faire reconnaître comme tel. Ainsi, en novembre 1990, les oulémas zaydites signèrent un

---

1. Heinz Halm, *Le Chiisme*, p. 214.
2. L'expression est de Michael Cook, dans *Commanding Right and Forbidding Wrong in Islamic Thought*, Cambridge, Cambridge University Press, 2000, p. 247 *sq.* Toutefois, le phénomène a été étudié en détail par Bernard Haykel dans *Revival and Reform in Islam. The Legacy of Muhammad al-Shawkânî*, Cambridge University Press, 2003.

manifeste déclarant l'abandon de l'imamat. Toutefois, dans les années qui suivirent, certains prônèrent un retour aux doctrines zaydites, notamment au sein du parti Ḥizb al-ḥaqq (le parti de la vérité). Un nouveau « réformisme » zaydite vit le jour qui, face au processus de sunnitisation entrepris par Chawkânî, visait à retourner vers les particularités doctrinales du zaydisme. La « guerre de Saada » (2004-2010) a ensuite complexifié une situation dont les enjeux sont plus politiques et identitaires que doctrinaux [1].

L'ismaélisme, dit chiisme « septimain »

On aborde là une tout autre conception de l'islam et du chiisme, puisque l'approche ismaélienne est très ésotérique, et que ses doctrines, liées à la philosophie néoplatonicienne, sont pénétrées d'idées gnostiques. Aussi, dans l'ismaélisme, la religion revêt toujours deux aspects : un aspect exotérique (*ẓâhir*), et un autre, ésotérique (*bâṭin*). Ce principe informe la hiéro-histoire dans laquelle se succèdent des cycles de Prophètes des deux types – on a ainsi, par exemple, le couple Muḥammad/'Alî, l'un venant révéler la *charî'a*, et l'autre, son sens caché, réservé à un cercle d'initiés. Ce principe détermine aussi la manière d'envisager le Coran puisque les ismaéliens considèrent qu'il faut en faire l'interprétation (*ta'wîl*), afin d'expliciter le sens profond, véritable, de la révélation [2].

1. Sami Dorlian, *La Mouvance zaydite dans le Yémen contemporain*, Paris, L'Harmattan, 2013.
2. *Ibid.*, p. 179-180.

L'insistance des ismaéliens sur l'aspect ésotérique des croyances leur valut le surnom péjoratif de *bâṭiniyya*, qu'ils partageaient avec d'autres groupes chiites. Eux-mêmes nomment leur doctrine *dîn al-ḥaqq*, la religion de la vérité. Ils furent aussi appelés chiites septimains, *sab'iyya*, expression qui sème la confusion car elle laisse penser que les ismaéliens vénèrent sept imams. En fait, elle n'indique que le moment où la scission s'est produite avec le chiisme qui allait devenir duodécimain : à la désignation du septième imam.

Ja'far al-Ṣâdiq, le sixième imam (m. 765), avait désigné pour lui succéder son fils Ismâ'îl, mais celui-ci vint à mourir avant lui. Certains de ses fidèles prirent alors comme imam son fils aîné 'Abd Allâh al-Afṭaḥ qui, à son tour, mourut six mois plus tard. Sur ces entrefaites, les futurs duodécimains choisirent un autre fils de Ja'far, Mûsâ al-Kâẓim. Ceux qui allaient devenir les ismaéliens refusèrent ce choix, estimant qu'Ismâ'îl était le véritable imam. C'est alors que, parmi eux, certains proclamèrent qu'Ismâ'îl n'était pas mort et qu'il réapparaîtrait, comme *qâ'im* ou *mahdî*, à la fin des temps ; d'autres reconnurent comme imam son fils, Muḥammad b. Ismâ'îl. En tout, six groupes distincts se formèrent après le décès de Ja'far al-Ṣâdiq [1]. On voit, ce faisant, que l'idée messianique du retour du *mahdî* était déjà ancrée dans les milieux chiites.

L'histoire de l'ismaélisme pendant la période qui suit demeure mal connue : il manque un lien entre le moment de la scission et la constitution du mouvement. En effet, un siècle après la reconnaissance de

1. Farhad Daftary, *A Short History of the Ismailis*, p. 34-35.

Muḥammad b. Ismâ'îl comme imam, le fondateur présumé de la secte des ismaéliens, 'Abd Allâh dit al-Akbar, « l'ancien », se mit à prêcher au Khouzistan. Au milieu du IXe siècle, sous sa direction, des chefs alides organisèrent la prédication et la propagation du mouvement, ou *da'wa*, en dépêchant des *dâ'î*, des missionnaires-propagandistes, dans les provinces. Persécuté, 'Abd Allâh tenta de se réfugier à Baṣra, d'où il dut s'enfuir encore pour s'installer à Salamiyya, en Syrie. De là, vers 870, il put centraliser et unifier le mouvement. Avec sa politique volontariste et conquérante, il remporta un certain succès auprès des chiites imamites déçus par le quiétisme de leurs imams [1]. Les ismaéliens apparurent alors comme une organisation secrète déployant une intense activité missionnaire. Leur *da'wa* s'étendait de l'Afrique du Nord au Pakistan actuel et du Yémen à la Caspienne [2].

L'unité de l'ismaélisme fut brisée en 899 par un premier grand schisme, lorsque son chef, nommé 'Abd Allâh, comme le précédent, revendiqua l'imamat pour lui-même et se proclama le Mahdî. Ceux qui refusèrent de le reconnaître comme tel firent sécession et créèrent la secte des qarmates. Ils tiraient leur nom de Ḥamdân Qarmaṭ qui avait, en fait, commencé à diffuser ses idées à Kûfa, vers 875. L'un de ses disciples, Abû Sa'îd al-Jannâbî, fonda un petit État, à Bahreïn. Après la mort de celui-ci, en 914, son fils fit campagne contre le califat de Bagdad et, pendant quelques années, il

1. *Ibid.*, p. 36-39.
2. *EI*[2], « Ismâ'îliyya ».

remporta plusieurs succès militaires. En 930, les qarmates attaquèrent La Mecque. Ils ne purent s'y maintenir, mais réussirent à emporter la pierre noire, la Ka'ba, qu'ils ne rendirent qu'une vingtaine d'années plus tard [1]. Acte sacrilège que d'autres musulmans ne leur pardonnèrent jamais. À la fin du XIe siècle, des tribus locales vainquirent l'État qarmate ; il est fort probable que les qarmates aient dû alors se convertir au chiisme duodécimain, comme d'autres ismaéliens [2]. Reste que cet État avait réussi, pendant son éphémère existence, à instaurer une société juste et équitable qui fut par la suite érigée en modèle, et même présentée comme une première manifestation du « socialisme islamique ».

Les ismaéliens qui avaient suivi 'Abd Allâh (appelé aussi 'Ubayd Alâh) al-Mahdî, c'est-à-dire les Fatimides, fondèrent eux aussi un État, mais plus fort et plus entreprenant, grâce à l'activisme de leurs *dâ'î*. À partir de 903, ils s'implantèrent en Afrique du Nord, puis ils s'emparèrent de l'Égypte en 969. Le califat fatimide allait être aboli par Saladin (Ṣalâḥ al-Dîn), en 1171.

Détenteurs d'un califat en expansion, les ismaéliens connurent une période florissante, au Xe siècle, qui favorisa un enrichissement de leur doctrine. Le Mahdî les ayant appelés à se conformer à la loi divine de l'islam, ils devaient se doter d'un corpus juridique : le cadi Nu'mân (m. 974) rédigea l'ouvrage de *fiqh* qui

1. Henri Laoust, *Les Schismes dans l'islam*, p. 140-142.
2. Moojan Momen, *An Introduction to Shî'î Islam*, p. 90.

devint la référence en la matière, *Da'â'im al-islâm*[1]. Abû Ya'qûb al-Sijistânî (m. vers 950) développa le néoplatonisme ismaélien dans ses nombreux ouvrages[2]. Après lui, Ḥamîd al-Dîn al-Kirmânî (m. vers 1020) poursuivit l'élaboration d'une doctrine qui fut officialisée par les Fatimides[3]. Ce fut à cette époque que les fameux Frères de la pureté (Ikhwân al-Ṣafâ') composèrent leurs épîtres (*al-Rasâ'il*), qui constituent une sorte d'encyclopédie des sciences de leur temps[4].

Une deuxième grande scission divisa l'ismaélisme, à la mort du calife fatimide al-Mustanṣir, en 1094. Certains reconnurent son fils Nizâr, que le calife avait désigné comme son successeur : ils constituèrent la branche nizârite. D'autres optèrent pour le second fils d'al-Mustanṣir, que son vizir installa sur le trône sous le titre d'al-Musta'lî. Ils formèrent la branche des musta'liens, qui se répartit en Égypte, en Syrie, en Inde et au Yémen, non sans avoir fait l'objet de nouvelles scissions[5].

Les ismaéliens de Perse prirent le parti de Nizâr et le défendirent, à partir de leur forteresse d'Alamût, sise dans des montagnes au sud-ouest de la mer Caspienne. Là naquit la légende des « assassins » ou

1. Traduit en anglais par Asaf A.A. Fyzee, *Compendium of Fatimid Law.*

2. Cf. Paul Walker, *Early Philosophical Shiism : the Ismaili Neoplatonism of Abu Ya 'qub al-Sijistani.*

3. Sur la doctrine ismaélienne, cf. les travaux d'Henry Corbin, notamment *Temps cyclique et gnose ismaélienne* et *Trilogie ismaélienne.*

4. Cf. Yves Marquet, *La Philosophie des Iḫwân al-Ṣafâ'.*

5. *EI*[2], « Ismâ'îliyya ».

« hachichins », qui nuisit sans conteste à la réputation des ismaéliens [1]. Là, surtout, eut lieu la « grande résurrection » (*qiyâmat al-qiyâma*) du mouvement ismaélien, proclamée par le maître d'Alamût, l'imam Ḥasan (m. 1166), qui abolit les prescriptions divines et engagea les croyants à se consacrer à l'aspect spirituel de la religion [2].

Après la chute d'Alamût en 1256, les communautés niẓârites se dispersèrent : leur histoire, alors, est obscure. À la fin du XIXe siècle, l'imam Ḥasan 'Alî reçut le titre d'Agha Khan par Fatḥ 'Alî Shah, puis quitta la Perse pour l'Inde ; la majorité des niẓârites se rallia à cette dynastie. Aujourd'hui, le siège de l'Agha Khan Shah Karîm est situé en Europe, d'où celui-ci dirige de nombreuses institutions communautaires [3]. Quant aux musta'liens, après avoir occupé une place forte dans les montagnes du Ḥarâz, au Yémen, ils connurent de nouvelles scissions et se répartirent entre l'Inde et le Yémen (sulaymânites), ou bien entre l'Inde, le Pakistan, l'Afrique orientale, etc. (dâ'ûdites).

Les ghulât *: musulmans ou pas ?*

Par *ghulât*, on entend « ceux qui exagèrent » le culte de 'Alî et vont jusqu'à le diviniser, par le biais de la théorie de l'incarnation divine (*ḥulûl*) ; aussi

1. Cf. Bernard Lewis, *Les Assassins*.
2. À ce sujet, cf. Christian Jambet, *La Grande Résurrection d'Alamût*.
3. *EI*[2], « Niẓâriyya ».

vénèrent-ils une trinité composée de Dieu, de Muḥammad et de 'Alî [1]. Certains d'entre eux croient en la métempsycose ou en la transmigration des âmes. La société, chez eux, se divise en deux parties : d'un côté, les initiés qui ont accès aux secrets de la religion, les gardent jalousement et ne les transmettent qu'à ceux destinés à être initiés à leur tour ; de l'autre, la majorité des croyants, les non-initiés, qui ignorent les doctrines et ne pratiquent qu'un culte très sommaire. Chez les druzes, par exemple, les premiers sont appelés *'uqqâl*, les sages, et les seconds *juhhâl*, les ignorants.

On comprend aisément que, aux yeux des musulmans des autres sectes, les *ghulât* ignorent les fondements mêmes de l'islam, à commencer par le concept de *tawḥîd*, l'unicité divine. En outre, ils transgressent en permanence la *charî'a*, puisqu'ils ne s'attachent qu'au *bâṭin*, au sens ésotérique du message coranique, et ne se conforment pas au *ẓâhir*, au sens exotérique dont découlent les prescriptions du *fiqh*. D'où leur condamnation pour antinomisme (*ibâḥa*).

Les sectes *ghulât* furent donc régulièrement exclues de l'islam par les *fatwâ* des oulémas. Bien plus, les groupes de *ghulât* furent souvent persécutés, obligés de se réfugier dans des montagnes et d'y vivre repliés sur eux-mêmes. Les représentations que l'on entretint sur eux contribuèrent à les isoler davantage et à les couper de la *umma* : on les présentait comme des êtres sans foi ni loi prêts à transgresser tous les tabous, comme s'adonner à des orgies rituelles ou adorer un taureau.

---

1. Matti Moosa, *Extremist Shiites*, p. 50 *sq*.

À partir du début du XXe siècle, le mouvement de rationalisation qui influença la pensée islamique et les sociétés musulmanes atteignit aussi certains groupes de *ghulât*. La *umma* dut en outre se montrer forte et soudée face au colonialisme européen. Certains groupes de *ghulât*, notamment les alaouites, puis les druzes, se rapprochèrent donc de la majorité des croyants et professèrent des doctrines plus conformes à l'islam. Ils furent admis comme musulmans par certaines instances religieuses, et continuèrent d'être ignorés par d'autres [1].

Dans la mesure où les *ghulât* ne se réclament pas tous ou pas toujours de l'islam, il est impossible, pour un observateur, de se prononcer sur leur islamité. Un fait demeure cependant certain : tous ces groupes dérivent, historiquement, de l'islam. Beaucoup se sont développés à partir d'un tronc commun, celui du chiisme ésotérique qui avait cours à Kûfa, au VIIIe-IXe siècle, puis ont disparu. De ces groupes, il ne reste que celui des nuṣayrîs/alaouites. D'autres, à l'instar des bektachîs ou des *ahl al-ḥaqq*, sont issus de différentes tendances chiites ou de mouvements soufis plus tardifs.

Dans les cercles chiites de Kûfa, au milieu du VIIIe siècle, il n'y avait pas de distinction entre les *ghulât* et les futurs chiites, qu'ils fussent duodécimains ou ismaéliens. Des savants considérés par la suite

1. Sur les alaouites, cf. Sabrina Mervin, *Un réformisme chiite*, chap. VII ; sur les druzes, cf. Jakob Skovgaard-Petersen, « Taqîya or civil religion ? Druze religious specialists in the framework of the Lebanese confessionnal State », dans l'ouvrage de Tord Olsson (dir.), *Alevi Identity*.

comme des duodécimains, tel le théologien Hichâm b. al-Ḥakam, professaient des idées religieuses pour le moins hétérodoxes par rapport à la doctrine qui s'établit par la suite. En outre, certaines idées propres aux *ghulât* se retrouvèrent, sous une forme atténuée, dans la doctrine duodécimaine : ainsi de la croyance voulant que les imams aient été, avant la création du monde, des corps de lumière qui tournaient autour du trône divin. Il semble que ce fut Ja'far al-Ṣâdiq qui, le premier, posa les limites à ne pas franchir : la théorie incarnationniste (*ḥulûl*) n'était, selon lui, pas acceptable. Ceux qui passèrent outre devinrent des *ghulât* [1].

Les premiers doctrinaires *ghulât* furent, précisément, des disciples de Ja'far que celui-ci renia : Abû al-Khaṭṭâb (m. 755), et Mufaḍḍal al-Ju'fî (m. 795). Des cercles qui leur étaient attachés émanèrent deux ouvrages, *Le Livre des ombres* (*Kitâb al-aẓilla*) et *La Mère du livre* (*Umm al-kitâb*), qui contiennent des cosmogonies gnostiques expliquant comment les âmes humaines furent emprisonnées dans des corps. Ces idées nourriront les doctrines des *ghulât* [2].

Si les nuṣayrîs se réclament de l'héritage de Mufaḍḍal al-Ju'fî, ils tirent leur nom du fondateur de la secte, Ibn Nuṣayr, qui vécut au IXe siècle. Un siècle plus tard, un autre grand théoricien nuṣayrî, al-Khaṣîbî (m. 957), acclimata la doctrine à Alep, puis Surûr al-Ṭabarânî (m. 1035) l'implanta à Lattaquieh et dans les montagnes environnantes qui, par déformation, furent par

1. Moojan Momen, *An Introduction to Shi'i Islam*, p. 67-68.
2. Cf. Heinz Halm, *Die islamische Gnosis*, et, du même auteur, *Le Chiisme*, chap. IV.

la suite appelées Jabal Anṣâriyyeh. La plaine de Cilicie, plus au nord, embrassa aussi le nuṣayrisme [1].

Pour les nuṣayrîs, 'Alî est la septième incarnation de Dieu, dit *al-ma'nâ* (l'essence) ; il est caché par la présence de Muḥammad, qui est *al-ism* (le nom) ; enfin, il est accompagné par Salmân al-Fârisî, qui est *al-bâb* (la porte), et chaque cycle de l'imamat et de la prophétie eut ainsi sa triade, depuis Abel/Adam. Quant aux croyants, ils sont condamnés, par Dieu, à la métempsycose [2]. Voilà les grands points du nuṣayrisme, religion syncrétique qui, durant son histoire, se ramifia en sous-groupes lors de divergences entre les savants initiés, les seuls à connaître les arcanes de la religion et à en transmettre les secrets.

Depuis les années 1920, les nuṣayrîs sont appelés « alaouites ». Ce nom fut officialisé par les Français qui occupèrent le Jabal Anṣâriyyeh, en 1919, puis repris par des auteurs qui voulaient ainsi rompre avec un passé fait de mépris et de persécutions. Certains alaouites se rapprochèrent alors des chiites duodécimains, empruntèrent leur *fiqh* et adoptèrent leurs doctrines tant et si bien que, dans les années 1950, ils se proclamèrent « ja'farites ». D'autres demeurèrent fidèles à la religion traditionnelle ; un nouveau schisme était apparu [3].

1. Sur les débuts de l'histoire des alaouites de Syrie, voir la série d'articles publiés par Bruno Paoli sur http://ifpo.hypotheses.org

2. *EI*[2], « Nuṣayrî » ; Meir Bar-Asher et Aryeh Kosfsky, *The Nusayrî-'Alawî Religion*.

3. Sabrina Mervin, *Un réformisme chiite*, chap. VII, et « L'"entité alaouite", une création française » dans l'ouvrage de Pierre-Jean Luizard, *Le Choc colonial et l'islam*, Paris, La Découverte, 2006, p. 343-358.

L'autre grande secte de *ghulât* est le druzisme, issu de l'ismaélisme au XIe siècle. Le fondement de la doctrine fut conçu par les partisans du calife fatimide al-Ḥakîm, personnage pour le moins étrange, au comportement parfois extravagant. Un *dâ'î* nommé Ḥamza l'identifia à l'intellect universel, *'aql*, et abrogea la loi sacrée : il suffisait désormais de reconnaître l'unicité de Dieu (*tawḥîd*) pour manifester sa foi. Vers 1020, Ḥamza explicita sa doctrine dans des *Épîtres* où il mêla ismaélisme, néoplatonisme et théories *ghulât* [1].

Si al-Ḥakîm ne prétendit jamais lui-même être une incarnation divine, il en laissa la liberté à ses adeptes. Parmi eux, un certain Darzî fut à l'origine du nom donné à la nouvelle secte : le druzisme ; ses membres, eux, s'appelèrent les *muwaḥḥidûn*, c'est-à-dire ceux qui professent l'unicité divine. Après la disparition d'al-Ḥakîm, dans de mystérieuses circonstances, en 1021, le mouvement fut interdit par le nouveau calife et entra dans la clandestinité. Bahâ' al-Dîn al-Muqtanâ se chargea de répandre la nouvelle doctrine et succéda à Ḥamza. En 1034, il mit fin à la *da'wa* ; il continua néanmoins son œuvre doctrinale jusqu'en 1043. Les druzes formèrent donc une communauté fermée qui trouva refuge et parvint à perdurer dans la région du mont Liban et les montagnes du Hauran [2]. Son système juridique fut élaboré par Jamâl al-Dîn al-Tanûkhî, dit l'émir al-Sayyid (m. 1480), dans les commentaires qu'il composa des *Lettres de la sagesse* (*Rasâ'il al-ḥikma*) [3].

1. Cf. D. R.W. Bryer, « The origins of the druze religion ».
2. Heinz Halm, *Le Chiisme*, p. 191-195.
3. Kais Firro, *A History of the Druzes*, p. 23.

D'autres sectes professant des croyances proches de celles des *ghulât* virent le jour dans les milieux soufis. Ainsi des qizilbachs, ou « soufis à tête rouge », partisans des premiers Safavides qui, contrairement à eux, ne furent pas complètement absorbés par le chiisme duodécimain [1]. Depuis le XIXe siècle, ils sont appelés « alévis », le terme « qizilbach » étant devenu trop péjoratif. Kurdes ou turcs, ils vivent principalement dans les zones rurales d'Anatolie. Les alévis sont proches des bektachîs qui, eux, résident plutôt en milieu urbain. Le nom de cet ordre mystique dérive de celui de la figure légendaire à laquelle ils se rattachent, Hajî Bektach Veli, qui vécut au XIIIe siècle. Très syncrétique et très labile, la doctrine des bektachîs mêle un substrat turc préislamique à des idées *ghulât*, au soufisme et au ḥurûfisme. Interdit par la Turquie laïque en 1925, l'ordre bektachî a réapparu en Anatolie ; il est aussi présent dans les Balkans et dans l'Azerbaïdjan iranien [2].

Aux bektachîs, on peut associer les chabak, qui vivent au nord de l'Irak. Enfin, les *ahl al-ḥaqq* (adeptes de la vérité), apparus au XVe siècle, vénèrent 'Alî et un derviche kurde, Sultan Sahak, leur guide suprême qu'ils considèrent aussi comme une incarnation de Dieu. Ils vivent en Irak et, surtout, à l'ouest de l'Iran où ils forment la secte de *ghulât* la plus importante du pays [3].

1. Cf. Moojan Momen, *An Introduction to Shi'i Islam*, *passim*.
2. Irène Mélikoff, « L'ordre de Bektashis et les groupes relevant de Hadji Bektash. Survol du problème », *Revue des études islamiques*, « Bektachiyya », 60/1, 1992. Sur la situation contemporaine des alévis/bektachîs, cf. Élise Massicard, *L'Autre Turquie. Le mouvement aléviste et ses territoires*, Paris, PUF, 2005.
3. Cf. Matti Moosa, *Extremist Shiites*, *passim*.

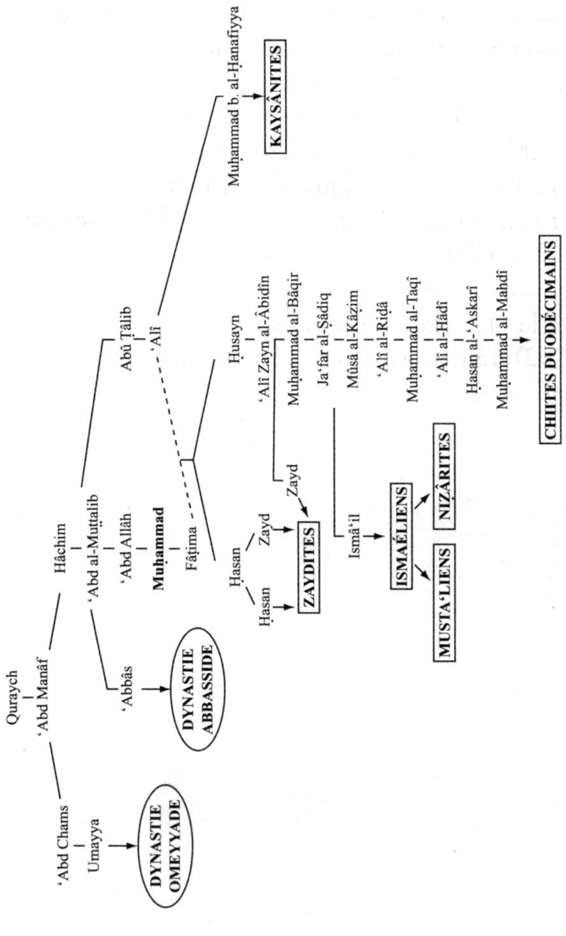

Les imams des différentes branches du chiisme et les dynasties quraychites

Ce tableau ne serait pas complet si l'on ne mentionnait deux schismes issus du chiisme duodécimain, au XIXe siècle, le chaykhisme et le bâbisme. Le premier fut fondé par Aḥmad al-Aḥsâ'î (m. 1826), qui ne reconnaissait comme autorité que celle de l'imam caché. Même si les chiites duodécimains leur ont reproché de rendre un culte excessif aux imams et les ont pour cela combattus, les chaykhîs considèrent qu'ils ne sont pas sortis de l'islam. En revanche, sayyid 'Alî Muḥammad al-Chîrâzî (m. 1850), surnommé « le Bâb », rompit avec l'islam pour fonder une nouvelle religion, appelée le « bâbisme ». L'un de ses disciples, Bahâ' Allâh (m. 1892), fonda à son tour le bahâ'isme [1].

1. Yann Richard, *L'Islam chi'ite*, p. 95-102.

7

Le chiisme duodécimain

Ce que l'on désigne couramment sous le nom de « chiisme » (*tachayyu'*) correspond plus précisément au chiisme duodécimain (*ithnâ 'achariyya*), dénomination relative au nombre des imams qu'il vénère, dit encore chiisme imamite (*imâmiyya*), nom en rapport avec la théorie de l'imamat qu'il a élaborée. C'est la deuxième branche de l'islam, par le nombre de ses adeptes, après le sunnisme.

Les historiens ont développé diverses approches du chiisme duodécimain, en fonction de l'angle d'analyse qui leur paraissait le plus pertinent. Ainsi, certains ont vu dans le chiisme un mouvement d'opposition au sunnisme et se sont focalisés sur les perspectives « révolutionnaires » qu'il ouvrit dès les débuts de son histoire. D'autres sont attirés par les aspects ésotériques contenus dans la doctrine originelle, qui n'ont pas tous disparu et rapprochent le chiisme du soufisme. D'autres encore s'intéressent à la théosophie chiite, à l'instar d'Henry Corbin. Enfin, les observateurs du chiisme contemporain envisagent surtout les développements juridiques récents qui ont conféré une nouvelle visibilité au chiisme et à ses oulémas. Même si l'on ne peut traiter toutes ses facettes à la fois, il importe de souligner ici que le chiisme est un tout solidaire. La théorie de l'imamat, par exemple, n'est pas seulement une conception de l'autorité politique et religieuse qui se distingue de celle des sunnites, elle fait partie de la théologie chiite et comporte des implications et des résonances cultuelles qui se reflètent dans les pratiques, notamment les visites pieuses aux tombeaux de saints personnages.

La formation du dogme : quatre étapes décisives

Le chiisme duodécimain, en tant que branche de l'islam et ensemble de doctrines, a été élaboré par étapes successives qui contribuèrent à la formation de la *firqa*. La première de ces étapes est la mort du Prophète, en 632. Des partisans de 'Alî, *chî'at 'Alî*, se regroupèrent alors pour défendre son droit à la succession de Muḥammad, dans un mouvement qui était plus politique que religieux. La plupart des historiens s'accordent sur le fait que les partisans de 'Alî ne professaient pas encore d'idées ou de doctrines spécifiques [1].

'Alî exerça finalement le califat à partir de 656, mais l'étendue de son pouvoir se réduisit au fur et à mesure que l'armée de son rival, Mu'âwiya, mordait sur son territoire. 'Alî s'installa à Kûfa, alors que Mu'âwiya gouvernait à Damas. Celui-ci put accaparer le califat,

1. Meir Bar-Asher, *Scripture and Exegesis in Early Imâmî Shiism*, p. 1.

en 661, après que 'Alî fut blessé à mort par l'épée empoisonnée d'un khârijite. Ḥasan, le fils aîné de 'Alî et de Fâṭima, renonça à se battre pour succéder à son père et préféra conclure un accord de paix (*ṣulḥ*) avec Mu'âwiya. Après cet accord, Ḥasan se replia à Médine, laissant le champ libre à Mu'âwiya qui nomma son propre fils Yazîd comme successeur. Mais à la mort de Mu'âwiya, le fils cadet de 'Alî, Ḥusayn, partit à la reconquête du pouvoir alide [1].

Ainsi, la deuxième étape de l'histoire de la formation du chiisme fut la bataille qui opposa, à Karbala, Ḥusayn et ses compagnons à l'armée omeyyade, en 680. Là encore, la dimension politique de l'événement prime sur toute autre, puisque selon l'historiographie chiite, Ḥusayn combattit pour recouvrer le droit à la succession des descendants de 'Alî, et ce droit fut, une fois encore, bafoué. Cependant, le martyre de Ḥusayn et d'une partie de sa famille à Karbala constitua véritablement un épisode fondateur du chiisme dans la mesure où il informa directement les développements ultérieurs de la doctrine. Toute la martyrologie chiite, en effet, s'en inspire et, chaque année, les fidèles commémorent la bataille de Karbala lors des rites de 'Âchûrâ', qui sont spécifiques aux chiites duodécimains (voir *Karbala*, p. 313-316). Ainsi la communauté renouvelle-t-elle périodiquement son attachement aux imams dont la doctrine chiite a fait le dépôt initial (*amâna*) confié par Dieu aux hommes lorsqu'il passa un pacte avec eux [2].

---

1. *EI*², « Shî'a ».
2. Mahmoud Ayoub, *A Redemptive Suffering in Islam*, p. 52.

La troisième étape est celle de Ja'far al-Ṣâdiq (m. 765), connu ensuite comme le sixième imam. Rappelons qu'à son époque, les doctrines chiites étaient très ésotériques. Ja'far al-Ṣâdiq est tenu pour l'initiateur des sciences occultes, notamment de l'alchimie [1] ; à ce titre, il est vénéré par les sunnites, surtout dans les milieux soufis. On lui attribue par ailleurs un *tafsîr* qui est certainement postérieur à lui.

Ja'far al-Ṣâdiq est aussi considéré comme le fondateur du *fiqh* duodécimain, dit « ja'farite ». En effet, il était très versé dans la science juridique : Mâlik b. Anas, juriste sunnite, transmit des *ḥadîth* de lui et l'on raconte même qu'il eut Abû Ḥanîfa parmi ses élèves [2]. En outre, certains historiens du chiisme, tels Syed Husain Mohammad Jafri et Wilferd Madelung, estiment que Ja'far al-Ṣâdiq fut à l'origine d'une doctrine centrale du chiisme duodécimain, celle du *naṣṣ*. Cette doctrine fonde la désignation formelle et explicite de l'imam par son prédécesseur, désignation qui relève de la volonté divine. Enfin, c'est à l'époque de Ja'far al-Ṣâdiq que le concept de *taqiyya*, qui autorise le croyant à dissimuler sa véritable foi lorsqu'il est en danger, fut développée dans les cercles chiites [3].

L'élaboration de ces doctrines est évidemment à replacer dans son contexte historique. Le chiisme avait déjà suscité deux insurrections, celle de Mukhtâr puis celle de Zayd (voir *supra*, chapitre VI, p. 131-132). Des candidats

1. Cf. Toufic Fahd, « Ǧa'far aṣ-Ṣâdiq et la tradition scientifique arabe », *Le Shî'isme imâmite*.

2. Moojan Momen, *An Introduction to Shi'i Islam*, p. 38.

3. Syed Husain M. Jafri, *The Origins and Early Development of Shi'a Islam*, p. 290-293 ; *EI*², « Shî'a ».

à l'imamat étaient donc susceptibles d'émerger de différentes branches alides en revendiquant une légitimité par le sang et il fallait contenir ces débordements éventuels ; d'où la nécessité d'adopter un procédé de désignation de l'imam. De la même façon, la répression qu'engendrèrent ces révoltes contre les chiites éclaire l'adoption de la *taqiyya*. Ja'far avait par ailleurs abandonné le pouvoir aux Abbassides et son attitude politique attentiste fut suivie par ses successeurs. Il ne s'agissait plus de se révolter contre le pouvoir en place, mais d'attendre des temps meilleurs. La doctrine de l'*imâmiyya* se mit progressivement en place ; celle de l'*ithnâ 'achariyya* allait la compléter, à partir du Xe siècle [1].

La quatrième étape dans l'histoire de la formation des doctrines chiites fut l'occultation (*ghayba*) du douzième imam. En fait, si des doctrines messianiques circulaient déjà auparavant dans les milieux musulmans, la doctrine même de l'occultation fut formulée après la constatation, par les chiites, de l'absence de successeur au onzième imam Ḥasan al-'Askarî. Plusieurs hypothèses furent peu à peu émises, créant ainsi des scissions dans la communauté. Parmi les doctrines proposées, l'une fut retenue par ceux qui constituèrent ensuite les chiites duodécimains. Selon cette doctrine, à la mort de Ḥasan al-'Askarî, en 874, son fils et successeur légitime, qui était alors un jeune garçon, disparut : l'imam Muḥammad al-Mahdî « entra en occultation ». Néanmoins, les croyants purent consulter quatre agents ou ambassadeurs (*wakîl*, *safîr*) qui se succédèrent durant quelques décennies pour relayer les avis

1. Cf., à ce sujet, Etan Kohlberg, « From Imâmiyya to Ithnâ 'ashariyya », *Belief and Law in Imami Shi'ism.*

de l'imam. Ce fut le temps de l'occultation mineure (*al-ghayba al-ṣughrâ*), qui prit fin lorsque l'imam adressa un message au quatrième ambassadeur l'enjoignant de ne désigner personne pour le remplacer.

À la mort du quatrième ambassadeur, en 941, advint donc le temps de l'occultation majeure (*al-ghayba al-kubrâ*). Depuis, les fidèles attendent la parousie (*ẓuhûr*) ou l'avènement (*qiyâm*) de l'imam caché, le Mahdî. La doctrine affirme qu'il réapparaîtra sur terre à la tête de sa communauté, composée des forces du bien, et la conduira contre ses ennemis, les forces du mal, qu'il écrasera. La justice régnera alors sur le monde, les Prophètes et les imams reviendront sur terre à leur tour. Puis ce sera la fin du monde et le Jugement dernier [1].

Avec les théories de l'imamat, de l'occultation et du retour, une grande partie des fondements doctrinaux chiites étaient posés. À la faveur de l'accession au pouvoir, en 945, des Bouyides qui étaient proches de l'imamisme, les savants de la communauté purent consolider et développer la doctrine.

Dans le laps de temps séparant les deux occultations, déjà, des savants travaillèrent à l'élaboration des doctrines du chiisme, particulièrement ceux de Qom. On leur doit de nombreuses contributions dans divers domaines des sciences religieuses, notamment en matière d'hérésiographie et d'exégèse coranique. Ils sont également à l'origine des premiers recueils de *ḥadîth* [2].

---

1. Moojan Momen, *An Introduction to Shi'i Islam*, p. 59-60 et p. 161-166.

2. Cf. Andrew Newman, *The Formative Period of Twelver Shī'ism. Hadīth as Discourse Between Qum and Baghdad*, Routledge, 2010.

Les savants chiites redoublèrent leurs efforts sous les Bouyides et ils établirent le corpus de base des *ḥadîth* duodécimains, composé de ce que l'on appelle les « quatre livres des trois Muḥammad », à savoir : *al-Kâfî fî 'ilm al-dîn* d'al-Kulaynî (m. 939) ; *Man lâ yaḥḍuruhu al-faqîh* d'Ibn Bâbûya (m. 991) ; *Tahdhîb al-aḥkâm* et *Kitâb al-istibṣâr* d'al-Ṭûsî, dit « Chaykh al-Ṭâ'ifa » (m. 1067) [1]. Dans le chiisme, comme dans le sunnisme, les *ḥadîth* transmettent la *sunna* et sont composés d'un texte (*matn*) précédé d'une chaîne de garants (*isnâd*). Cependant, certains textes sont propres au chiisme duodécimain. Quant aux chaînes de garants, elles s'appuient sur des autorités chiites et s'arrêtent à un imam (le plus souvent mentionné étant Ja'far al-Ṣâdiq) : de là, on remonte directement jusqu'au Prophète ; les compagnons, hormis les partisans de 'Alî, en sont absents. Enfin, au terme *ḥadîth*, les chiites ont tendance à préférer celui de *khabar* [2].

En matière d'exégèse coranique, citons celle de 'Alî b. Ibrâhîm al-Qummî (m. début Xᵉ siècle), l'un des ouvrages les plus importants produits par l'école de Qom. Ensuite, Muḥammad al-Ṭûsî composa *al-Ṭibyân*, puis al-Ṭabarsî (m. 1153) son *Majmâ' al-bayân*, qui demeurent très consultés. Ce fut surtout en théologie que les savants duodécimains, après l'occultation majeure, apportèrent une nouvelle contribution aux doctrines. Ils précisèrent les croyances fondamentales

1. Cf. la liste des grands ouvrages de *ḥadîth* chiites dans Moojan Momen, *An Introduction to Shi'i Islam*, p. 174.

2. Pour une étude comparative, cf. Gérard Lecomte, « Aspects de la littérature du *ḥadît* chez les imamites », *Le Shî'isme imâmite*.

(*uṣûl al-dîn*) de l'imamisme et se mirent au *kalâm* en adoptant certaines positions mu'tazilites.

Les imams récusaient le *kalâm* et ils étaient fort loin des idées rationalistes des mu'tazilites. Toutefois, certains de leurs disciples, dès l'époque du cinquième imam Muḥammad Bâqir, commencèrent à s'interroger sur des questions théologiques qui étaient alors débattues par l'ensemble des musulmans. Hichâm b. al-Ḥakam (m. 795) adopta des conceptions originales : il professait, par exemple, l'anthropomorphisme de Dieu et la théorie du *badâ'*, la possibilité, pour Dieu, de changer d'avis, ainsi que la doctrine selon laquelle les actes humains étaient créés par Dieu. D'autres savants se rapprochaient de ce qui allait devenir l'ach'arisme, alors que certains se montraient déjà attirés par les idées que systématisèrent plus tard les mu'tazilites. Rappelons par ailleurs que l'on trouvait aussi, parmi les disciples des imams, ceux qui se conformaient aux doctrines originelles, et qui devinrent les *ghulât*. Tous, cependant, prétendaient alors détenir leur science des imams.

Après la grande occultation, les savants duodécimains délaissèrent les aspects ésotériques de la doctrine et initièrent un processus de rationalisation ; un fonds de croyances ésotériques ne disparut pas complètement pour autant. Trois théologiens participèrent à cette opération qui changea la face du chiisme duodécimain : al-Chaykh al-Mufîd (m. 1022), al-Charîf al-Murtaḍâ, (m. 1044) et Muḥammad al-Ṭûsî (m. 1067) [1]. Dans un

1. Meir Bar-Asher, *Scripture and Exegesis in Early Imâmî Shiism*, p. 10-13 ; Wilferd Madelung, « Imamism and Mu'tazilite theology », *Le Shî'isme imâmite*.

ouvrage du Chaykh al-Mufîd qui tient à la fois de l'hérésiographie et de la profession de foi, on voit comment le *kalâm* duodécimain s'est construit à la fois en empruntant au mu'tazilisme et en se distinguant de lui [1]. Les *uṣûl al-dîn*, éléments fondamentaux de la religion, s'en ressentent.

Spécificités théologiques du chiisme duodécimain

La croyance en l'unicité divine (*tawḥîd*), en la prophétie (*nubuwwa*) et en la résurrection (*ma'âd*) est un trait commun au sunnisme et au chiisme.

Sur la question des attributs divins, les chiites duodécimains se sont alignés sur les positions mu'tazilites et considèrent qu'ils font partie de l'essence divine ; toute allusion à une apparence physique de Dieu est à prendre au sens métaphorique.

Les chiites affirment, en outre, que le Coran est incréé. Après avoir considéré que le livre saint avait été altéré, falsifié (*taḥrîf*), les chiites admirent et adoptèrent la recension dite de 'Uthmân. Ils divergent, en revanche, des sunnites sur la question de la vision de Dieu : pour eux, le croyant ne peut voir Dieu, ni en ce monde ni dans l'au-delà [2].

À l'instar des mu'tazilites, les chiites duodécimains professent la justice divine (*'adl*) et, donc, la responsabilité de l'homme qui a le choix de ses actes. Ils vont

1. Cf. Dominique Sourdel, *L'Imamisme vu par le cheikh al-Mufîd.*

2. Cf., à ce sujet, Georges Vajda, « Le problème de la vision de Dieu (*ru'ya*) d'après quelques auteurs šî'ites duodécimains », *Le Shî'isme imâmite.*

même jusqu'à inclure ce concept dans les fondements de la religion, différant ainsi des ach'arites pour qui le problème de la justice divine, qu'ils résolvent autrement, relève des attributs de Dieu [1].

Toutefois, le grand fossé théologique qui sépare chiites et sunnites est la question de l'imamat.

L'imamat, pour les chiites, est incomparable au califat chez les sunnites puisqu'il ne s'agit pas seulement de la succession du Prophète mais d'un fondement de la religion. C'est même la doctrine centrale du chiisme. En outre, l'imamat ne se limite pas à l'exercice du pouvoir temporel, comme ce fut le cas pour le califat après la mort du Prophète, mais rassemble les pouvoirs temporels et spirituels.

La théorie de l'imamat est restée imprégnée des doctrines ésotériques développées par le chiisme primitif, qui sont exprimées dans des *ḥadîth*. Ces *ḥadîth* rapportent, entre autres, que des milliers d'années avant la création du monde, Dieu fit jaillir de sa propre lumière un premier rayon lumineux d'où il fit jaillir un second rayon : le premier était la lumière (*nûr*) de Muḥammad, de la prophétie et de l'exotérique (*ẓâhir*) ; le second, la lumière de 'Alî, de l'imamat et de l'ésotérique (*bâṭin*) [2]. L'imamat venait donc compléter la prophétie. D'autres *ḥadîth* transmis par les imams montrent que tous furent créés de cette lumière, ainsi que Fâṭima, la fille du Prophète.

1. Moojan Momen, *An Introduction to Shi'i Islam*, p. 176-178.
2. Mohammad Ali Amir-Moezzi, *Le Guide divin dans le shî'isme originel*, p. 75-76.

Ensemble, ils forment les quatorze impeccables (*ma'ṣûm*). En effet, alors que, pour les sunnites, Muḥammad est infaillible dans la prophétie (*fî al-nubuwwa*), c'est-à-dire qu'il peut par ailleurs commettre des erreurs, les chiites affirment que le Prophète, sa fille et les douze imams sont infaillibles dans l'absolu. Ils sont, en outre, les meilleurs de leur temps (*afḍal al-nâs*), les dépositaires de la science divine (*'ilm*) et les gardiens de la *charî'a*. Le lien qui les unit aux fidèles est celui de la *walâya* (ou *wilâya*), qui est à la fois la guidance, le pouvoir exercé par l'imam et l'attachement, l'amour et l'obéissance que lui doit le fidèle [1].

L'imamat se transmet par « désignation nominative providentielle » (*naṣṣ*), selon l'expression d'Henri Laoust [2]. En fait, soit l'imam désigne formellement son successeur par voie testamentaire (*waṣiyya*), soit il est désigné par un texte, c'est-à-dire le Coran ou la *sunna*. Le théologien al-'Allâma al-Ḥillî (m. 1325) recensa quarante versets coraniques fondant, selon lui, la dignité de 'Alî à l'imamat, et douze *ḥadîth* achevant de prouver sa désignation comme imam. Ainsi de l'épisode connu sous le nom de Ghadîr Khumm, une source près de laquelle Muḥammad délivra un discours, à son retour du pèlerinage de l'adieu.

1. Cf. Moojan Momen, *An Introduction to Shi'i Islam*, chap. VII. Plus de détails sur le concept de *walâya* au début du chiisme dans Maria Massi Dakake, *The Charismatic Community : Shiite Identity in Early Islam*.

2. Henri Laoust, « Les fondements de l'imamat dans le Minhâğ d'al-Ḥillî », *Pluralismes dans l'islam*, p. 321.

Muḥammad y déclara que pour tous ceux dont il était le patron (*mawlâ*), 'Alî était aussi le patron. De même, le *ḥadîth* faisant dire à Muḥammad qu'il laissait à sa communauté deux choses précieuses pour lui éviter de s'égarer : le livre saint et sa famille, les *ahl al-bayt* [1].

D'autres *ḥadîth*, que les sunnites admettent, sont encore avancés par les savants chiites mais interprétés différemment. C'est le cas de l'incident qui eut lieu sur le lit de mort du Prophète, lorsque celui-ci demanda de quoi écrire : les compagnons présents se disputèrent quant à l'opportunité d'obtempérer et le Prophète, fâché, les congédia. Pour les chiites, Muḥammad voulait alors désigner 'Alî comme son successeur, et il en fut empêché [2].

Les développements de la méthodologie juridique

L'imam, « preuve de Dieu » (*ḥujjat* Allâh) sur terre, était le dépositaire de la *charî'a* et le seul habilité à statuer sur le licite et l'illicite, émettre des jugements, arbitrer les conflits, mais aussi à percevoir les impôts légaux, diriger la prière du vendredi et déclarer le *jihâd*. Autant dire qu'il cumulait quasiment tous les pouvoirs. Or, depuis son occultation, la communauté s'était retrouvée sans chef politique ni guide spirituel. Le recours au raisonnement analogique (*qiyâs*) était interdit : selon un *ḥadîth* de Ja'far al-Ṣâdiq, Iblîs avait été le

1. *Ibid.*, p. 335-353.
2. Cf. Moojan Momen, *An Introduction to Shi'i Islam*, p. 15-16.

premier à en user [1]. Personne ne pouvait répondre aux questions sur lesquelles les imams n'avaient pas statué.

Pour sortir de cette impasse et s'arroger au moins une partie des pouvoirs réservés à l'imam, les oulémas réélaborèrent la doctrine. Peu à peu, ils s'octroyèrent la capacité d'agir en son nom, de le représenter. Ce fut un long processus qui alla, cette fois encore, dans le sens de la rationalisation. Le droit islamique et sa méthodologie (*fiqh* et *uṣûl al-fiqh*) furent redéfinis et réajustés par les savants imamites, progressivement, pendant plusieurs siècles. On peut repérer les grandes étapes de cette histoire en examinant les concepts clés que formulèrent les juristes pour se donner plus de latitude.

Le premier de ces concepts est celui d'*ikhtilâf* (divergence doctrinale), auquel Muḥammad al-Ṭûsî eut recours pour rendre compte de l'existence d'opinions variées en matière de *fiqh*. Même si al-Ṭûsî, comme les autres savants imamites de son temps, rejetait l'*ijtihâd* qu'il assimilait au *qiyâs*, il fit là un premier pas dans sa direction. En fait, la voie était déjà ouverte et les oulémas chiites, au XIe siècle, pratiquaient l'*ijtihâd* sans le nommer [2].

Entre les oulémas chiites et les Bouyides, la collaboration était possible ; leurs relations avec les Seldjoukides se révélèrent plus difficiles et leurs activités doctrinales en pâtirent. Elle reprit néanmoins grâce

1. Robert Brunschwig, « Les *uṣûl al-fiqh* imâmites à leur stade ancien (X^e^ et XIe siècles) », *Le Shi'isme imâmite*, p. 203.

2. Norman Calder, « Doubt and prerogative : the emergence of an Imâmî Shî'î theory of *Ijtihâd* », *Studia islamica*, n° 70, 1989, p. 61 *sq*.

aux juristes de l'école de Ḥilla, Ibn Idrîs (m. 1201), d'abord, puis al-Muḥaqqiq al-Ḥillî (m. 1277) et al-'Allâma al-Ḥillî (m. 1325), qui privilégièrent l'approche rationaliste, s'inscrivant ainsi dans la lignée des oulémas rationalistes initiée par al-Charîf al-Murtaḍâ (m. 1044).

Le premier à employer le terme *ijtihâd* fut al-'Allâma al-Ḥillî. Il expliqua que le simple croyant devait se conformer aux avis du *mujtahid* et préfigura ainsi l'articulation du couple *ijtihâd/taqlîd*, central dans la doctrine juridique imamite [1]. Ce fut Ḥasan b. Zayn al-Dîn al-'Âmilî (m. 1602) qui la systématisa dans son ouvrage *Ma'âlim al-uṣûl* où il stipula que le croyant devait suivre les préceptes du juriste le plus savant (*al-a'lam*).

D'autres concepts, comme celui de la *niyâba* (délégation), élaborés parallèlement aux précédents, conférèrent plus de pouvoirs aux *mujtahid* en les érigeant en représentants de l'imam caché. Ils furent ainsi habilités à juger ou à percevoir des impôts au nom de l'imam. Le père de Ḥasan, Zayn al-Dîn al-'Âmilî, dit le « second martyr » (m. 1557), en fut le promoteur ; le juriste al-Muḥaqqiq al-Karakî (m. 1534) en fut le bénéficiaire, puisque le souverain safavide auprès duquel il s'était installé, Shah Ṭahsmap, le gratifia du titre de « représentant de l'imam » (*nâ'ib al-imâm*). Al-Karakî put ainsi diriger la prière du vendredi et apporter une caution religieuse à la collecte des impôts effectuée par le souverain temporel [2].

---

1. Abdulaziz Sachedina, *The Just Ruler in Shi'ite Islam*, p. 75 *sq.* ; Heinz Halm, *Le Chiisme*, p. 78-82.

2. *EI*[2], « Mudjtahid » et « Mardja'i taḳlîd » ; Abisaab, Rula Jurdi, *Converting Persia : Religion and Power in the Safavid Empire*, chap. I.

Sous les Safavides et avec leur appui, la doctrine théologico-juridique avait donc pris une orientation qui privilégiait la raison (*'aql*) sur la tradition (*naql*), favorisait l'exercice de l'*ijtihâd* et soutenait le développement des *uṣûl al-fiqh*. Cependant, parallèlement à ce courant de pensée que l'on appela *uṣûlî*, parce qu'il s'appuyait sur les *uṣûl al-fiqh*, un autre courant de pensée, présent dans le chiisme depuis les origines, perdurait. Il fut désigné par le terme *akhbârî* parce qu'il n'admettait, comme source du *fiqh*, que les *akhbâr* des imams appliqués à la lettre. Ces deux courants paraissent antagonistes, et l'étaient effectivement, mais avant de s'opposer, ils coexistèrent et l'on vit parfois des savants hésiter ou passer de l'un à l'autre, tel Muḥammad Amîn al-Astarabâdî (m. 1624) [1]. La bataille eut néanmoins bel et bien lieu, au XVIIIe siècle, et elle dépassa le cadre d'une dispute entre oulémas pour prendre une tournure politique et se prolonger par des combats de rue, dans les villes saintes d'Irak. Le courant *uṣûlî*, dirigé par Muḥammad Bâqir al-Bihbahânî (m. 1791), l'emporta ; le courant *akhbârî* ne disparut pas, mais devint minoritaire et le resta [2].

La majorité des oulémas chiites, donc, avaient opté pour le recours à la discipline des *uṣûl al-fiqh* pour

---

1. Cf. Etan Kohlberg, « Aspects of Akhbari thought in the seventeenth and eighteenth centuries », *Eighteenth-Century Renewal and Reform in Islam* (dir. Nehemia Levtzion et John O. Voll), New York, Syracuse University Press, 1987, p. 133-160. Robert Gleave, *Scripturalist Islam, The History and Doctrines of the Akhbari Shi'i School*, Brill, Leyde/Boston, 2007.

2. Juan R. Cole, « Shi'i clerics in Iraq and Iran, 1722-1780 : the Akhbari-Usuli conflict reconsidered », *Iranian Studies*, 18/1, 1985, p. 18-23.

extraire les normes du *fiqh* à partir des indications contenues dans les sources (*uṣûl*) de la *charî'a*. Selon cette doctrine, la première de ces quatre sources est le Coran, dans la recension dite de 'Uthmân, considérée comme intégrale, sans manque ni ajouts. La deuxième source est la *sunna* qui, on l'a vu, ne s'exprime pas dans le même corpus de *ḥadîth* que celui des sunnites. La troisième source est le consensus (*ijmâ'*), qui n'a pas la même définition ni la même valeur que chez les sunnites parce que, entre autres raisons, pour les chiites, le consensus révèle l'opinion de l'imam (*qawl al-imâm*), et c'est en cela qu'il fait preuve. La quatrième source n'est pas le *qiyâs* des sunnites, mais le *'aql*, la raison – qui se concrétise, en fait, par un ensemble de concepts opératoires à la disposition des juristes.

Quant aux normes exposées par le *fiqh* ja'farite, elles diffèrent, sur certains points, de celles des écoles sunnites. Hormis les détails concernant les pratiques cultuelles (*'ibâdât*), ces divergences concernent surtout : le mariage temporaire, dit de plaisir (*mut'a*), licite chez les chiites ; les modalités de la répudiation (*ṭalâq*), moins souples ; le système successoral concernant les femmes, qui sont privilégiées par le *fiqh* ja'farite [1]. La littérature de *fiqh* est fort abondante chez les chiites duodécimains. Parmi les ouvrages classiques, citons *Charâ'i' al-islâm*, d'al-Muḥaqqiq al-Ḥillî (m. 1277), qui fut traduit en français [2].

1. Pour plus de détails, cf. Yves Linant de Bellefonds, « Le droit imâmite », *Le Shî'isme imâmite*.

2. Amédée Querry, *Droit musulman. Recueil de lois concernant les musulmans schyites.*

De la marja'iyya *à la « guidance du juriste »*

La victoire du courant *uṣûlî* conféra plus de pouvoirs aux oulémas chiites dont l'implication dans la vie politique s'accéléra, à partir du XIXe siècle. Ja'far Kâchif al-Ghiṭâ' (m. 1812) émit une *fatwâ* autorisant le souverain qâjâr Fatḥ 'Alî Shah à mener la guerre contre les Russes : pour la première fois, un savant chiite duodécimain déclarait le *jihâd* au nom de l'imam [1]. D'autres savants poursuivirent le processus des développements doctrinaux qui allaient dans ce sens. Aḥmad al-Narâqî (m. 1830) réitéra la doctrine de la « délégation » du juriste (*niyâba*) et l'élargit, en la reformulant au moyen du concept de « guidance », *wilâya* (ou *walâya*) [2]. Ce concept sera repris par Khomeini. En attendant, ce fut surtout Murtaḍâ al-Anṣârî (m. 1864) et ses disciples qui systématisèrent la doctrine qui régit, aujourd'hui, la hiérarchie religieuse chiite autant que les relations entre le chef spirituel de la communauté et les fidèles : la *marja'iyya*.

---

1. Ann K.S. Lambton, « A nineteenth century view of Jihâd », *Studia islamica*, n° 32,1970, p. 181-192. Pour plus de détails sur les conditions d'émission de cette fatwa et son sens, lire Robert Gleave, « Jihâd and the Religious Legitimacy of the Early Qajar State », R. Gleave (dir.), *Religion and Society in Qajar Iran*, Londres et New York, Routledge, 2005, p. 41-70.

2. Ahmad Kazemi Moussavi, « The establishment of the position of marja'iyyat-i taqlid in the twelver-Shi'i community », *Iranian Studies*, 28/1, 1985, p. 40 *sq*. Hamid Dabashi, « Mulla Ahmad Naraqi and the Question of the Guardianship of the Jurisconsult (wilayat-i faqih) », Seyyed Hossein Nasr, Hamid Dabashi, seyyed Vali Reza Nasr (dir.), *Expectation of the Millenium. Shi'ism in History*, State University of New York Press, 1989, p. 288-300.

Selon la doctrine élaborée jusqu'alors par le courant *uṣûlî*, chaque fidèle devait imiter un *mujtahid*, c'est-à-dire un savant dûment habilité, par ses maîtres, à exercer l'*ijtihâd*, après de longues années d'études et d'entraînement à ce type de raisonnement. Dans la relation qui s'instaurait ainsi, le croyant devenait l'imitateur (*muqallid*), et le *mujtahid* l'imité (*muqallad*). Murtaḍâ al-Anṣârî établit un lien direct entre les deux, en composant un ouvrage de *fiqh* qui ne s'adressait pas aux oulémas mais aux simples croyants. Dans ce traité intitulé *Sîrat al-najât* (*La Voie du salut*), il exposait aux fidèles les préceptes auxquels ils devaient se conformer dans leur vie quotidienne. En outre, il y énonçait les modalités du *taqlîd* : le croyant devait suivre les prescriptions dictées par un *mujtahid* vivant, considéré comme le plus savant de son temps (*al-a'lam*), et d'une probité morale (*'adâla*) notoire [1].

Par ailleurs, dans ses travaux d'*uṣûl al-fiqh*, Murtaḍâ al-Anṣârî élargit le champ de l'*ijtihâd* en élaborant une série de principes pratiques (*al-uṣûl al'amaliyya*) qui permettaient au juriste de résoudre des questions jusque-là restées sans réponse [2]. Il ouvrit ainsi de nouveaux domaines d'intervention aux juristes, notamment la politique. S'il ne s'y engagea pas directement lui-même, car il pratiqua toujours la prudente réserve (*iḥtiyâṭ*), Murtaḍâ al-Anṣârî avait contribué à asseoir et à étendre les pouvoirs des oulémas.

1. Cf. Juan R. Cole, « Imami jurisprudence and the role of the ulama : Mortaza Ansari on emulating the supreme exemplar », Nikki R. Keddie (dir.), *Religion and Politics in Iran*.

2. Ces principes sont énoncés clairement par Moojan Momen, *An Introduction to Shi'i Islam*, p. 187.

Ses disciples et leurs successeurs approfondirent et systématisèrent les concepts mis en œuvre par Murtaḍâ al-Anṣârî. Celui de la *a'lamiyya*, voulant que le *marja'* émerge comme le plus savant parmi les *mujtahid*, fut consolidé par Muḥammad Kâẓim al-Yazdî (m. 1919) dans son traité de *fiqh*, *al-'Urwa al-Wuthqâ* (*Le Lien indissoluble*). Les débats sur la question de la direction spirituelle chiite prirent d'autant plus d'ampleur, pendant le premier tiers du XXe siècle, que des oulémas chiites participèrent à la révolution constitutionnaliste, en Iran, ainsi qu'à la formation de l'État irakien moderne. Ce fut dans ce contexte politique que s'institutionnalisa la *marja'iyya*.

Selon ce système, le chef spirituel de la communauté chiite, le *marja' al-taqlîd*, « émerge » d'un aréopage constitué par les *mujtahid* reconnus par leurs pairs comme les plus savants. Ces *mujtahid* sont aussi des maîtres qui enseignent au plus haut niveau, souvent dans les villes saintes d'Irak et, surtout, à Najaf. Il arrive que le consensus ne puisse se réaliser sur un seul d'entre eux, qui serait le *marja' a 'lâ*, la référence suprême. Plusieurs *marja'* se partagent alors la direction des affaires spirituelles.

Le *marja'*, surtout depuis Abû al-Ḥasan al-Iṣfahânî (m. 1946), envoie des agents (*wakîl*) chargés de le représenter dans les différentes régions du monde chiite et de collecter les impôts légaux qui lui sont versés. Avec les fonds collectés, le *marja'* alimente des œuvres de bienfaisance, construit des lieux de culte et des écoles religieuses et il entretient des étudiants, futurs clercs et *mujtahid*.

Durant les cinquante dernières années, des *marja'* se sont succédé dont certains avaient une conception plus ou moins attentiste de leur magistère ; les plus connus, parmi eux, sont Ḥusayn Burûjirdî (m. 1961), Muḥsin al-Ḥakîm (m. 1970), et Abû al-Qâsim al-Khû'î (m. 1992). D'autres, en revanche, furent franchement activistes, voire militants : Muḥammad Bâqir al-Ṣadr (m. 1980) et Ruhollâh Khomeini (m. 1989). Celui-ci ne fut pas seulement un *marja'*, mais aussi le guide (*rahbar*, en persan) de la République islamique d'Iran, dont la Constitution intégra le principe de guidance du juriste (*wilâyat al-faqîh*).

Les développements doctrinaux qui avaient permis la mise en place de la *marja'iyya* furent en effet poursuivis par Khomeini, qui reprit le concept de *wilâyat al-faqîh* énoncé par Narâqî et le conjugua à celui de « gouvernement islamique » (*ḥukûma islâmiyya*), selon lequel Dieu seul détient la souveraineté [1]. À charge au juriste, donc, de guider la communauté en accord avec les principes de l'islam. Après la mort de Khomeini, toutefois, les pouvoirs du chef de l'État furent confiés au président de la République [2]. Quant à la théorie de *wilâyat al-faqîh*, elle n'avait jamais fait l'unanimité parmi les *mujtahid* et la tendance opposée à Khomeini semble l'avoir emporté dans leurs rangs où se déploie un véritable pluralisme théorique [3]. En outre, c'est un disciple d'al-Khû'î, 'Alî al-Sistânî, qui est le *marja'* le plus suivi dans les mondes chiites aujourd'hui.

---

1. Les arguments de Khomeini sont exposés par Norman Calder, « Accomodation and revolution in imami Shi'i jurisprudence : Khumayni and the classical tradition », *Middle Eastern Studies*, 18/1, janvier 1982, p. 3-20.

2. Heinz Halm, *Le Chiisme*, p. 142-148.

3. Sabrina Mervin, « Débats intellectuels transnationaux », Sabrina Mervin (dir.), *Les Mondes chiites et l'Iran*, p. 301-324.

8

Théories et pratiques du soufisme

Le soufisme n'est pas un phénomène marginal dans l'islam. D'une façon ou d'une autre, il imprègne toutes les sociétés du monde musulman, et cela s'exprime soit par des manifestations de dévotion populaire, soit par l'appartenance à un ordre, soit, enfin, par l'adhésion des croyants à des théories mystiques. L'influence du soufisme s'exerce aussi indirectement et, en quelque sorte, de façon réactive ; c'est notamment le cas pour certains mouvements rigoristes, tel le wahhâbisme qui prend le contre-pied du soufisme.

Ainsi, « le soufisme constitue le climat religieux ordinaire pour toute la société ; oulémas, étudiants, artisans, commerçants. Les solidarités créées par ces diverses appartenances – corps des oulémas, corporations, ordres mystiques – se croisent souvent et peuvent se confondre », constate Gilbert Delanoue après avoir étudié la société égyptienne du XIXe siècle [1]. Les ordres mystiques (*ṭarîqa*) quadrillent, en effet, les sociétés musulmanes depuis plusieurs siècles, durant

1. Gilbert Delanoue, *Moralistes et politiques musulmans dans l'Égypte du XIXe siècle (1798-1882)*, vol. 1, p. XIX.

des périodes plus fastes que d'autres, que des historiens ont pu qualifier de déclin ou, à l'inverse, de renouveau. En tout cas, ils sont aujourd'hui bien dynamiques.

Le mot « soufisme », qui désigne la mystique propre à l'islam, vient de l'arabe *ṣûf*, laine, car les premiers ascètes portaient des robes de laine. Les autres explications étymologiques que l'on peut rencontrer sont fantaisistes. C'est donc à partir de *ṣûf* que fut construit le terme qui désigne la mystique, en arabe : *taṣawwuf*. Toutefois, cet emploi est tardif : au commencement de la mystique étaient des hommes connus pour leur piété et leur ascétisme.

Dès le premier siècle de l'hégire, des ascètes apparurent dans les cités de l'islam, là où le savoir religieux s'organisait en disciplines et où se formaient les différents groupes politico-religieux : Kûfa, Baṣra, Damas, Merv et Balkh dans le Khurâsân. C'était le règne des Omeyyades. Aux quatre premiers califes, choisis parmi les proches du Prophète, avaient succédé Mu'âwiya (m. 680), plus fin politicien que pieux musulman, puis son fils Yazîd (m. 733), connu pour son penchant pour l'alcool. La vie à la cour de Damas contrastait avec le souvenir que gardaient les croyants de la cité de Médine où Muḥammad avait fondé sa communauté.

Des premiers ascètes aux soufis accomplis

Certains pieux musulmans, qui déploraient la décadence des mœurs, le goût du lucre et la négligence des préceptes coraniques, choisirent de se retirer du monde et de faire vœu de pauvreté. Ils prônaient l'ascétisme et le renoncement (*zuhd*) et portaient un simple froc de laine. On les disait dévots (*nâsik*), ou bien pauvres en Dieu (*fuqarâ' ilâ Allâh*), selon une expression coranique (35 : 15) [1].

Parmi ces premiers ascètes, ceux dont les doctrines ont été assimilées ensuite par l'« orthodoxie » sunnite sont considérés comme les inspirateurs des ordres mystiques. Ainsi de Ḥasan al-Basrî (m. 728), que certains ordres revendiquent comme leur plus ancien adepte. Avec lui, une interprétation spirituelle du Coran s'ébauche ; dans ses sermons s'énoncent la piété et la crainte de Dieu, mais aussi le désir de s'en rapprocher. D'autres grandes figures des débuts de l'islam, comme 'Alî b. Abî Ṭâlib, Anas b. Mâlik, que l'on dit mort centenaire, en 710, à Baṣra, sans compter les compagnons et, surtout, Abû Bakr, figurent à l'extrémité de la chaîne initiatique (*silsila*) de certains ordres.

Quant aux mystiques qui ne s'agrègent pas à une chaîne initiatique, ils se réclament d'Uways al-Qaranî, un ascète qui aurait été investi par le Prophète lui-même sans pour autant avoir été son contemporain. C'est pourquoi on dit d'un mystique qui prétend avoir été initié par un maître défunt que son investiture est de type *uwaysî*.

'Abd Allâh b. Mubârak (m. 797), de Merv, évoque Uways dans un traité intitulé *Kitâb al-zuhd*, qui est la première tentative de définition et de réflexion sur l'ascétisme et l'adoration de Dieu (*al-'ibâda*). En fait, l'auteur décrit surtout le *dhikr* (littéralement rappel,

---

1. *EI*[2], « Taṣawwuf ».

remémoration) qui consiste à psalmodier le nom de Dieu. Cette forme de prière, le rite soufi par excellence, fera l'objet de développements variés au sein des ordres. Parmi les ouvrages anciens sur le *zuhd*, mentionnons celui d'Ibn Ḥanbal (m. 855), le grand transmetteur de *ḥadîth*, qui en retrace l'histoire à travers l'exemple des anciens Prophètes, de Muḥammad et des premiers musulmans [1].

Les ascètes n'aspiraient plus seulement à se détourner des biens de ce monde, mais à se vouer à Dieu, à son service et à son amour. Le premier auteur soufi qui théorisa cette approche fut al-Muhâsibî (837), par ailleurs versé en théologie et autres sciences religieuses en cours d'élaboration. Il composa plusieurs ouvrages, dont un manuel d'instruction spirituelle toujours consulté, *al-Ri'âya li-huqûq Allâh* (*L'Observance des droits de Dieu*) [2].

Après lui, citons Dhû al-Nûn (m. 860), un soufi d'Égypte à qui l'on attribue l'introduction de la notion de connaissance intime ou de gnose (*ma'rifa*). Dhû al-Nûn composait des vers où s'exprimait toute sa passion pour l'être aimé, Dieu, s'inscrivant ainsi dans un courant initié par Râbi'a al-'Adawiyya, l'une des rares femmes qui marqua la littérature soufie [3]. Une grande partie de cette littérature relève, en effet, du genre

1. Denis Gril, « Les débuts du soufisme », Alexandre Popovic et Gilles Veinstein (dir.), *Les Voies d'Allah*, p. 29-33.

2. Cf. Arthur J. Arberry, *Le Soufisme*, p. 49-54.

3. L'ouvrage de Margareth Smith, *Râbi'a the Mystic and her Fellows-Saints in Islam*, Cambridge, Cambridge University Press, 1928, reste une référence sur le sujet.

poétique, qu'elle soit écrite en arabe ou bien, et surtout, en persan.

Abû Yazîd al-Bistâmî (m. 874 ?) inaugura une autre tendance de la mystique, notamment par des propos extatiques (*chaṭaḥât*) exprimant l'ivresse procurée par la rencontre de Dieu et l'anéantissement en lui (*fanâ'*). Il annonce aussi le mouvement des Malâmatiyya ou *ahl al-malâma*, les gens du blâme, ainsi nommés parce qu'ils cherchaient à s'attirer le blâme de leurs contemporains pour se consacrer à l'amour de Dieu en toute humilité. Abû Ḥafṣ (m. vers 883) est considéré comme l'initiateur de ce mouvement né au Khurâsân qui ne se constitua jamais en groupe organisé, mais dont on retrouve des traits dans tout le soufisme [1]. Ainsi, Ibn 'Arabî lui-même disait des Malâmatiyya : « Ce sont les princes des gens de la voie et leurs imams ; le chef suprême de ce monde est l'un d'eux : et c'est Muḥammad, l'envoyé de Dieu. Ils sont les sages qui mettent chaque chose à sa juste place [2]... »

Une autre tendance s'exprima à Bagdad, notamment par la voix de Junayd (m. 910), qui fut le disciple d'al-Muḥâsibî et le maître d'al-Ḥallâj. Il formula la doctrine de l'anéantissement en Dieu (*al-fanâ'*), qui se poursuit par le *baqâ'*, étape où le mystique se maintient dans la présence divine. En outre, Junayd adopta une attitude contenue et lucide, ne se laissant jamais gagner par l'ivresse (*sukr*) ; il prôna le strict *tawḥîd* et préconisa l'obédience au Coran et à la *sunna*. C'est

1. *EI*², « Malâmatiyya ».

2. Extrait des *Futûḥât* cité par Michel Chodkiewicz, *Le Sceau des saints*, p. 137.

pourquoi de nombreux ordres se réclamèrent de son enseignement [1].

Au Xe siècle coexistaient donc des tendances très diverses que l'on regroupa sous le nom de *taṣawwuf*. Les fondements de cette mystique de l'islam étaient : le Coran, récité et médité ; le modèle prophétique vers lequel il fallait tendre ; l'ascension céleste du Prophète, *mi'râj*, vue comme archétype de l'expérience spirituelle sur la voie de Dieu (voir *Ascension céleste*, p. 236-239).

Les grands maîtres

Par son martyre, al-Ḥallâj (m. 922) incarna la quintessence de l'expérience mystique. On a longtemps prétendu qu'il avait été condamné pour avoir proclamé : « Je suis le vrai (Dieu) » (*anâ al-ḥaqq*), et pour avoir déclamé, dans ses vers : « Je suis devenu celui que j'aime et celui que j'aime est devenu moi [2]. » En fait, si l'on reprochait effectivement à Ḥallâj de se vanter publiquement d'avoir réalisé l'union avec Dieu, d'autres accusations pesaient sur lui. Il fut taxé de *zandaqa*, mais aussi dénoncé comme adepte du mouvement qarmate (voir *supra*, chapitre VI, p. 137). Toutefois, sa condamnation fut explicitement motivée par d'autres déclarations. Ḥallâj, en effet, avait affirmé

1. Arthur J. Arberry, *Le Soufisme*, p. 60-63. Roger Deladrière a traduit des écrits de Junayd : *Enseignement spirituel. Traités, lettres, oraisons et sentences*, Paris, Sindbad, 1989.

2. Cf. son recueil poétique, traduit par Louis Massignon : Husayn Mansûr Hallâj, *Dîwân*, p. 116.

que l'on pouvait accomplir le pèlerinage sans quitter sa demeure, en nourrissant simplement les orphelins ; au pèlerinage prescrit par le Coran, Ḥallâj préférait le pèlerinage intérieur, celui du cœur. C'est donc, en fait, à la fois pour hétéropraxie et hétérodoxie qu'il fut condamné [1].

La question du respect littéraliste de la *charî'a* ou de son interprétation ésotérique fut longtemps une pierre d'achoppement entre les soufis et les juristes. Junayd, et d'autres après lui, œuvrèrent pour rendre leurs théories acceptables aux yeux des *fuqahâ'* et ne pas se séparer du courant « orthodoxe » de l'islam. Mais ce fut surtout Ghazâlî (m. 1111) qui se chargea de réconcilier les deux camps. Dans son vaste projet de *Revivification des sciences religieuses*, il intégra le *taṣawwuf* dans l'ensemble des disciplines islamiques, montrant ainsi que les valeurs spirituelles couronnaient la connaissance des sciences religieuses et de la *charî'a*. Ghazâlî développa par ailleurs une théorie de la connaissance fondée sur la pratique de la Voie, dans *Michkât alanwâr* (*Le Tabernacle des lumières*) [2].

La question des rapports entre soufisme et *charî'a* se posa de nouveau au sujet de Muḥyî al-Dîn Ibn 'Arabî, mort à Damas en 1240. Cet Andalou dont on dit qu'il atteignit des sommets en matière de théories mystiques est appelé *al-chaykh al-akbar*, c'est-à-dire

1. Marc Gaborieau, « Tarîqa et orthodoxie », Alexandre Popovic et Gilles Veinstein (dir.), *Les Voies d'Allah*, p. 196. Sur la vie et le procès d'al-Ḥallâj, cf. Louis Massignon, *La Passion de Husayn Ibn Mansûr Hallâj, martyr mystique de l'islam*, vol. 1.

2. Cet ouvrage de Ghazâlî est traduit par Roger Deladrière : *Le Tabernacle des lumières*, Paris, Seuil, 1981.

« le plus grand maître ». S'il ne fonda pas d'ordre, il influença des soufis après lui, les « akbariens », et l'on ne peut pas penser le soufisme sans lui tant fut grand son ascendant. Encore aujourd'hui, bon nombre de chercheurs, en Orient comme en Occident, poursuivent la tâche d'élucider sa pensée. Il faut souligner que les œuvres d'Ibn 'Arabî sont aussi touffues que sa pensée est dense et profonde : *al-Futûḥât al-makkiyya* (*Les Illuminations de La Mecque*), son dernier ouvrage, en est une illustration [1]. Ce qui fait dire à William Chittick que, « étant donné la complexité, la profondeur, la prolixité et la diversité des écrits d'Ibn 'Arabî, il est difficile sinon impossible de donner des avis catégoriques sur ses points de vue concernant n'importe quelle question théorique importante donnée [2] ». En outre, alors qu'on lui attribue la paternité du concept de *waḥdat al-wujûd* (unicité de l'être), pour l'en louer ou l'en blâmer, il ne l'a jamais lui-même énoncé.

Reste que certaines notions se révèlent cardinales chez Ibn 'Arabî, dont la notion d'existence (*wujûd*), la notion d'imagination créatrice (*khayâl*) [3], ou bien celle de l'être parfait (*al-insân al-kâmil*). Par ailleurs, Michel Chodkiewicz a exposé la doctrine d'Ibn 'Arabî sur la prophétie et la sainteté (*walâya*), pour lui complémentaires ; il a en outre montré que toute l'édification

1. Cf. Ibn 'Arabî, *Les Illuminations de La Mecque*, extraits choisis et traduits sous la direction de Michel Chodkiewicz, Paris, Sindbad, 1988.

2. *EI*^{2}, « Taṣawwuf ». Arthur J. Arberry émet une remarque similaire, cf. *Le Soufisme*, p. 109 *sq*.

3. À ce propos, cf. Henry Corbin, *L'Imagination créatrice dans le soufisme d'Ibn 'Arabî*, Paris, Aubier, 1993.

doctrinale du maître reposait sur le Coran, comme si elle en était un commentaire sans cesse renouvelé [1]. Soulignons du reste que c'est le livre saint qui soutient la plupart des constructions propres au soufisme.

La subtilité de la pensée d'Ibn 'Arabî fut à l'origine de malentendus et d'incompréhensions qui amenèrent ses détracteurs à l'accuser de bafouer la *charî'a* ou de professer le panthéisme. Toutefois, cette subtilité et ses équivoques possibles ne contrarièrent pas l'impact qu'Ibn 'Arabî eut sur la pensée mystique, sunnite comme chiite, pas plus qu'elles n'affectèrent sa popularité : le tombeau du chaykh Muḥyî al-Dîn, à Damas, est visité par de nombreux fidèles.

Jalâl al-Dîn Rûmî (m. 1273), dit Mawlânâ, « notre maître », fut une autre grande figure de la mystique. Savant, mais surtout poète, il s'inscrit dans la lignée des poètes mystiques persans tracée par Aḥmad al-Ghazâlî (m. 1126), frère d'Abû Ḥâmid évoqué plus haut, puis 'Aṭṭâr (m. 1221) [2]. Originaire de la province de Balkh, Rûmî s'installa à Konya, en Anatolie, en 1228. Il y enseigna pour succéder à son père et se prit d'une « amitié mystique » pour un certain Chams al-Dîn de Tabrîz, un soufi qui clamait avoir réalisé l'union avec Dieu, et qui mourut dans des conditions mystérieuses. Rûmî le pleura dans ses vers. C'est ainsi qu'il composa le *Mathnawî*, recueil de vingt-quatre mille vers colligés par un disciple. Mieux que tout

1. Michel Chodkiewicz, *Le Sceau des saints* et *Un océan sans rivage*.

2. Plusieurs ouvrages de 'Aṭṭâr sont traduits. Citons, entre autres : *Le Langage des oiseaux*, trad. Garcin de Tacy, Paris, Papyrus, 1982.

autre, Rûmî y dépeignit le chagrin de la séparation entre l'amant, le soufi, et l'être aimé, Dieu [1].

À sa mort, son fils fixa les rituels de la voie initiée par Rûmî, qui s'organisera en ordre, celui des Mawlâwiyya, dits « derviches tourneurs », connus pour leur pratique de la danse extatique [2].

L'expansion des ordres mystiques

Au XIIe et au XIIIe siècle, des familles spirituelles qui se rattachaient à un même maître se formèrent peu à peu ; ces familles constituèrent les noyaux de ce qui allait ensuite devenir des ordres. Ainsi, à Bagdad, 'Abd al-Qâdir al-Jilânî (m. 1166) transmit sa *khirqa*, le manteau qui symbolise l'influx spirituel, à des disciples qui, eux-mêmes, firent des adeptes, mais l'ordre qui se réclame de lui, la Qâdiriyya, ne se répandra qu'au XVe siècle. L'ordre des Rifâ'iyya, en revanche, se structura du vivant de son fondateur éponyme, Ahmad al-Rifâ'î (m. 1183).

Au XIIIe siècle, le soufisme avait pénétré dans les cercles des oulémas et commençait à se propager et se vulgariser. Au cours des deux siècles suivants, de nouveaux ordres s'organisèrent. Ainsi de la Châdhiliyya, qui

1. Djalâl ud-Dîn Rûmi, *Mathnawî*, trad. Éva de Vitray-Meyerovitch et Djamchid Mortazavi, Monaco, éditions du Rocher, 1990.

2. *EI*[2], « Mawlâwiyya ». Alberto Fabio Ambrosio, Ève Feuillebois, Thierry Zarcone, *Les Derviches tourneurs. Doctrine, histoire et pratiques* ; Leili Anvar, *Rûmî. La religion de l'amour*, Paris, Entrelacs, 2011.

se réclame de l'enseignement d'al-Châdhilî (m. 1258), un Marocain qui vécut en Égypte ; de la Khalwatiyya, qui se rattache à 'Umar al-Khalwatî (m. vers 1397), appelé ainsi parce qu'il se retirait en retraite spirituelle, *khalwa* ; ou bien de la Naqchbandiyya, fondée par Bahâ' al-Dîn Naqchband (m. 1389) [1].

On ne peut mentionner, ici, tous ces ordres qui connurent des histoires particulières et des périodes plus ou moins fastes, se croisent sur certains points, divergent sur d'autres, et où les fidèles se rejoignent bien souvent. Aux grands ordres, qui ont essaimé dans différentes régions du monde musulman, il faut ajouter les petites confréries locales. On ne saurait non plus résumer l'histoire politique dans laquelle les confréries prirent une place de premier plan, notamment au Maghreb, où des ordres mystiques furent directement à l'origine de dynasties de souverains et de la restructuration totale de la société, à partir du XIIe siècle [2].

Enfin, si la grande majorité des ordres est sunnite, il existe quelques ordres chiites, issus, notamment, de la Ni'matullâhiyya, qui se « convertit » sous la pression des Safavides, en Iran, au XVIe siècle. Le chiisme a par ailleurs développé une tradition gnostique (*'irfân*), plus proche de la théosophie que des ordres.

1. Éric Geoffroy, « L'apparition des voies : les *khirqa* primitives » et « La seconde vague », Alexandre Popovic et Gilles Veinstein (dir.), *Les Voies d'Allah*, p. 44-67.

2. Cf. Jacques Berque, *Ulémas, fondateurs, insurgés du Maghreb*, Paris, Sindbad, 1982 ; *L'Intérieur du Maghreb*, Paris, Gallimard, 1978.

Ce qui est ici appelé « ordre », conformément à l'usage, correspond en fait à l'arabe *ṭarîqa*, dont le sens est multiple. La *ṭarîqa*, c'est la voie qui conduit le mystique de la *charî'a* à la *ḥaqîqa*, c'est-à-dire à la vérité, Dieu. Ayant tracé sa propre voie, le maître en fait une méthode, qu'il étaye sur ses doctrines, qu'il assortit de rituels spécifiques et de techniques de méditation. Il y initie ensuite ses disciples.

Les soufis qui se réclament du même initiateur spirituel suivent donc sa voie, transmise de maître en disciple. Une *silsila* ou chaîne initiatique relie ainsi le simple soufi au fondateur de l'ordre et, au-delà, à 'Alî ou bien Abû Bakr et, finalement, à Muḥammad lui-même. C'est cette relation verticale entre maître et disciple qui prime dans les ordres soufis, plus que la relation qui s'instaure entre les membres d'un même ordre. Cet aspect a amené certains chercheurs contemporains à récuser l'usage du mot « confrérie » à propos des ordres mystiques islamiques.

L'initiation

Il existe deux modes d'affiliation à la *ṭarîqa* : le plus courant consiste à recevoir la *baraka*, le flux sacré que le maître a lui-même reçu de son « lignage initiatique », et qui provient de Muḥammad. Le second mode consiste à se faire initier, étape par étape, en se plaçant sous l'autorité du maître : on devient alors un aspirant (*murîd*) sur la voie [1].

1. *EI*[2], « Ṭarîḳa ».

Excepté le *majdhûb*, celui qui est ravi par Dieu, le novice qui chemine sur la voie, appelé *sâluk*, doit franchir les étapes qui la jalonnent. Elles sont de deux sortes : le *ḥâl*, état spirituel qui s'installe dans son cœur, et le *manzil* ou le *maqâm*, demeure ou station spirituelle où Dieu veut bien l'établir un moment. Au fil du temps et des élaborations doctrinales successives, la définition de ces étapes se précisa et leur nombre crut. Ainsi, dans un manuel de soufisme intitulé *al-Luma'* (*Les Lueurs*), Abû Naṣr al-Sarrâj (m. 988) énonça sept stations : le repentir (*tawba*), le respect scrupuleux de la *charî'a* (*wara'*) ; le renoncement (*zuhd*), la pauvreté (*faqr*), la patience (*ṣabr*), l'abandon en Dieu (*tawakkul*) et la satisfaction (*riḍâ*). Deux siècles plus tard, Ruzbehân Baqlî (m. 1209) affirmait qu'elles étaient au nombre de mille. Pour ce qui est des états, al-Sarrâj en énumère dix, qui vont de l'attention constante (*murâqaba*) à la certitude (*yaqîn*) en passant par l'espérance (*rajâ'*) [1].

Tout au long de sa formation spirituelle (*tarbiya*), le novice mène un combat contre lui-même pour parvenir jusqu'à la rencontre, la fusion avec Dieu. On pense au *mi'râj*, l'échelle sacrée qui conduisit Muḥammad aux sept cieux. Durant ce cheminement, il se laisse guider sur la voie par son maître comme Moïse aurait dû se laisser guider par al-Khiḍr, qui est l'initiateur par excellence : sans poser de question, en remettant son sort entre les mains de son guide (voir *Al-Khiḍr*, p. 292-294). Le novice est le *murîd*, celui qui

1. Denis Grill, « La voie », *Les Voies d'Allah*, p. 101 ; Seyyed Hossein Nasr, *Essais sur le soufisme*, p. 93-115.

aspire à se transformer ; le maître est le *murâd*, le but à atteindre. Il est le modèle, l'idéal, l'ami de Dieu : le saint (*walî*). Pour certains ordres, il est même le pôle (*quṭb*) temporel, c'est-à-dire qu'il appartient au degré le plus élevé de la hiérarchie des saints [1].

Le novice avance sur la voie, transforme son âme et son cœur. Ses changements d'état spirituel sont symbolisés par des signes extérieurs comme la couleur de son vêtement. Son initiation s'achève par une cérémonie comprenant plusieurs types de rituels : l'imposition du manteau, la *khirqa*, qui intronise le nouveau venu ; le serment d'allégeance (*bay'a*) ou la prise de pacte (*'ahd*), qui scelle son affiliation à l'ordre et marque sa soumission au maître. Celui-ci énonce les obligations rituelles dont doit s'acquitter tout membre de l'ordre ainsi que les règles et les usages (*âdâb*) à respecter. Enfin, il lui inculque le *wird* qu'il devra répéter quotidiennement, indépendamment de la prière (*ṣalât*). Chaque *ṭarîqa* a son *wird*, qu'elle tient de son fondateur : il se compose de prières, de sourates coraniques, de formules liturgiques, d'incantations, de litanies, etc.

Les membres d'une *ṭarîqa* se retrouvent lors des rituels collectifs. Le plus fréquent est la séance de *dhikr* (littéralement rappel, remémoration), qui se tient le jeudi soir ou à la veille des fêtes religieuses. Ces séances peuvent se dérouler en différents endroits : une mosquée, la *zâwiya* ou lieu de rassemblement propre à la *ṭarîqa*, chez un particulier, etc. Là encore, chaque

1. Sur le pôle et la hiérarchie des saints, cf. Michel Chodkiewicz, *Le Sceau des saints*, chap. VI et VII.

ṭarîqa a son propre *dhikr* qui peut se pratiquer individuellement ou collectivement. Il consiste à répéter un mot ou une formule, par exemple « Allâh » ou bien « lâ ilâha illâ Allâh » (il n'y a de dieu que Dieu), à voix haute ou à voix basse, assis ou debout. Le *dhikr* s'accompagne souvent d'un balancement de la tête et du corps en cadence, mouvement qui se conjugue à des techniques respiratoires et à des « formes mélodiques minimales » composées par les sons prononcés. Le *dhikr* est parfois accompagné d'instruments à percussion ou de chants : c'est le *samâ'*[1]. Certaines confréries comme les Mawlâwiyya (ou derviches tourneurs) en Orient et la plupart des confréries maghrébines pratiquent aussi les danses extatiques. D'autres observent également des rites d'automortification : ainsi des 'Îsâwiyya et des Rifâ'iyya[2].

Le culte du saint fondateur de la *ṭarîqa* est l'objet de visites pieuses individuelles à son tombeau ou à son cénotaphe, ainsi que de rassemblements qui peuvent attirer des milliers de fidèles, à l'occasion du *mawlid* (« anniversaire ») du saint. Les rites observés sont calqués sur ceux du pèlerinage de La Mecque où, bien souvent, les fidèles n'ont pas les moyens financiers de se rendre. Pour beaucoup d'entre eux, la visite au mausolée du saint est quasiment un rite de substitution : on y déambule autour du tombeau comme les pèlerins, à La Mecque, déambulent autour de la Ka'ba

---

1. Jean During « Musique et rites : le samâ' », *Les Voies d'Allah*, p. 163. Du même, cf. *Musique et extase. L'audition spirituelle dans la tradition soufie*, Paris, Albin Michel, 1988.
2. Émile Dermenghem, *Le Culte des saints dans l'islam maghrébin*, Paris, Gallimard, 1954.

(c'est le *ṭawâf*). Dans certaines confréries, au regard de l'idée que les fidèles se font de leurs obligations légales, l'équivalence entre le pèlerinage à La Mecque et celui au sanctuaire du saint local est implicite. Les fidèles, en outre, sacrifient des animaux, forment des vœux (*nadhr*), font circoncire les jeunes garçons. Enfin, ces « mouled », comme on dit en dialecte, sont surtout des fêtes populaires qui se prolongent par des jeux et des divertissements et par une foire commerciale [1].

1. Cf. Henri Chambert-Loir et Claude Guillot, *Le Culte des saints dans le monde musulman.*

9

Réformes et réformismes entre réaction et modernisme

Dans la mesure où elle est contenue dans le dogme, l'idée de réforme ou d'amélioration fut prônée par quelques savants dans le cadre de leur magistère individuel, pendant la période classique de l'islam. Toutefois, le réformisme devint un mouvement social uniquement dans le cadre de la résistance à l'impérialisme européen. Il se manifesta, en effet, à partir du XVIIIe siècle, en différents endroits du monde musulman, comme une réponse à l'intrusion de l'Europe dans des sociétés qui n'étaient pas préparées au choc économique, culturel et politique que cette intrusion provoqua. Le réformisme prit alors une autre dimension et devint un mouvement de pensée, une *réponse islamique à l'impérialisme*, pour reprendre le titre d'un ouvrage sur un réformiste célèbre [1].

À la fois retour aux Écritures et reformulation du dogme en vue de répondre aux exigences du siècle, le réformisme est apparu en maints endroits du monde

1. Cf. Nikki R. Keddie, *An Islamic Response to Imperialism : Political and Religious Writings of Sayyid Jamâl al-Dîn « al-Afghânî »*.

musulman et sous des formes très diverses. Il a servi de socle à des mouvements de pensée différents, voire contradictoires. Aussi est-il plus juste de parler de réformismes, au pluriel, même si ces mouvements s'appuient sur les mêmes doctrines, des doctrines qui permettent aux savants de penser le changement et d'œuvrer pour l'amélioration de leur société et ce, souvent, par un retour vers le début de l'islam, sacralisé et idéalisé.

Penser la réforme

Les anciens Arabes, on l'a vu, percevaient l'innovation de manière négative et valorisaient la *sunna*, la bonne pratique. Celle-ci fut ensuite sacralisée par l'islam, érigée en *sunna* du Prophète et elle devint l'une des sources des normes du *fiqh*. À la *sunna*, la doctrine oppose la *bid'a*, terme que l'on traduit communément par « innovation blâmable » ; lorsqu'on veut parler d'innovation louable, on lui adjoint l'adjectif *ḥasana*. Pour stigmatiser la *bid'a*, les savants de l'islam se réfèrent à plusieurs *ḥadîth* célèbres, dont celui-ci : « La pire des choses consiste dans les nouveautés (*muḥdathât*) ; toute nouveauté est une innovation (*bid'a*) ; toute innovation est un égarement (*ḍalâla*) ; tout égarement est voué au feu de l'enfer [1]. »

Le concept de *bid'a* étant défini, il ne restait plus aux oulémas qu'à identifier les pratiques répondant à

1. Cf. Ignace Goldziher, *Études sur la tradition islamique*, p. 18-30.

la définition donnée afin de les condamner. Or, dans la mesure où la *bid'a* s'oppose à la *sunna*, il ne s'agit pas forcément d'une innovation ou de l'introduction d'une nouveauté, comme le laisse supposer le terme lui-même. Bien sûr, peuvent être taxés de *bid'a* et combattus comme tels toute nouvelle doctrine et tout emprunt à une autre religion que l'islam. Néanmoins, des pratiques antérieures à l'islam sont tout autant susceptibles d'être considérées comme des *bid'a*, puisqu'elles sont extérieures à la *sunna* ; ainsi des rites agraires. Le terme ne s'applique qu'au domaine religieux : des innovations techniques, par exemple, ne peuvent être qualifiées de *bid'a* [1].

Le concept de *bid'a* fut souvent brandi par les oulémas pour blâmer toutes les pratiques qui, avec le temps, se greffaient sur l'islam originel ou bien s'y intégraient. Ceux qui proclamaient la nécessité de purifier l'islam de tout ce qui contribuait à le dénaturer y eurent souvent recours. Pour autant, ils ne refusaient pas l'idée d'améliorer les doctrines ou de les revivifier et s'appuyèrent, pour cela, sur deux concepts islamiques : l'*iṣlâḥ* (la réforme) et le *tajdîd* (la rénovation).

Iṣlâḥ vient du verbe *aṣlaḥa* qui signifie rendre bon, meilleur, donc améliorer et réformer. Il s'insère dans un champ sémantique riche, très présent dans le Coran, où l'on trouve par exemple le terme *ṣâliḥ*, pieux, et celui de *ṣâliḥât*, bonnes actions [2]. Ce qu'il

1. À ce sujet, cf. Mohammed Talbi, « Les bida' », *Studia islamica*, n° 12, 1960.

2. *EI*^{2}, « Iṣlâḥ ».

s'agit d'améliorer, ce n'est pas le dogme, mais les mœurs des sociétés musulmanes qui, avec le temps, s'éloignent du message originel et se corrompent. Cette conceptualisation implique une attitude critique puisqu'il faut d'abord identifier les maux qui altèrent la religion et la société, afin d'y remédier ensuite. Elle implique par ailleurs la référence récurrente à la période de formation de l'islam, prise comme âge d'or, afin de restaurer la religion pure que le Prophète avait fondée à Médine. Selon cette doctrine, Muḥammad lui-même, en restaurant la religion d'Abraham, avait montré la voie à suivre et s'était posé comme le premier réformiste (*muṣliḥ*). Ses compagnons et les premières générations de musulmans, les pieux anciens (*salaf*), incarnaient, après lui, des modèles à suivre. Soulignons, enfin, que si l'*iṣlâḥ* implique une idée de retour, c'est pour mieux puiser, dans cet âge d'or, de quoi redonner à l'islam la force qui le caractérisait à ses débuts, et pour ressouder la communauté autour de ses valeurs constitutives.

Le second terme qui, dans la doctrine islamique, permet de conceptualiser le changement est celui de *tajdîd*, qui signifie rénovation, régénération. Il est plus tardif et moins central, puisqu'il s'ancre non pas dans le Coran, mais dans la *sunna* ; il fut peu discuté par les savants, et donc moins élaboré que le premier [1]. Ce concept repose sur un *ḥadîth* attribué à Muḥammad dont la version la plus simple dit : « Dieu enverra à

1. Cf. l'un des rares travaux consacrés à la question : Ella Landau-Tasseron, « The "cyclical reform" : a study of the Mujaddid tradition », *Studia islamica*, n° 70.

cette communauté, à chaque début de siècle, celui (ou ceux) qui lui rénovera (*yujaddid*) sa religion [1]. » Il permit aux oulémas d'envisager le fait que l'islam serait périodiquement renouvelé, revivifié, afin d'assurer la conformité des croyances et des pratiques suivies par la communauté des croyants avec le message coranique et la *sunna* du Prophète.

Ces deux concepts, *iṣlâḥ* et *tajdîd*, connotent donc simultanément le renouveau et le retour. Chacun fut investi par les oulémas d'un sens particulier et appliqué à des domaines différents bien que contigus. Le concept de *tajdîd* soutint des développements doctrinaux nouveaux tandis que le concept d'*iṣlâḥ* fut plutôt invoqué par les clercs lorsque l'état de la société et des pratiques religieuses leur parut nécessiter une réforme [2].

La réforme avant le réformisme

Dans l'histoire de l'islam, le magistère spirituel de certains grands savants relève, en grande part, de l'*iṣlâḥ* et du *tajdîd*. Le premier d'entre eux est sans doute Abû Ḥâmid al-Ghazâlî (m. 1111), auteur d'une œuvre monumentale dont le titre montre bien l'ampleur et la teneur du projet : *Iḥyâ' 'ulûm al-dîn*, *La Revivification des sciences religieuses*. Juriste, théologien et soufi, il entreprit d'y concilier les prescriptions établies par

1. *EI*[2], « Mudjaddid ».

2. Sur ces concepts, cf. John O. Voll, « Renewal and reform in islamic history : Tajdid and Islah », John Esposito, *Voices of Resurgent Islam*.

le *fiqh* et les valeurs spirituelles préconisées par le soufisme. Ce faisant, son but était de redresser la société musulmane de son temps, qu'il jugeait avoir dévié de l'islam véritable. Ainsi, Ghazâlî brossa une critique détaillée et vigoureuse des autorités religieuses qu'il tenait pour responsables des maux qui frappaient la société musulmane.

Les juristes, selon lui, ne considéraient que les manifestations extérieures de la foi ; les théologiens pensaient plus à vaincre leurs adversaires qu'à chercher des vérités ; à l'instar des sermonnaires, des transmetteurs de *ḥadîth* et autres oulémas, ils n'étaient mus que par l'ambition et l'appât du pouvoir. Chaque acteur, selon Ghazâlî, devait donc trouver sa propre voie vers la nécessaire réforme, une réforme où la morale individuelle tenait la plus grande place. En effet, Ghazâlî ne s'en prenait pas directement aux dispositifs institutionnels – politiques, religieux ou juridiques –, mais aux hommes qui les servaient [1]. Longtemps, les oulémas réformistes eurent la même attitude que Ghazâlî face au pouvoir, en se montrant critiques, certes, mais sans remettre ses fondements en question, pas plus que les institutions de l'État ou la place de chaque groupe social dans la communauté.

Ibn Taymiyya (m. 1328), lui, s'attaqua à un pouvoir étranger. Il vécut, en effet, à Damas pendant les invasions des Mongols dont la conversion à l'islam lui paraissait fort discutable ; aussi émit-il des *fatwâ* autorisant le *jihâd* contre eux. Il en émit aussi contre des

1. Mustapha Hogga, *Orthodoxie, subversion et réforme en islam. Ġazâlî et les Seljûqides*, p. 159-161.

communautés religieuses qui, selon lui, répandaient le désordre (*fasâd*) : ainsi des khârijites, des *rawâfiḍ*, autrement dit des chiites, et des nuṣayrîs qui, de diverses manières, déformaient l'islam et son livre saint, affaiblissant la religion [1]. En outre, il combattit tout ce qui, à ses yeux, relevait de la *bid'a*. C'était le cas de certaines pratiques soufies comme le culte des saints et de doctrines comme celles d'Ibn 'Arabî. Ibn Taymiyya défendait là son attachement au *tawḥîd* tout autant qu'à la *sunna*, c'est-à-dire, en fait, à la doctrine des *ahl al-sunna wa al-jamâ'a*. On le juge souvent conservateur ; en fait, Ibn Taymiyya fut à l'origine d'un renouveau du ḥanbalisme, exerça *l'ijtihâd* et montra, dans ses écrits, qu'il le considérait comme indispensable à la théorie et à la pratique juridiques [2].

'Abd al-Raḥmân al-Suyûṭî (m. 1505) pratiquait lui aussi l'*ijtihâd* et même, selon ses propres affirmations, l'*ijtihâd* absolu (*muṭlaq*). Issu d'une famille persane installée depuis longtemps en Égypte, Suyûṭî exerça des fonctions d'enseignement au Caire. Il s'illustra en tant que polygraphe, avec des écrits aussi nombreux que variés sur des sujets allant de la langue arabe à l'histoire de l'Égypte. Son œuvre est restée très populaire. En outre, Suyûṭî, à l'instar de Ghazâlî, se proclama le *mujaddid* de son siècle et se donna le titre de *muḥyî al-dîn* (revivificateur de la religion), qui avait été accordé au même Ghâzalî. Toutefois, il ne parvint pas à en convaincre tous ses contemporains, ni ne fit

1. Henri Laoust, *Essai sur les doctrines sociales et politiques de Taḳî-d-Dîn Aḥmad b. Taimîya*, p. 364-370.

2. *Ibid.* ; Henri Laoust, *Les Schismes dans l'islam*, p. 266-272.

le consensus des oulémas postérieurs sur cette attribution [1]. Sa tentative montre, en tout cas, que Suyûṭî était lui-même persuadé d'avoir fait œuvre de régénération de la religion.

Ghazâlî, Ibn Taymiyya et Suyûṭî, même s'ils formèrent des disciples et inspirèrent bien d'autres penseurs après eux, ne firent pas école. Ils exercèrent des magistères que l'on peut qualifier de réformistes, mais ne fondèrent pas de mouvements de pensée organisés que l'on peut définir comme tels. C'est pourquoi des courants professant des idées diverses, voire opposées, peuvent se référer à eux : le cas d'Ibn Taymiyya, dont l'influence s'exerça tous azimuts, est ici exemplaire.

Foyers réformistes au XVIIIe siècle

Ce fut seulement à partir de la fin du XVIIIe siècle que, en différents lieux du monde musulman, des oulémas réformistes se mirent à prêcher, presque simultanément. En Inde, Shah Walî Allâh al-Dihlâwî (m. 1762), savant et soufi, se réclamait à la fois de Ghazâlî et d'Ibn Taymiyya et se déclarait le *mujaddid* de son temps. Dans son œuvre abondante, il tenta de faire une synthèse entre l'enseignement islamique et la connaissance mystique. Cependant, il prôna un retour à la pureté de l'islam originel et il lutta contre les abus du culte des saints [2]. Au Yémen, le zaydite

1. Ella Landau-Tasseron, « The "cyclical reform"... », p. 86 *sq*.
2. Marc Gaborieau, « A nineteenth-century Indian "wahhabi" tract against the cult of Muslim saints : al-Balagh al-mubin », Christian W. Troll, *Muslim Shrines in India*, Oxford University Press, 2004, p. 204-205.

Muḥammad ʿAlî al-Chawkânî (m. 1832 ou 1836) préconisa d'exercer l'*ijtihâd* sans se référer aux écoles juridiques et appliqua lui-même ses idées. On vit par ailleurs éclore des mouvements organisés qui parvinrent à s'imposer et perdurèrent, comme le djadidisme en Asie centrale méridionale et le wahhâbisme en Arabie.

Ce fut en réaction à la politique russe à l'égard des communautés musulmanes de l'Empire que furent émis les premiers balbutiements d'un mouvement moderniste appelé « djadidisme » (de *jadîd*, qui signifie nouveau en arabe), en Asie centrale septentrionale. Ensuite, au XIXe siècle, le mouvement allait gagner l'Asie centrale méridionale alors que celle-ci était peu à peu annexée par l'Empire russe. Le djadidisme fut, dès ses débuts, appuyé par des grandes figures de clercs réformistes, dont ʿAbd al-Nâṣir al-Qurṣawî (m. 1812), un Tatar de la Volga qui n'hésita pas à entrer en conflit avec les oulémas traditionalistes et appela les croyants à se remettre à pratiquer l'*ijtihâd*. Le djadidisme visa à organiser la réforme de l'enseignement, une réforme qui conduisit à la modernisation des écoles élémentaires et des écoles religieuses qui dispensaient un enseignement approfondi, les *madrasa*. Partant des écoles, le mouvement s'étendit et s'amplifia pour imprégner toute la vie culturelle et sociale [1].

Si le djadidisme fut un phénomène local, lié à la présence et à la pression russes, rien ne laisse supposer

1. Cf. le numéro des *Cahiers du monde russe* qui rend compte de ce mouvement, « Du premier "renouveau" à la soviétisation, 1788-1937 ».

que le wahhâbisme ait exprimé une quelconque réaction contre les attaques européennes. En revanche, le mouvement fit des adeptes ou inspira des penseurs musulmans hors d'Arabie, notamment en Inde du Nord colonisée par les Britanniques, puis en Égypte, elle aussi occupée par les Britanniques à partir de 1882. Ensuite le wahhâbisme, grâce au soutien apporté par l'État saoudien, n'a cessé de faire du prosélytisme et de chercher à s'étendre dans toutes les directions du monde musulman et ce, jusqu'à aujourd'hui.

Son fondateur, Muḥammad b. 'Abd al-Waḥḥâb (m. 1792), naquit en 1703 dans une famille de juristes ḥanbalites du Najd, en Arabie. Après avoir étudié auprès de son père, il partit en quête de science, selon la tradition musulmane, à Médine, à Bassora et à al-Ahsâ'. Il y rencontra des savants influencés par Ibn Taymiyya qui se préoccupaient de la situation de l'islam et aspiraient à promouvoir des réformes, tel Muḥammad Ḥayâ al-Sindî (m. 1750). C'est peut-être, d'ailleurs, à partir de ce personnage que l'on pourrait reconstituer une famille intellectuelle de savants réformistes allant de l'Inde avec Shah Walî Allâh al-Dihlâwî jusqu'au Maghreb, avec Muḥammad al-Sanûsî (m. 1859) [1].

Après cette première formation, Muḥammad b. 'Abd al-Waḥḥâb retourna au Najd vers 1739. Là, il

---

1. Rudolph Peters, « Ijtihâd and Taqlîd in 18th and 19th Century islam », *Die Welt des Islams*, XX, 3-4, 1980, p. 144-145 ; Basheer M. Nafi, « A teacher of Ibn 'Abd al-Wahhāb : Muhammad Hayāt al-Sindī and the revival of Ashāb al-Hadīth's methodology », *Islamic Law and Society*, 13/2, juin 2006, p. 208-24 ; Nabil Mouline, *Les Clercs de l'islam*, p. 72-73.

se mit à prêcher selon ses convictions mais, après avoir remporté un certain succès, il fut désavoué par l'émir régnant sur la région. Il partit alors pour son oasis natale où il reprit le prêche et l'écriture afin de sensibiliser les musulmans à sa doctrine néo-ḥanbalite ; peu à peu, il se fit des partisans et des détracteurs. En 1744, il s'installa à al-Dir'iyya, où il parvint à convaincre l'émir d'une puissante confédération, les Su'ûd, de se rallier à ses idées religieuses. Selon une relecture apologétique de sa biographie, les deux hommes conclurent un pacte (*bay'a*) de fidélité réciproque par lequel ils s'engagèrent à lutter ensemble pour l'islam : ainsi se soudèrent la doctrine de Muḥammad b. 'Abd al-Waḥḥâb et la force des Su'ûd [1]. Ceux-ci s'emparèrent de tout le Najd, puis, après la mort de Muḥammad b. Su'ûd, en 1765, ce fut son fils 'Abd al-'Azîz qui étendit leur territoire ; les wahhâbites allèrent jusqu'à Karbala, en 1802. Après bien des conquêtes et des revers, ils s'emparèrent de La Mecque en 1925 ; en 1926, Ibn Su'ûd fut proclamé roi du Hedjaz et, en 1932, l'État qu'il dirigeait prit le nom de royaume d'Arabie saoudite [2].

Ainsi, le wahhâbisme accompagna la création du premier État arabe et musulman indépendant, au moment même où, après le démembrement de l'Empire ottoman, le Moyen-Orient était la proie des

1. Pour un récit moins enchanté et plus de détails sur la biographie de M. b. 'Abd al-Wahhâb, cf. Nabil Mouline, *ibid.*, p. 82-85.

2. Henri Laoust, *Essai sur les doctrines sociales et politiques de Taḳî-d-Dîn Aḥmad b. Taimîya*, p. 506-513 ; David Commins, *The Wahhabi Mission and Saudi Arabia*, chap. III.

ambitions hégémoniques européennes. La doctrine de Muḥammad b. 'Abd al-Waḥḥâb, qui empruntait beaucoup à Ibn Taymiyya et à son disciple Ibn Qayyim al-Jawziyya, bénéficia de ce succès politique exemplaire et se propagea dans le monde musulman. Cette doctrine était fondée, avant tout, sur une réaffirmation et une réélaboration du *tawḥîd*, divisé en trois composantes : *tawḥîd al-rubûbiyya* (unicité et toute-puissance de Dieu) ; *tawḥîd al-ulûhiyya* (unicité dans l'adoration) ; *tawḥîd al-asmâ' wa al-ṣifât* (unité des noms et des attributs de Dieu). Cette dernière composante s'appuyait sur la profession de foi ḥanbalite classique concernant Dieu et ses attributs.

Aussi les wahhâbites s'opposèrent aux écrits de tous les penseurs sunnites qui avaient émis des idées divergentes en matière de théologie dogmatique, tels Ghazâlî ou Fakhr al-Dîn al-Râzî. Quant à l'unicité dans l'adoration, elle visait à récuser l'associationnisme (*chirk*) pratiqué selon Muḥammad b. 'Abd al-Waḥḥâb par d'autres courants ou d'autres branches de l'islam, notamment les soufis et les chiites. Professer le *tawḥîd*, c'était pour lui lutter contre ces formes d'innovations blâmables (*bid'a*). S'il ne niait pas l'intercession possible du Prophète auprès de Dieu en faveur des croyants, il récusait celle des saints et il lutta activement contre les visites pieuses rendues à leurs tombeaux.

Muḥammad b. 'Abd al-Waḥḥâb et ses disciples estimaient que la société de leur temps était corrompue et, surtout, que ses pratiques religieuses avaient dévié de la bonne voie. Il fallait, selon eux, revenir à la religion pure des pieux anciens, les *salaf* et, surtout, au livre saint et à la *sunna* du Prophète – donc exercer l'*ijtihâd*. Par ailleurs, ils professèrent un très grand rigorisme moral et n'hésitèrent pas à prononcer l'anathème (*takfîr*) contre ceux qui ne se conformaient pas à leurs idées. Enfin, ils exaltèrent la notion de *jihâd*, plus qu'Ibn Taymiyya lui-même ne l'avait fait, aux fins de diffuser la doctrine [1].

Les premiers développements extérieurs du wahhâbisme se manifestèrent rapidement, en Inde, notamment avec la fondation de deux mouvements. Le premier fut créé par Hajji Charî'at Allâh (m. 1840) après un séjour de vingt ans en Arabie. Outre la réforme des pratiques religieuses, il encouragea la lutte contre les Britanniques et la rébellion des classes sociales défavorisées. Le deuxième mouvement fut fondé par un mystique peu instruit, Aḥmad Barelwî (m. 1831), qui transmit sa doctrine par l'intermédiaire de ses deux principaux disciples : Muḥammad Ismâ'îl Chahîd (m. 1831), qui n'était autre que le petit-fils de Walî Allâh, et 'Abd al-Ḥayy (m. 1828). Ceux-ci consignèrent dans des ouvrages l'enseignement du maître qui condamnait fermement le culte des saints. À partir de 1857, le réformisme indien se divisa en trois courants qui se réclamaient à la fois de Walî Allâh et d'Ahmad Barelwî : un mouvement traditionaliste, autour du collège de Deoband, fondé en 1867 [2] ; un courant moderniste favorable à l'occidentalisation,

1. Henri Laoust, *Essai sur les doctrines…*, p. 514-540 ; Nabil Mouline, *ibid.*, p. 86-91 ; David Commins, *ibid.*, chap. I.

2. Cf. Barabara Metcalf, *Islamic Revival in British India : Deoband, 1860-1990*, Princeton, Princeton University Press, 1982.

impulsé par Aḥmad Khan (m. 1898), qui créa le collège d'Aligarh, près de Delhi [1] ; un troisième courant, qualifié de wahhâbite par ses détracteurs, celui des *ahl al-ḥadîth*, qui prônaient le *jihâd*, rejetaient le culte des saints et ne se fondaient que sur le Coran et la *sunna* [2]. L'étude du réformisme indien pose, plus encore que tout autre, la question des rapports entre soufisme et réformisme. Soulignons, dès maintenant, que si les réformistes musulmans ont critiqué le culte des saints, de façon plus ou moins radicale et virulente, ils n'en étaient pas moins, pour la plupart, des soufis eux-mêmes.

L'influence wahhâbite se fit aussi sentir en Insulinde, à partir du XVIIIe siècle, et plus encore avec le mouvement *padri*, rigoriste et violent, au tout début du XIXe siècle [3]. Elle tarda un peu plus à se manifester dans l'Orient arabe. À Bagdad, une famille de juristes, les Âlûsî, s'en firent les premiers porte-parole : Maḥmûd (m. 1853), auteur d'un fameux *tafsîr* ; Nu'mân (m. 1899) qui, après lui, reprit les positions d'Ibn Taymiyya ; Chukrî, polémiste antichiite et auteur d'une histoire du Najd (m. 1924) [4]. Mais un autre mouvement, que l'on pourrait définir comme un réformisme modernisateur, avait déjà attiré bon

1. David Lelyveld, *Aligarh's First Generation. Muslim Solidarity in British India*, Princeton, Princeton University Press, 1978.

2. Marc Gaborieau, « A nineteenth-century Indian "wahhabi" tract against the cult of Muslim saints : al-Balagh al-mubin », Christian W. Troll, *Muslim Shrines in India*, p. 206-208.

3. Marc Gaborieau et Nicole Grandin, « Le renouveau confrérique », *Les Voies d'Allah*, p. 81-82.

4. Henri Laoust, *Essai sur les doctrines*..., p. 535.

nombre de musulmans dans le sillage de quelques grandes figures. Il faut dire que l'œuvre de ces réformistes avait en quelque sorte été préparée par des hommes comme Rifâ'a al-Tahṭâwî (m. 1873), Ḥusayn al-Marṣafî (1890), 'Abd Allâh Nadîm (m. 1896) qui en avaient jeté les fondations [1].

Les réformismes modernes

Persan et chiite duodécimain, Jamâl al-Dîn dit « al-Afghânî » (m. 1898) se fit passer pour afghan et tut sa véritable obédience religieuse, sans doute pour mieux se faire entendre par la majorité des musulmans. Après avoir suivi une formation dans les villes saintes d'Irak, où il fut initié aux sciences religieuses et à la philosophie avicennienne, Jamâl al-Dîn fit un premier séjour en Inde, où il poursuivit ses études. Ce fut le début d'une vie errante qui le conduisit en Afghanistan, puis de nouveau en Inde, à Istanbul, à Paris, à Londres, en Russie, en Égypte… Partout où il allait, Jamâl al-Dîn prêchait des idées religieuses réformistes, appelait à l'union entre les musulmans pour lutter contre la mainmise de l'Europe, et entretenait des relations tumultueuses avec les dirigeants politiques qui tantôt l'accueillirent, tantôt le bannirent. Il termina ses pérégrinations à Istanbul, dans une prison dorée où l'avait confiné le sultan [2].

1. Rifâ'a al-Ṭahṭâwî, *L'Or de Paris, relation de voyage 1826-1831* ; cf., sur tous ces penseurs, Gilbert Delanoue, *Moralistes et politiques musulmans dans l'Égypte du XIXe siècle (1798-1882).*

2. Cf. Nikki R. Keddie, *Sayyid Jamâl al-Dîn « al-Afghânî ». A Political Biography.*

Polyglotte, doué d'un talent d'orateur et d'une forte personnalité – « un sauvage qui a du génie », disait de lui l'Anglais Blunt –, Jamâl al-Dîn al-Afghânî délivra son enseignement oralement et écrivit peu [1]. Au Caire, parmi le cercle de disciples qui venaient l'écouter, il rencontra Muḥammad 'Abduh (m. 1905), futur grand mufti d'Égypte. Ensemble, ils publièrent, en 1884, à Paris, la revue *al-'Urwâ al-Wuthqâ* (*Le Lien indissoluble*), qui allait inciter des penseurs musulmans à se rallier à leurs idées. « Dieu ne change pas ce qui est en un peuple tant qu'il ne change pas ce qui est en lui-même » (le Coran, 13 : 11), se plaisaient-ils à répéter pour appeler à la réforme [2].

Selon eux, la faiblesse de l'islam vis-à-vis de l'Europe était le résultat de l'indolence de ses penseurs, de la division des musulmans, des superstitions auxquelles ils croyaient et de certaines pratiques soufies auxquelles ils s'adonnaient, ainsi que de leur ignorance du savoir moderne. Pour 'Abduh, il fallait libérer la pensée du carcan de l'imitation aveugle pour appréhender la religion comme le faisaient les pieux anciens, les *salaf*, avant le temps des dissensions entre les musulmans [3]. Le diagnostic étant établi, il fallait trouver les remèdes : l'éducation de la société, le recours à la raison (*'aql*), la lutte contre les innovations blâmables, l'exercice de l'*ijtihâd*, le rapprochement entre les écoles juridiques (*taqrîb*), etc. Muḥammad 'Abduh

1. Albert Hourani, *La Pensée arabe et l'Occident*, p. 116.
2. Cité dans *EI*², « Iṣlâḥ ».
3. Cf. l'extrait de l'autobiographie de Muḥammad 'Abduh dans Malcom Kerr, *Islamic Reform*, p. 108.

déploya beaucoup d'efforts pour tenter de réformer les études religieuses supérieures, à al-Azhar, par l'introduction de sciences profanes et de langues étrangères. Il se heurta à l'opposition des conservateurs, remporta des succès et subit des revers et, finalement, les réformes se poursuivirent bien après lui [1]. Enfin, si 'Abduh composa relativement peu d'ouvrages dogmatiques, il publia un cours de théologie de tendance néo-mu'tazilite qu'il avait dispensé lors de son exil à Beyrouth, à la fin des années 1880, *Risâlat al-tawḥîd* [2].

L'éducation de la société, la création d'écoles, l'introduction de sciences profanes « modernes » aux côtés des sciences religieuses traditionnelles étaient au programme des réformistes. La formation des musulmans devait s'accompagner d'un suivi moral et religieux : on pouvait bien leur inculquer des idées modernes, mais il fallait leur éviter de se fourvoyer hors de l'islam. Quant aux musulmanes, il fallait aussi les éduquer en tant qu'elles étaient les « mères des croyants », chargées de les élever. La question de savoir si elles pouvaient se dévoiler (*al-sutûr*) fit couler beaucoup d'encre depuis le début du siècle. Certains penseurs réformistes étaient pour, à l'instar de Qâsim

1. Cf. Pierre-Jean Luizard, « Al-Azhar, institution sunnite réformée », *Entre réforme sociale et mouvement national. Identité et modernisation en Égypte (1882-1962)*, dir. Alain Roussillon, Le Caire, CEDEJ, 1995, p. 519-546 ; Indira Falk Gesink, *Islamic Reform and Conservatism. Al-Azhar and the Evolution of Modern Sunni Islam*, New York et Londres, Tauris, 2010.

2. Mohammed Abdou, *Rissalat al tawhid. Exposé de la religion musulmane.*

Amîn (m. 1908) qui avait publié deux ouvrages sur la question ; les oulémas réformistes, eux, préconisaient le port du voile (*ḥijâb*) [1].

Un contemporain de Muḥammad 'Abduh, qui critiquait le despotisme ottoman, dut se réfugier au Caire où il rejoignit les cercles réformistes : c'est l'Alépin 'Abd al-Rahmân al-Kawâkibî (m. 1902). Là, il eut la possibilité de publier deux ouvrages qui eurent un impact considérable sur la pensée politique islamique. Le premier, intitulé *Umm al-qurâ* (*La Mère des cités*, l'un des noms donnés à La Mecque), racontait un congrès fictif où les grands savants musulmans, réunis à La Mecque, envisageaient les réformes nécessaires ; il professait le panislamisme et le panarabisme. Dans le second, *Ṭabâ'i' al-istibdâd* (*De la nature de l'absolutisme*), l'auteur vitupérait le despotisme et prônait l'adoption d'une Constitution [2]. En outre, Kawâkibî rédigea des articles pour la revue *al-Manâr* (*Le Phare*), fondée, en 1898, par Rachîd Riḍâ (m. 1935), le grand disciple de Muḥammad 'Abduh venu de Tripoli.

D'autres oulémas syriens, cependant, tenaient un discours réformiste. À Damas, Ṭâhir al-Jazâ'irî (m. 1919), dont le père était venu de Kabylie, se consacra à la réforme de l'éducation, grâce au soutien actif du gouverneur ottoman Midḥat Pacha. Avant de partir en exil pour l'Égypte, Ṭâhir al-Jazâ'irî constitua autour de lui un cercle de disciples et d'amis qui seront

---

1. Albert Hourani, *La Pensée arabe et l'Occident*, p. 169-174 ; Ali Mérad, *EI²*, « Iṣlâḥ ».

2. Norbert Tapiero, *Les Idées réformistes d'al-Kawâkibî (1849-1902)* ; Abd al-Rahmân al-Kawâkibî, *Du despotisme*, trad. Hala Kodmani, Arles, Actes Sud, « Sindbad », 2016.

des artisans du réformisme et du nationalisme arabe. Ainsi de Jamâl al-Dîn al-Qâsimî (m. 1914), qui combattit le conformisme juridique (*taqlîd*), exerça l'*ijtihâd*, et fut pour cela vilipendé par ses pairs [1].

Avec Rachîd Riḍâ, le réformisme prit un tournant : comme le souligne Ali Mérad, ce n'était plus l'époque héroïque des fondateurs, mais la phase de mise en place du système doctrinal [2] qui se déroula, pour une large part, dans la revue *al-Manâr*. Formé à Tripoli, près de son village natal, par un maître réformiste nommé Ḥusayn al-Jisr (m. 1909), Rachîd Riḍâ fut très impressionné par la lecture d'*al-'Urwâ al-Wuthqâ'* et n'eut de cesse de rencontrer ses fondateurs. Afghânî étant alors en « résidence surveillée » à Istanbul, il alla trouver Muḥammad 'Abduh, au Caire.

Rachîd Riḍâ dirigea le *Manâr* pendant près de quarante ans. Il y publia des articles sur tout ce qui intéressait la vie politique et sociale de l'époque, vu à travers le prisme de l'islam. Lui-même répondit à des demandes de *fatwâ* envoyées par les lecteurs sur des questions diverses. En outre, il y publia, en série, une exégèse du Coran réalisée par Muḥammad 'Abduh à laquelle il ajouta ses propres commentaires [3]. Dans sa jeunesse, Rachîd Riḍâ avait été fortement inspiré par Ghazâlî ; plus tard, ce fut Ibn Taymiyya qui l'influença. Il faut préciser que, après avoir soutenu le mouvement arabe sous les Jeunes-Turcs, et participé au Congrès

---

1. David Commins, *Islamic Reform. Political and Social Change in Late Ottoman Syria.*
2. *EI*[2], « Iṣlâḥ ».
3. Cf. Jacques Jomier, *Le Commentaire coranique du Manâr.*

syrien en 1919, il se détourna de la dynastie hachémite pour se ranger dans le camp des wahhâbites. Après leur prise de pouvoir à La Mecque, en 1926, Rachîd Riḍâ s'en fit le défenseur.

Dans les années 1930, le réformisme était arrivé à sa pleine maturité. Au Maghreb, où il avait été suscité par le passage de Muḥammad 'Abduh au cours de plusieurs voyages, le mouvement avait donné quelques grandes figures, dont l'exégète Muḥammad b. 'Âshûr (m. 1973) à Tunis et le fameux 'Abd al-Ḥamîd Ibn Badîs (m. 1940), de Constantine. Animateur d'une revue intitulée *al-Chihâb* (*Le Météore*) depuis 1925, celui-ci fonda l'Association des oulémas musulmans d'Algérie, en 1931, qui regroupa les clercs réformistes du pays. Elle prôna l'œcuménisme entre les branches de l'islam, incluant d'ailleurs un ibâḍite dans ses rangs, et lutta contre l'influence des marabouts [1].

À la mort de Rachîd Riḍâ, en 1935, des réformistes s'exprimaient un peu partout dans le monde musulman et les bases de toutes les tendances du mouvement, des plus modernistes jusqu'aux plus conservatrices, avaient été posées. Les chiites duodécimains avaient leur propre revue réformiste, *al-'Irfân*, qui avait été le pendant du *Manâr* et son principal interlocuteur, non sans difficultés, dans un dialogue visant à établir le panislamisme et le *taqrîb*. Les chiites avaient aussi leurs hérauts du réformisme : sayyid Amîr 'Alî (m. 1928) à Calcutta, Charî'at Sangalajî (1944) à Téhéran, Muḥammad Ḥusayn Âl Kâchif al-Ghiṭâ'

1. Cf. Ali Mérad, *Le Réformisme musulman en Algérie de 1925 à 1940.*

(1954) à Najaf, Muḥsin al-Amîn (m. 1952) à Damas, et d'autres [1].

Après la disparition du *Manâr*, la revue *al-Fatḥ* (*La Conquête*), fondée en 1926 par Muḥibb al-Dîn al-Khaṭîb, et *Majallat al-chubbân al-muslimîn* (*La Revue des jeunes musulmans*) prirent la relève [2]. Sous l'appellation *salafiyya*, déjà, se cachaient des doctrines très différentes ; en effet, à l'instar de Rashîd Ridâ, des oulémas réformistes avaient épousé les doctrines wahhâbites. Comme celles-ci avaient mauvaise presse, le roi 'Abd al-'Azîz, fondateur de l'Arabie saoudite moderne, avait organisé la « dilution » du réformisme dans le wahhâbisme, en réhabilitant la tradition néo-hanbalite aux yeux de clercs et d'intellectuels réformistes, dès les années 1920. La doctrine du retour à l'islam des *salaf* et le wahhâbisme devaient pour lui se superposer, jusqu'à se fondre [3]. Par ailleurs, une nouvelle forme de militantisme islamique était alors en gestation, avec l'association des Frères musulmans (al-Ikhwân al-muslimûn). Le réformisme, cependant, continua de faire des adeptes et eut toujours ses défenseurs. Mahmûd Chaltût (m. 1963), par exemple, s'inscrivit dans la lignée de Muḥammad 'Abduh : il

1. Cf. Sabrina Mervin, *Un réformisme chiite. 'Ulamâ' et lettrés du Ğabal 'Âmil…*, et les références qui y sont indiquées.

2. Henri Laoust, « Le réformisme orthodoxe des "Salafiya" et les caractères généraux de son orientation actuelle », *Pluralismes dans l'islam*, p. 388-390 ; « Débats intellectuels au Moyen-Orient dans l'entre-deux-guerres », Anne-Laure Dupont et Catherine Mayeur-Jaouen (dir.), *REMMM*, n° 95-98, avril 2002. https :// remmm.revues.org/1322

3. Nabil Mouline, *Les Clercs de l'islam*, p. 143-149.

composa une exégèse « moderne » du Coran ; en 1947, il participa à la création de Dâr al-taqrîb, association pour le rapprochement des branches de l'islam ; en 1959, alors qu'il était recteur d'al-Azhar, il émit une *fatwâ* reconnaissant le chiisme comme une doctrine de l'islam [1]. Si l'on ne peut parler de mouvement, d'autres individus, aujourd'hui disséminés dans les mondes musulmans, se réclament de ce réformisme moderniste.

1. Cf. Kate Zebiri, *Maḥmûd Shaltût and Islamic Modernism*, Oxford, Clarendon Press, 1993.

10

Les courants de pensée dans l'islam contemporain

« Pourquoi les musulmans ont-ils pris du retard et pourquoi les autres ont-ils pris de l'avance ? » C'est la question que posa Chakîb Arslân (m. 1946) en titre d'une brochure publiée dans les années 1930. Druze du Liban, Chakîb Arslân avait suivi des cours de Muḥammad 'Abduh, dans sa jeunesse, puis avait rejoint le maître au Caire avant de se consacrer à la lutte politique et au nationalisme arabe. Autant dire que, comme d'autres lettrés engagés dans la politique, il était particulièrement sensible à cette question qui, déjà, taraudait Afghânî et 'Abduh, et qui ne cessa de se poser aux générations postérieures de musulmans. En fait, depuis les chocs que provoquèrent les premiers coups de boutoir de l'Europe sur le monde musulman jusqu'à la décolonisation, et même après, les rapports difficiles qui prévalurent entre l'Orient (al-Charq) et l'Occident (al-Gharb) alimentèrent les multiples interrogations et les réflexions des penseurs musulmans.

Face à une modernité importée, imposée, il leur fallut d'abord trouver la voie à suivre pour ne pas se couler dans un moule qui n'était pas fait pour eux tout en tirant profit du progrès (*taraqqî*, *taqaddum*). Ensuite, ils luttèrent pour leur indépendance et participèrent à la formation des États modernes. Enfin, il leur restait à définir ce que pouvait être la modernité (*al-ḥadâtha*), une modernité en accord avec les préceptes et les valeurs de l'islam, et comment la conjuguer avec l'authenticité (*al-aṣâla*) à laquelle ils étaient attachés. C'est dire que, tout au long du XXe siècle, les penseurs musulmans se sont évertués à définir une modernité islamique. Toutefois, entre le réformisme de la fin du XIXe siècle et les mouvements islamistes de la fin du XXe siècle, les observateurs s'accordent pour considérer qu'un renversement de perspective s'est opéré. En effet, on est passé, schématiquement, de l'idée de conformer l'islam à l'image du monde au projet de changer le monde à l'image de l'islam. Ainsi, le cheikh islamiste marocain 'Abd al-Salâm Yâsîn intitula l'un de ses ouvrages, paru en 1998, *islamiser la modernité*. Bien plus, alors que les sociétés sont tiraillées par des mouvements inverses – écularisation d'un côté, (ré)islamisation, voire salafisation de l'autre –, le djihadisme s'est imposé comme une manière de concevoir l'islam militant.

Le socle doctrinal : réformisme et salafiyya

Le renouvellement doctrinal impulsé par les réformes et les réformismes servit de base à tous les mouvements de pensée de l'islam contemporain. Il se caractérise, en premier lieu, par un retour aux sources (*uṣûl*) et par une relecture des textes fondateurs en vue de les faire coïncider avec l'éthique du siècle. Les exégètes réformistes du Coran s'appliquèrent à montrer la concordance du livre sacré avec les découvertes de la science moderne ; néanmoins, ils voulurent faire usage de la raison (*'aql*) et ne pas verser dans l'interprétation ésotérique (*ta'wîl*), au sujet des mystères dont seul Dieu a le secret. Quant au corpus des anciens commentaires coraniques et des *ḥadîth*, il fut passé au crible de la critique. Les récits concernant les anciens prophètes (*qiṣaṣ al-anbiyâ'*) furent mis en doute, et l'on cessa de s'y référer. La *sunna* elle-même fut remise en question : il ne fallait se fier qu'à des *ḥadîth* dont l'authenticité était avérée.

Revenir à l'islam des *salaf*, c'était retourner à une époque où les écoles juridiques n'étaient pas constituées et où les juristes exerçaient l'*ijtihâd*. Les clercs réformistes firent donc de même en s'appuyant essentiellement sur le Coran et sur certains *ḥadîth* qu'ils considéraient comme fiables. Ils rejetèrent le *taqlîd* (l'imitation des anciens). Ce retour impliquait aussi une lutte contre toutes les *bid'a* qui s'étaient, selon eux, amalgamées à l'islam originel, pour revenir au culte simple et dépouillé préconisé par le Prophète.

Dans leur ensemble, les réformistes estimaient que la faiblesse des musulmans provenait de la division de la *umma*, responsable du déclin et de la décadence de la civilisation islamique. Aussi fallait-il s'unir, afin de se renforcer face à l'ennemi, tout comme les premiers musulmans avaient été unis par le message coranique, et sous la bannière du Prophète. Hormis leurs appels à l'union (*ittiḥâd*, *ta'lîf*) et leurs prises de position aux côtés des nationalistes, dans leur lutte contre l'occupation étrangère, les réformistes proposèrent des réformes politiques. Ce faisant, ils rompaient avec la doctrine traditionnelle en la matière selon laquelle les croyants devaient obéir au détenteur de l'autorité (*ulû al-amr*), fût-il impie ; en outre, s'ils demeuraient très attachés à l'ordre et à la concorde civile, fustigeant le désordre (*fawḍâ*) et la discorde (*fitna*), ils commencèrent à utiliser le terme de *thawra* (révolte, révolution) dans un sens positif.

Ce fut, en premier lieu, sur des questions politiques que se formèrent de nouveaux courants de pensée, issus des mouvements réformistes, certes, mais en rupture sur certains points avec eux – notamment celui des Frères musulmans.

Toutefois, déjà, Rachîd Riḍâ et d'autres disciples de Muḥammad 'Abduh étaient, en fait, en rupture avec l'esprit de tolérance et d'ouverture qui caractérisait leur maître ; ils s'étaient « acheminés vers l'exclusivisme et la rigidité des conceptions ḥanbalites [1] ».

Or, pendant longtemps, réformistes et wahhâbites ont été classés par les chercheurs sous le même vocable de *salafiyya*, ce qui a semé les malentendus et la confusion. Des historiens ont fort heureusement opéré un nécessaire travail de déconstruction et de retour aux sources primaires pour mettre ces malentendus au jour et reprendre l'histoire intellectuelle de l'islam contemporain sur des bases solides [2]. Il en ressort, en résumé,

1. Hamilton A.R. Gibb, *Les Tendances modernes de l'islam*, p. 47.

2. Henri Lauzière, « The construction of salafiyya : reconsidering salafism from the perspective of conceptual history », *International Journal of Middle East Studies*, 42/3, 15 juillet 2010,

que la *salafiyya* comme mouvement réformiste moderniste plus ou moins uniforme est un mythe créé par une succession de publications, à commencer par des articles de l'orientaliste Louis Massignon [1]. Si certains réformistes se sont « convertis » au salafisme/wahhâbisme, d'autres sont restés sur la ligne tracée par 'Abduh. Certes, celle-ci a des points communs avec les doctrines wahhâbites, mais qui ne reposent pas sur les mêmes fondements. Ainsi, par exemple, le fait de ne pas se référer à une école juridique particulière fait partie de la doctrine néo-ḥanbalite (*lâ-madhhabiyya*) ; pour Muḥammad 'Abduh, c'est une manière de gommer les divergences entre les écoles et de redonner ainsi un nouveau souffle à la pratique juridique. De même, le retour aux sources des wahhâbites vise à purifier l'islam et à imposer une doctrine vue comme la seule vérité ; pour les réformistes, il s'agit de retourner aux doctrines originelles pour mieux les ouvrir sur

---

p. 369-389 et surtout, du même auteur, le remarquable ouvrage *The Making of Salafism. islamic Reform in the Twentieth Century*, paru en 2016 ; Franck Griffel, « What do we mean by "Salafī" ? Connecting Muḥammad 'Abduh with Egypt's Nur Party in islam's Conteporary Intellectual History », *Die Welt des Islams*, n° 55, 2015, p. 186-220.

1. Voir, parmi une série d'articles publiés par Massignon dans la *Revue du monde musulman*, notamment « Questions actuelles : les vraies origines dogmatiques du wahhābisme », n° 36, 1918-1919, p. 320-326. Il y identifie Afghânî et 'Abduh comme les leaders de la *salafiyya*. Laoust a ensuite publié un article marquant, « Le réformisme musulman des "Salafiya" et le caractère orthodoxe de son orientation actuelle », *Revue des études islamiques*, n° 6, 1932, p. 178-324. On trouvera plus de détails dans les références citées par les travaux mentionnés dans la note précédente.

le monde extérieur. 'Abduh, en fait, s'est très peu référé aux *salaf* – contrairement aux wahhâbites ; son mot d'ordre était : *iṣlâḥ*. Bref, le mot *salafiyya* ne peut s'appliquer au courant réformiste moderniste, pas plus que le terme « salafisme », son équivalent francisé par Henri Laoust. Cependant, dès les années 1920, certains penseurs réformistes bifurquèrent vers le wahhâbisme, ce qui sema la confusion chez les observateurs, puis les historiens. Il reste que nous avons là deux manières d'aborder la question de l'islam moderne et le fossé qui les sépare s'est creusé au fil des décennies.

La naissance de l'islam politique

En 1928, un jeune instituteur nommé Ḥasan al-Bannâ (m. 1949) fonda la société des Frères musulmans (al-Ikhwân al-muslimûn) à Ismaïlia, près du canal de Suez. Ce n'était pas un homme de religion, mais un fonctionnaire formé dans une école normale de type moderne, créée en 1872, Dâr al-'ulûm. Le mouvement avait néanmoins pour objectif d'islamiser la société par la base, de restaurer le califat et de combattre l'occidentalisation des mœurs et des institutions. Ḥasan al-Bannâ se mit à prêcher le retour à l'islam, allant de ville en village. Il prônait l'islam comme un système englobant, portant sur tous les aspects de la vie ; il se préoccupait de justice sociale et de pouvoir politique, lequel constituait, selon lui, « une des racines de l'islam [1] ». S'adressant avant tout

1. Olivier Carré et Gérard Michaud (*alias* Michel Seurat), *Les Frères musulmans (1928-1982)*, p. 36.

aux masses, loin des cénacles élitistes des clercs et des intellectuels, il mit en place une solide organisation qu'il fit reposer sur une base militante large, populaire et dynamique : *al-qâ'ida*. Ḥasan al-Bannâ posa le cadre général de la théorie des Frères mais ce fut Sayyid Quṭb (m. 1966) qui développa, radicalisa et systématisa la doctrine des Frères musulmans. D'abord journaliste et romancier, Quṭb s'était intéressé au Coran et il avait commencé à prôner la justice sociale, dans son ouvrage *al-'Adâla al-ijtimâ'iyya fî al-islâm* (*La Justice sociale en islam*) [1], ouvrage fondateur du « socialisme islamique », qui fut ensuite repris par l'idéologue de la branche syrienne de l'association, Muṣṭafâ al-Sibâ'î, à la fin des années 1950. En s'appuyant sur les doctrines de l'islam, ils élaborèrent une idéologie, fondée sur « l'ordre de la *zakât* (aumône légale) », qu'ils posèrent comme la troisième voie entre le capitalisme et le communisme. Si le socialisme islamique ne remporta pas tous les suffrages auprès des Frères musulmans eux-mêmes, il influença bon nombre de militants se réclamant de l'islam politique [2].

Sayyid Quṭb passa près de huit ans en prison. Après avoir procuré aux Officiers libres la base populaire qui leur manquait, les Frères musulmans furent lâchés par Nasser. À partir de 1954, le mouvement fut réprimé.

---

1. En anglais : Sayyid Quṭb, *Social Justice in Islam*, traduction de J. Hardie (Washington, 1953) revue et commentée par H. Algar, Oneonta, Islamic Publications International, 2000. Une sélection d'autres textes a été éditée par Albert J. Bergensen, *The Sayyid Qutb Reader*, Routledge, 2007.

2. Cf. Olivier Carré et Gérard Michaud, *Les Frères musulmans*, p. 83-91.

Sayyid Quṭb fut arrêté, emprisonné, torturé, et il ne connut que huit mois de liberté, entre cette date et sa pendaison, en 1966. Il rédigea donc le reste de son œuvre en prison... et incarna l'archétype du martyr pour l'islam.

Parmi ses écrits, citons un volumineux commentaire coranique, *Fî ẓilâl al-qur'ân* (*À l'ombre du Coran*), et *Ma'âlim fî al-ṭarîq* (*Signes de piste*), où il donne une nouvelle orientation au mouvement (voir *supra*, chapitre II, p. 213). Sayyid Quṭb se réfère à des concepts islamiques qu'il redéfinit : *jâhiliyya* (gentilité), *ṭâghût* (signifiant à la fois idole et tyran), qui sont coraniques, mais aussi *'ubûdiyya* (adoration) et *ḥâkimiyya* (souveraineté divine). Selon son système de pensée, toutes les sociétés, qu'elles se prétendent musulmanes ou non, vivent en fait dans la *jâhiliyya*, c'est-à-dire dans l'ignorance de Dieu et de la loi sacrée, car elles adorent d'autres dieux, ou bien un parti. Pour instaurer la souveraineté divine, il faut donc frapper les tyrans d'anathème (*takfîr*) et les combattre par le *jihâd* ; ainsi pourra-t-on créer un État islamique [1]. Ces idées étaient nouvelles en Égypte et pour les Frères musulmans dont la majorité suivit les lignes plus modérées de 'Abd al-Qâdir al-'Awda (m. 1954) ou de Ḥasan al-Hudaybî (m. 1973), qui prit la tête de la société après la mort d'al-Bannâ [2].

1. *Ibid.*, p. 9-102 ; Gilles Kepel, *Le Prophète et Pharaon*, p. 39-67. Voir aussi, *passim*, Richard Mitchell, *The Society of the Muslim Brothers*.

2. Cf. Barbara h. Zollner, *The Muslim Brotherhood. Hasan al-Hudaybi and ideology*, New York, Routledge, 2009.

Quṭb, lui, fut l'idéologue de la frange dure des Frères ainsi que de courants djihadistes qui émergèrent par la suite.

Les concepts qu'il avait déclinés s'inspiraient d'un auteur indo-pakistanais qui eut une grande influence sur la politique du Pakistan, Abû A'lâ al-Mawdûdî (m. 1979). Après avoir reçu une éducation religieuse de base, notamment à Delhi, chez les deobandis, et acquis de bonnes connaissances en arabe, en persan et en ourdou, le jeune Mawdûdî poursuivit en autodidacte sa formation en sciences profanes, puis il se lança dans le journalisme. En 1920, il étudia la doctrine du *jihâd* et composa *al-Jihâd fî al-islâm* (*Le Combat sacré dans l'islam*). Une dizaine d'années plus tard, il dirigeait une revue dans laquelle il critiquait l'impact de la culture occidentale, puis il passa à la lutte politique contre la domination britannique. En 1941, il fonda la Jamâ'at-i-islâmî, association qui militait pour la création d'un État islamique. Mawdûdî conçut sa théorie d'un État islamique dépassant les frontières pour s'appliquer à la *umma* et continua d'œuvrer dans l'objectif de sa mise en œuvre après la fondation du Pakistan, en 1947 [1].

Abû A'lâ al-Mawdûdî exprima l'idée qui résumait toute sa pensée et qui a déterminé tous les mouvements islamistes après lui : l'islam est une idéologie et, en cela, constitue une alternative aux autres idéologies produites par le monde moderne. En outre, l'islam est,

---

1. *EI*[2], « Mawdûdî » ; Jan-Peter Hartung, *A System of Life : Mawdûdî and the Ideologization of Islam* ; Vali Nasr, *Mawdudi and the Making of Islamic Revivalism*.

selon lui, un tout à la fois rationnel et harmonieux, qui a été progressivement corrompu ; revenir à l'islam originel et appliquer la *charî'a* devrait permettre de retrouver cette harmonie, au sein d'un État islamique. La justice sociale faisait également partie des préoccupations de Mawdûdî : pour lui, l'économie reposant sur le respect des normes islamiques (les lois sur l'héritage, l'obligation de la *zakât* et l'interdiction de l'usure et du prêt à intérêt) la garantirait [1].

Le chiisme aussi eut des idéologues pour systématiser des positions qui tranchaient avec l'islam traditionnel tout en réagissant contre les infuences de l'Occident. Contrairement à la situation dans les milieux sunnites, ce furent surtout des clercs, et même de grands *mujtahid*, qui s'en chargèrent. Ainsi de Muḥammad Bâqir al-Ṣadr (m. 1980) qui publia deux ouvrages en réponse à l'engouement des intellectuels irakiens pour le marxisme, en 1959 et en 1960 : *Falsafatunâ* (*Notre philosophie*) et *Iqtiṣâdunâ* (*Notre économie*). Un texte rédigé par lui servit, en 1979, de document de base à l'élaboration de la Constitution de la République islamique d'Iran [2]. Considéré comme le leader du parti *al-Da'wa*, Muḥammad Bâqir al-Ṣadr fut peu après exécuté par les autorités

---

1. Marc Gaborieau, « Le néo-fondamentalisme au Pakistan : Maududi et la Jama'at-i-islami », Olivier Carré et Paul Dumont, *Radicalismes islamiques*, p. 42-49.

2. Cf. les articles de Pierre Martin et John Donohue dans *Les Cahiers de l'Orient*, n° 8-9, 1987-1988 ; Chibli Mallat, *The Renewal of Islamic Law : Muhammad Baqer as-Sadr, Najaf and the Shi'i International*, Cambridge, Cambridge University Press, 1993, partie I.

irakiennes. Enfin, on ne peut évoquer les fondateurs de l'islam politique sans mentionner Ruhollâh Khomeini qui, avec la théorie de la « guidance du juriste » dota la révolution iranienne d'une base juridique islamique et exerça le pouvoir en tant que guide de la République islamique [1]. Son disciple Mortazâ Motahhari (m. 1979) fut en fait le véritable idéologue du régime. Clerc réformiste, il se pencha sur les questions sociales, lutta contre le marxisme et toute forme de sécularisation. Il combattit aussi le « socialisme islamique », voire le « protestantisme islamique » prôné par un autre idéologue iranien, laïc, 'Ali Chari'ati (m. 1977). Influencé par Frantz Fanon, Chari'ati procédait à une réinterprétation de l'histoire de l'islam et, particulièrement, du chiisme qui marqua la jeune génération [2].

De l'islamisme au djihadisme

Ces fondateurs avaient envisagé et promu une manière nouvelle d'envisager et de propager l'islam vu comme un système total, une « solution » à tout, pour reprendre un slogan des Frères musulmans que l'on a appelé l'« islamisme ». Ce mouvement se présente comme « un mouvement sociopolitique fondé sur l'islam défini comme une idéologie politique autant

1. Cf. p. 168, et glossaire p. 294-297.
2. Cf. Sara Shari'ati, « Shari'ati, le dissident », Sabrina Mervin (dir.), *Les Mondes chiites et l'Iran*, p. 327-346 ; Ali Rahnema, *An Islamic Utopian. A political biography of Ali Shari'ati*, Londres, I.B. Tauris, 2000.

qu'une religion [1] ». Il procède d'un retour aux sources de l'islam, à savoir : les textes fondamentaux, et surtout le Coran ; la période de formation de l'islam – idéal situé dans le passé qui devient un projet de société à faire advenir ; la communauté musulmane primitive, vue comme une société égalitaire.

Les concepts utilisés par les islamistes sont extraits du Coran ou puisés dans l'histoire de cette période : *jâhiliyya* (gentilité), *ḥizb* (parti), *chûrâ* (consultation), *da'wa* (appel), *mustaẓ'afûn* (déshérités), *ḥâkimiyya* (souveraineté divine). Ces concepts sont néanmoins revisités et mêlés à un discours d'allure moderne inspiré des sciences sociales ou d'une phraséologie marxisante. L'histoire est ainsi gommée. Le terme *ḥaraka*, mouvement, est emprunté au lexique « occidental » contemporain et islamisé par l'usage qui en est fait. À l'inverse, des termes sont empruntés au lexique des sciences islamiques traditionnelles et « modernisés ». C'est le cas du *fiqh*, qui devient donc le *fiqh ḥarakî* (droit islamique dynamique), sous la plume de Sayyid Quṭb et de ses épigones [2]. D'autres disciplines islamiques, telle l'exégèse ou la prédication (*wa'ẓ*), sont renouvelées, par un mouvement de *tajdîd*. Cette modernisation islamiste tous azimuts bénéficie évidemment des techniques modernes de communication, pour atteindre un public de plus en plus large : cassettes audio, puis vidéo, et aujourd'hui Internet.

Ces caractéristiques communes à la plupart des mouvements islamistes ne doivent pas masquer leur

---

1. Olivier Roy, *L'Échec de l'islam politique*, p. 57.
2. Olivier Carré, *Mystique et politique*, p. 203-206.

diversité. Les chercheurs ont dû se risquer à dresser des typologies et à établir des distinctions dans la terminologie qu'ils utilisent pour désigner les différentes tendances, tâche d'autant plus ardue que les mêmes termes, utilisés par les acteurs, ne renvoient pas toujours aux mêmes faits. On distingue ainsi néofondamentalistes et révolutionnaires, néoconservateurs et réformistes (dans le cas de l'Iran), wahhâbites/salafistes et « fréristes » et, plus généralement aujourd'hui, salafistes (qui peuvent être quiétistes), takfîristes et jihâdistes [1]. Cela n'exclut pas les cas d'hybridation : ainsi, la Ṣahwa islâmiyya (le Réveil islamique), mouvement islamiste saoudien né dans les années 1960, était un mélange de wahhâbisme et de l'idéologie politique des Frères musulmans [2].

Pour ce qui est des régimes étatiques fondés sur un usage politique de l'islam, celui de l'Arabie saoudite, wahhâbite et conservateur, ne se confond pas avec celui de l'Iran, chiite et révolutionnaire. À un autre niveau, on ne peut comparer les idées islamistes développées par des intellectuels issus de milieux urbains à celles des Talibans d'Afghanistan ou du Pakistan qui s'inscrivent dans la continuité du deobandisme. Chaque manifestation islamiste doit être replacée dans son contexte historique, politique et social, et observée dans la durée.

---

1. Cf. Olivier Roy, *L'Échec de l'islam politique*, p. 53-54 ; Stéphane Lacroix, « Les nouveaux intellectuels religieux saoudiens : le Wahhabisme en question », *REMMM*, n° 123, 2008, p. 141-159. Bernard Rougier, *Qu'est-ce que le salafisme ?*, p. 15-19.

2. Cf. l'ouvrage de Stéphane Lacroix consacré à ce mouvement, *Les islamistes saoudiens. Une insurrection manquée.*

Par ailleurs, du point de vue des doctrines, la différence est grande entre ceux qui aspirent à l'avènement d'une société islamique susceptible de créer les conditions nécessaires à la naissance d'un État islamique, et ceux qui veulent fonder cet État islamique immédiatement ; entre ceux qui revendiquent l'application de la *charî'a* et ceux qui privilégient la logique révolutionnaire. De même, on distingue les mouvements qui se placent au niveau transnational, global, tel al-Qâ'ida, et ceux qui s'inscrivent dans un islamo-nationalisme visant la libération d'un territoire, tels le Hamas palestinien ou le Hezbollah libanais. Toutefois, pour la plupart de ces mouvements, il est pertinent de distinguer la stratégie à court terme et les perspectives utopistes visant l'établissement d'un État islamique.

À partir des années 1990, certains mouvements islamistes sont entrés dans une phase de maturité : ils s'intégrèrent dans le jeu parlementaire et se comportèrent comme des partis politiques modernes. Ainsi du Hezbollah au Liban qui conjugue des revendications de justice sociale à une culture islamique à la fois militante et modernisée, tout en poursuivant des activités de « résistance » contre Israël, et d'autres partis qui se sont imposés par les urnes, de la Turquie au Maroc.

D'autres mouvements, comme celui des Talibans, n'en sont pas à ce stade. Leur politique, leur vision du monde et leurs pratiques relèvent à la fois de leur fondamentalisme et du code tribal pachtoune. Enfin, il faut insister sur l'existence d'un courant salafiste quiétiste qui a ses autorités de référence, tel le mufti d'Arabie saoudite Ibn Bâz (m. 1999) ou le cheikh

Muḥammad al-Albanî (m. 1999), surnommé le *muḥaddith* du siècle [1].

Toute approche globale est donc vouée à l'échec d'autant que, pour ce qui concerne les clercs, c'est chaque magistère qu'il faut analyser. En effet, dans le sunnisme, hormis les clercs saoudiens wahhâbites organisés en corporation [2], on a à faire à des entrepreneurs religieux, soutenus ou non par un État : il en est ainsi, par exemple, de feu Muḥammad Sa'îd al-Bûṭî (assassiné dans un attentat en 2013) et bien sûr, du célèbre Yûsuf al-Qaraḍawî [3]. De même, si les clercs chiites, sont organisés selon une hiérarchie, voire en clergé, chaque *mujtahid* se veut différent de ses pairs. Dans les deux cas, la frontière est parfois ténue entre un réformisme affiché et un islamisme dit « modéré ».

Par ailleurs, bon nombre d'intellectuels musulmans se sont reconnus dans la « gauche islamique », ou bien dans le renouveau (*tajdîd*), c'est-à-dire que toutes leurs réflexions s'appuient sur la base du *turâth*, du patrimoine, qu'il s'agit de relire en fonction des exigences de l'époque et de conjuguer à des idéologies actuelles. Tout cela relève, en fin de compte, de ce que Mohammed Arkoun a appelé le « discours

---

1. Voir Stéphane Lacroix, « L'apport de Nasir al-Din al-Albani au salafisme contemporain », Bernard Rougier (dir.), *Qu'est-ce que le salafisme ?*, p. 45-64.

2. Nabil Mouline, *Les Clercs de l'islam*, p. 192-258.

3. Cf. Barnhard Gavi, « The patient preacher : Yusuf al-Qaradawi's long game », *Current Trends in Islamist Ideology*, 18 mai 2015, p. 72-84 ; Bettina Graf et Jakob Skovgaard-Petersen (dir.), *Global Mufti : Yhe Phenomenon of Yusuf al-Qaradawi*, Londres, Hurst, 2008.

islamique contemporain [1] » : un discours aujourd'hui banalisé, éclaté, qui se ramifie en de multiples directions et peut se greffer sur d'autres discours politiques.

Quant aux débats intellectuels à l'échelle de l'ensemble du monde musulman, force est de constater qu'ils sont directement informés par les perspectives islamistes. Si une rhétorique sociologisante est utilisée dans le discours islamiste, le lexique des sciences religieuses s'est largement diffusé dans l'ensemble du corps social et a imprégné le sens commun comme le discours des intellectuels. Ainsi, le mot *fiqh* est employé pour désigner tout ce qui est normatif ; de même, le mot *ijtihâd* est employé dans un sens courant, vulgarisé, comme synonyme de raisonnement. Ces faits constituent autant d'indices montrant que si l'islamisme a remporté un succès, c'est bien dans la réislamisation des discours.

Toutefois, le djihadisme comme idéologie, né dans les prisons de Nasser, et la dynamique qui aboutit aux attentats du 11 septembre 2001 ont marqué une scission nette entre ceux qui prônent la violence, la mettent en scène et la planifient, et les autres groupes, dits « quiétistes » ou militants (*ḥarakiyyûn*).

Al-Qâ'ida et Daech : la voie de la violence

Si la première étape du passage concret au *jihâd* [2] fut le début de la lutte armée lancée par les Frères

1. Cf. « L'islam et les islams », *Hérodote*, n° 35, 1984, p. 27.
2. Sur l'histoire du *jihâd* et ses développements récents, cf. David Cook, *Understanding Jihad*.

musulmans, la seconde étape fut l'invasion soviétique de l'Afghanistan en 1979. Là se formèrent des générations de combattants, tant au maniement des armes qu'à l'idéologie salafiste importée par l'Arabie saoudite. La mouvance wahhâbite leur fournit une idéologie rigoriste et exclusive, ainsi que des doctrines qui permirent de fabriquer de l'ennemi, comme celle d'*al-walâ' wa al-barâ'*. Celle-ci n'est pas propre au wahhâbisme, ni même au sunnisme puisqu'elle existe aussi dans le chiisme et dans l'ibadisme – déclinée différemment. Le principe est néanmoins le même : il s'agit, d'un côté, de prêter allégeance ou de s'associer à une communauté et, de l'autre, de rompre ou de se dissocier d'une autre communauté. Ainsi, dans le djihadisme, les (vrais) croyants se doivent une solidarité totale alors que les « impies » doivent se soumettre à la communauté ou être combattus.

C'est sur cette idée et d'autres bricolages avec les concepts, tant wahhâbites que qutbistes, que s'appuient les fondateurs et les idéologues d'al-Qâ'ida ('Abdallah 'Azzam, Oussama ben Laden et Aymân al-Zawâhirî) [1] à la fin des années 1980, pour fonder leur organisation et appeler au *jihâd* à partir de l'Afghanistan. Ce *jihâd* vise autant les grandes puissances que les pays musulmans gouvernés par des dirigeants « apostats » (*murtadd*) qui, selon eux, ont renié l'islam et méritent la mort. En 1998, ils s'allient au mollah Omar, le chef des Talibans, et lancent effectivement le *jihâd* : les attentats du 11 septembre 2001, ainsi que d'autres attentats meurtriers, en

1. Voir l'ouvrage dirigé par Gilles Kepel et Jean-Pierre Milelli, *Al-Qaïda dans le texte*, qui présente quelques-uns de leurs écrits.

furent la concrétisation. Depuis, après la mort de son chef Oussama ben Laden en 2011, al-Qâ'ida, a poursuivi son travail de prédication, de propagande et d'appel à la violence tous azimuts contre ceux qu'elle considère comme les ennemis de l'islam, qu'ils soient proches ou lointains, mais elle a perdu de sa puissance. Si l'organisation, qui fonctionne comme une franchise, a encore des poches de militants-combattants dans différents points sensibles des mondes musulmans, telle l'AQMI (al-Qâ'ida au Maghreb islamique), Daech l'a supplanté dans bon nombre d'entre eux.

Contrairement à al-Qâ'ida, Daech s'ancre résolument dans un territoire, entre l'Irak et la Syrie. Sa démarche est « glocale » : il s'agit de penser globalement et d'agir localement [1]. L'organisation, issue d'al-Qâ'ida, émerge en 2006, en Irak, sous le nom d'État islamique (*dawla islâmiyya*) : dans ses rangs, des membres d'al-Qâ'ida, avec à leur tête Abû Muṣ'ab al-Zarqâwî, qui ont rallié à leur cause, en prison, d'anciens officiers baathistes de l'armée de Saddam Hussein. L'organisation fait scission avec al-Qâ'ida, s'implante en Syrie et prend le nom d'État islamique en Irak et au Levant (*dawla islâmiyya fî al-'Iraq wa al-Châm*), dont l'acronyme donne « Daech » [2]. En juin 2014, son chef se proclame calife et prononce deux discours successifs dans lesquels il exhorte les musulmans à le rejoindre. Le groupe change encore de nom

1. Nabil Mouline, *Le Califat*, p. 255.
2. Pour des détails sur les conditions d'émergence de Daech dans les deux pays, voir Pierre-Jean Luizard, *Le Piège Daech. L'État islamique ou le retour de l'Histoire*, Paris, La Découverte, 2015.

pour s'appeler État islamique. Des groupes islamistes, tel Boko Haram au Nigeria, et d'autres en Libye, en Algérie, au Yémen, en Arabie saoudite, etc., lui prêtent allégeance. La principale caractéristique du groupe Daech est d'exercer une violence terrifiante contre ses ennemis et de la mettre en scène dans une stratégie de communication très sophistiquée. Quant à son idéologie, elle se fonde sur une quête du salut passant par l'abolition des frontières coloniales, la création d'un état, le retour au califat, l'application de la *charî'a*, etc., mais aussi sur un anti-chiisme convaincu et sur la soumission des minorités religieuses. Un ouvrage, *L'Administration de la sauvagerie* (*Idârat al-tawahhuch*), donne la voie à suivre. Rédigé entre 2002 et 2004 par un certain Abû Bakr Najî, il partait du principe que les Américains quitteraient l'Irak et que les islamistes pourraient tirer parti du chaos qui s'ensuivrait. Trois étapes décrivent la stratégie à suivre : démoraliser et épuiser l'ennemi ; administrer le chaos qui suivra la chute des régimes arabes (par une violence extrême contre l'ennemi, la bonne gestion des territoires conquis et la propagande) ; proclamer le califat [1]. On rejoint ainsi le fil conducteur de toutes les utopies islamistes : la création d'un État islamique et la restauration du califat.

Le courant sécularistе ou l'islam « libéral »

C'est sur l'histoire et la critique historique que s'appuie un courant que l'on peut qualfier de sécularistе,

1. Nabil Mouline, *Le Califat*, p. 253-265.

voire de laïciste. Ṭâhâ Ḥusayn (m. 1973) y participa, avec un ouvrage sur la poésie arabe anté-islamique, paru en 1926, qui provoqua le scandale. Aḥmad Amîn (m. 1954) y contribua en publiant une série d'ouvrages sur l'histoire de la civilisation arabo-islamique, à partir de « l'aube de l'islam » (*Fajr al-islâm*) ; le premier volume parut en 1929 et le dernier, en 1952. Toutefois, c'est surtout 'Alî 'Abd al-Râziq (m. 1966) qui pourrait être considéré comme l'initiateur de ce courant, qu'il a doté d'une solide base de réflexion avec un ouvrage publié en 1925, *al-Islâm wa uṣûl al-ḥukm fî al-islâm* (*L'Islam et les fondements du pouvoir en islam*).

'Alî 'Abd al-Râziq avait été formé à al-Azhar, puis à l'université égyptienne et à Oxford, où il effectua un court séjour ; il exerçait la fonction de cadi. La disparition du califat, d'abord réduit à une autorité spirituelle en 1922, puis aboli deux ans plus tard, avait plongé les lettrés musulmans dans le désarroi. Il leur fallait réagir, trouver une réponse à ce vide et 'Alî 'Abd al-Râziq, comme Rachîd Riḍâ avant lui, engagea une réflexion sur le sujet… mais leurs conclusions furent bien différentes.

La particularité de l'approche de 'Alî 'Abd al-Râziq fut de ne pas chercher à définir le califat idéal, mais d'écrire l'histoire du califat historique. Ce qui l'amena à s'interroger sur la nature du pouvoir exercé par le Prophète, puis par les califes après lui. Or, pour l'auteur, il y a clairement rupture entre Muḥammad et ses successeurs : Muḥammad n'était pas un roi, mais un Prophète, et sa communauté n'était pas une communauté politique, mais religieuse. Même si la mission prophétique comporta l'exercice d'un pouvoir temporel, selon 'Alî 'Abd al-Râziq, ce pouvoir, à la fois spirituel et temporel, ne pouvait être reproduit. L'État créé après la mort du Prophète était donc une entité séculière, tout comme l'institution du califat. Ainsi, 'Alî 'Abd al-Râziq séparait les pouvoirs spirituel et temporel ; selon lui, seul le Prophète avait pu, grâce à son autorité, réunir les deux.

Le livre déclencha les diatribes des conservateurs et des oulémas d'al-Azhar qui interdirent à l'auteur de remplir une fonction publique [1]. Non seulement 'Alî 'Abd al-Râziq avait séparé le religieux et le politique (*dîn* et *dawla*), mais il avait désacralisé l'histoire de l'islam. Ce faisant, il avait certes déclenché la colère de ses pairs, mais aussi ouvert une voie pour les historiens et les penseurs musulmans prêts à adopter une démarche scientifique dans leurs recherches sur l'islam ou la civilisation islamique. On ne peut citer ici tous ceux qui, comme Muḥammad Saïd al-Ashmawy, Aziz Azmeh, Jalâl Sâdiq al-'Aẓm, Abdou Filali Ansari, ou bien Farid Esack, ont lutté, chacun à sa manière, contre l'idéologisation de l'histoire de l'islam. Sans compter Mohammed Arkoun, dont toute l'œuvre est un appel à l'exercice de la critique historique. Il faut leur ajouter ceux qui ont entrepris une relecture des textes, marchant sur les traces du penseur pakistanais Fazlur Rahman puis de l'Égyptien Nasr Abu Zeid.

1. Ali Abderraziq, *L'Islam et les Fondements du pouvoir*, cf. la présentation d'Abdou Filali Ansari, p. 7-25 ; Albert Hourani, *La Pensée arabe et l'Occident*, p. 190-199 ; Souad T. Ali, *A Religion, Not a State : Ali 'Abd al-Raziq's Islamic Justification of Political Secularism*, University of Utah Press, Salt Lake City, 2009.

Aujourd'hui, ces intellectuels musulmans ou ces « intellectuels religieux »[1] ont franchement recours aux sciences sociales, à commencer par l'herméneutique, pour aborder le Coran. Tel Soroush, qui part du principe que la religion révélée et la connaissance ou l'interprétation que l'homme en a sont deux choses différentes, ils passent la science religieuse au crible de la critique[2]. Ainsi, ils en viennent à séparer le religieux du politique, dans une démarche qui va à l'inverse de la logique islamiste. Il n'y a point de mouvement ni d'action concertée, mais une mouvance où évoluent des itinéraires singuliers, des catégories d'intellectuels aux contours incertains et perméables qui, d'une manière ou d'une autre, se sont formés en sciences religieuses et en sciences profanes.

D'autres approches de l'islam sont donc à l'œuvre. Sur le plan des pratiques, on a, d'un côté, un rigorisme et un ritualisme très encadrés par des partis islamistes et, de l'autre, un engouement pour une spiritualité allant de pair avec un mouvement général d'individualisation et de sécularisation de la religion. À l'angoisse eschatologique des uns, source d'élaborations apocalyptiques qui donnent lieu à une abondante littérature[3], répond le désir des autres de ne plus rechercher

1. Alain Roussillon, *La Pensée islamique contemporaine, acteurs et enjeux* ; Malika Zeghal (dir.), « Intellectuels de l'islam contemporain. Nouvelles générations, nouveaux débats », *REMMM*, n° 123, 2008.

2. Mohsen Mottaghi, « Soroush, un itinéraire intellectuel », Sabrina Mervin (dir.), *Les Mondes chiites et l'Iran*, p. 357-380.

3. Jean-Pierre Filiu, *L'Apocalypse dans l'islam*, Paris, Fayard, 2009.

le salut dans l'au-delà, mais en ce bas monde : souci de soi, réalisation personnelle et loisirs sont associés à la religiosité. Cela s'accompagne de la mise en œuvre d'une éthique de la consommation et d'une valorisation de la réussite sociale : le post-islamisme, l'« islam de marché », l'islamo-business ou l'islamo-libéralisme [1] sont autant de manières de décliner la « modernité islamique ». Toutefois, que ces manières de pratiquer l'islam ou d'en faire une source de réflexion émanent des sociétés musulmanes ou d'intellectuels, elles n'apparaissent pas au premier plan aujourd'hui, tant la violence perpétrée au nom de l'islam occupe le devant de la scène.

1. Olivier Roy, *L'Islam mondialisé* ; Patrick Haenni, *L'Islam de marché. L'autre révolution conservatrice*, Paris, Seuil, 2005 ; Olivier Roy et Patrick Haenni (dir.), « Le post-islamisme », *REMMM*, n° 85-86, 1999.

GLOSSAIRE CRITIQUE

MOTS ET THÈMES

APOSTASIE

Si les préceptes islamiques sont particulièrement rigides en matière d'apostasie (*ridda*) c'est que, selon les doctrines, celle-ci ne consiste pas seulement à renier sa foi, mais implique une trahison de la communauté, qui est alors mise en danger. D'où la sévérité du châtiment à l'encontre de l'apostat.

La conception islamique de l'apostasie repose sur des événements qui se déroulèrent pendant les mois qui suivirent la mort du Prophète Muḥammad, en 632, appelés guerres de *ridda*. Des tribus arabes, qui avaient prêté allégeance au Prophète, ne reconnurent pas l'autorité de son successeur Abû Bakr et refusèrent de continuer à lui verser un tribut. Certaines s'étaient même ralliées à d'autres chefs religieux, que l'islam qualifiera de faux Prophètes, tels Musaylima, un ancien rival de Muḥammad installé dans le Yamâma. Abû Bakr parvint à reconstituer l'unité des tribus en luttant énergiquement contre cette sécession. Il lança ses meilleurs guerriers contre ces « faux Prophètes » et les vainquit dans une série de batailles dont la principale causa la mort de Musaylima, en 633. La jeune communauté musulmane fut ainsi sauvée du péril qui avait menacé, un moment, son existence même.

Dans le Coran, l'apostat (*murtadd*) est considéré comme égaré par le Démon. Il est seulement menacé des peines de l'au-delà, c'est-à-dire de l'enfer ; aucun châtiment terrestre n'est prévu pour lui. C'est donc à partir du corpus de *ḥadîth* que les oulémas élaborèrent des dispositions légales complexes visant à punir l'apostat. Les différentes écoles juridiques divergent entre elles sur certains détails, mais s'accordent sur le principal : la peine de mort est requise. Dans la *charî'a*, tout musulman mâle, majeur et sain d'esprit qui, volontairement, abandonne l'islam est passible de mort. La femme subit le même châtiment ou bien elle est emprisonnée et frappée quotidiennement, selon les écoles juridiques.

Certains juristes accordent trois jours à l'apostat pour se repentir et revenir à la foi, sans qu'il soit inquiété pendant ce délai. Si, alors, il revient à l'islam, il recouvre ses droits. Sinon, il risque la peine capitale. En outre, son mariage est invalidé et il peut être légalement obligé de se séparer de son épouse ; le pèlerinage qu'il a accompli à La Mecque est caduc ; il n'est pas enterré selon les rites islamiques, etc. Comme le remarque Alfred Morabia, « la doctrine place le *murtadd* qui persiste dans son égarement au dernier degré de la hiérarchie humaine, au-dessous même de l'infidèle [1] ».

Sous les Abbassides, d'anciens adeptes du manichéisme convertis à l'islam furent accusés d'être demeurés secrètement fidèles à leur première foi, tout en professant l'islam. Ils furent accusés de *zandaqa* (hérésie), comme le furent, ensuite, des poètes libres penseurs, tel al-Ma'arrî (m. 1058). Des soufis furent, eux aussi, accusés de *zandaqa* parce qu'ils négligeaient certains devoirs cultuels qu'ils n'estimaient pas vraiment obligatoires. Ainsi, al-Ḥallâj fut mis à mort.

À partir de la fin du XIXe siècle, alors que le principe de la liberté religieuse faisait irruption dans les sociétés arabo-islamiques, les penseurs musulmans reconsidérèrent l'apostasie. La peine de mort, qui n'avait jamais été très pratiquée, cessa de l'être. Cependant, au niveau du droit civil, les règles concernant l'apostat continuèrent d'être suivies. Les fidèles de nouvelles sectes issues de l'islam, comme les bahaïs, furent considérés comme des apostats. Les communistes aussi. Durant la période coloniale, la menace de l'accusation d'apostasie fut brandie comme une arme dans des situations très diverses. Par exemple, lors d'une campagne de naturalisation des autochtones menée par les Français en Tunisie, le mufti de Bizerte, en 1932, émit une *fatwâ* annonçant que les naturalisés étaient des apostats [2].

Par ailleurs, au nom du crime d'apostasie, l'écrivain Salman Rushdie fut condamné à mort, en 1989, par l'ayatollah Khomeini, le guide de la révolution iranienne, puis par son successeur Ali Khamenei ; sa tête ayant été mise à prix, le romancier a vécu caché pendant plus de dix ans. L'intellectuel cairote Nasr Hamid Abû Zeid, à l'occasion d'une procédure de titularisation de son poste à l'université, fut accusé d'apostasie à cause de ses travaux d'interprétation du texte coranique [3]. Pourtant, d'autres penseurs musulmans publiaient, et continuent de publier, des idées voisines des siennes sur la question sans pour autant être inquiétés. Abu Zeid, après une longue procédure juridique et plusieurs appels, fut condamné à divorcer de son épouse, le 5 août 1996 et il se réfugia aux Pays-Bas. Se sachant malade, il retourna au Caire où il mourut le 5 juillet 2010.

Aujourd'hui, et cela depuis les années 1970, les groupes islamistes takfiristes manient la doctrine de l'apostasie dans leur combat contre ceux qu'ils accusent de s'être détournés de l'islam et de sa loi, notamment les dirigeants de pays musulmans qui n'adhèrent pas à leurs idées.

Enfin, certains pays musulmans ont inclus le crime d'apostasie dans leur code et appliquent des peines diverses, allant du versement d'une amende à la peine de mort.

1. Alfred Morabia, *Le Gihad dans l'islam médiéval*, Paris, Albin Michel, 1993, p. 249.

2. Cf. l'article de Rudolph Peters et Gert J.J. De Vries, « Apostasy in islam », *Die Welt des Islams*, XVII-1, 1976, p. 1-25, l'un

des rares travaux à envisager les développements de la question dans l'histoire contemporaine.

3. Un recueil d'articles traduits en français est paru : Nasr Abu Zeid, *Critique du discours religieux.*

Ascension céleste

C'est à partir de *ḥadîth* que furent construits les récits de l'ascension céleste du Prophète Muḥammad, monté sur une échelle sublime (*mi'râj*) et élevé à travers les cieux, jusqu'à Dieu lui-même. D'autres *ḥadîth*, glosant sur un mystérieux voyage nocturne (*isrâ'*) auquel il est fait allusion dans le Coran, s'y ajoutèrent. Le tout donna naissance à une littérature foisonnante.

Ibn Hichâm composa un récit de l'ascension au ciel de Muḥammad qu'il inséra dans sa *Sîra*. Après lui, bien d'autres auteurs furent inspirés par cette histoire et établirent leur version du *mi'râj*. L'un de ces textes fut traduit en castillan et, de là, en provençal et en latin. Selon une hypothèse, très controversée, de l'orientaliste Asin Palacios, la traduction latine aurait influencé Dante lorsqu'il rédigea sa *Divine Comédie*. Le manuscrit arabe original, devenu presque aussi mythique que son contenu, est perdu, mais l'ouvrage en latin fit récemment l'objet d'une nouvelle traduction française [1]. Par ailleurs, Jamel Eddine Bencheikh s'est appliqué à colliger différentes traditions relatant le *mi'râj* et en a composé un fort beau livre, *Le Voyage nocturne de Mahomet* [2].

Les deux thèmes juxtaposés dans les récits, l'ascension céleste et le voyage nocturne, proviennent de deux sources distinctes et relèvent de deux traditions différentes. Le thème du *mi'râj* fut probablement emprunté à des motifs chrétiens, puis incorporé dans le *ḥadîth* alors que le voyage nocturne a comme source le Coran (17 : 1) :

« Gloire à Celui qui fit aller de nuit Son serviteur de la mosquée consacrée à la mosquée ultime que Nous avons bénie alentour pour lui faire voir de Nos signes. »

Certes, ce verset est bien sibyllin ; il a d'ailleurs fait couler beaucoup d'encre, chez les savants musulmans comme chez les orientalistes [3]. En effet, il fallait déterminer le sens de « voyager de nuit » (*asrâ*), identifier le serviteur et localiser les deux mosquées mentionnées. Le *ḥadîth* prit donc le relais et construisit peu à peu, à partir de ce verset, l'épisode du voyage nocturne. Il en fit un voyage initiatique et merveilleux accompli par le Prophète entre La Mecque et Jérusalem ; l'ange Gabriel le guida dans ce périple, et une bête extraordinaire nommée Burâq, mi-mule, mi-âne, dotée d'ailes superbes, le transporta ; enfin, Muḥammad vit Dieu.

Là encore, le thème de la vision de Dieu prend sa source dans le Coran et, plus particulièrement, dans la description d'une vision que reçut Muḥammad. Succincte et sujette à interprétations, elle se trouve dans la sourate « L'étoile » (le Coran, 53 : 1-18), qui fait allusion à un être doué d'un pouvoir intense qui apparut devant le Prophète. Cet être était-il Dieu lui-même ? Ou bien Gabriel, l'ange de la révélation ? Les compagnons eux-mêmes ne parvinrent pas à s'entendre sur la question. On opta finalement pour Gabriel, mais l'idée que Muḥammad aurait pu accéder à la vision (*ru'ya*) de Dieu fit son chemin et ressurgit dans le *ḥadîth* et, par conséquent, dans les récits concernant le voyage nocturne et l'ascension céleste du Prophète [4].

Tous ces récits s'achèvent sur la vision de Dieu dont le Prophète fut gratifié. Cette vision est conçue différemment selon les auteurs. Certains privilégient l'idée que Muḥammad a physiquement accompli son périple et véritablement vu le Créateur. D'autres considèrent qu'il a voyagé en songe, « les yeux endormis et le cœur en éveil » ; c'est le cas d'Ibn Hichâm dans la *Sîra*.

Même en se limitant à un auteur, il est impossible, ici, de relater tous les épisodes qui composent les récits de ces deux voyages initiatiques. Riches de sens, hauts en couleur, impressionnants dans leurs tableaux du ciel et de l'enfer, ils témoignent à la fois de l'imagination créatrice des narrateurs, de leur vision du monde et des conceptions religieuses qu'ils souhaitaient faire triompher. Ils mettent notamment en évidence la précellence de l'islam par rapport aux religions révélées antérieures, qui est illustrée par une scène du voyage nocturne où Muḥammad rencontre Abraham, Moïse et Jésus, et se place devant eux pour diriger la prière.

Ces récits participent aussi à la construction d'une autre image de Muḥammad : ce n'est plus le Prophète-législateur, le chef de guerre ou l'homme d'État, mais le saint proche du surnaturel, l'intermédiaire entre Dieu et les hommes et celui qui intercède en leur faveur. La dernière scène du *mi'râj* le montre ainsi en intercesseur. Parvenu devant Dieu, Muḥammad se voit prescrire cinquante prières (*ṣalât*) par jour… Mais Moïse, qu'il croise sur le chemin du retour, lui conseille de retourner voir Dieu pour lui demander de diminuer ce nombre. S'ensuit une négociation entre créateur et créature à l'issue de laquelle Muḥammad, après quelques allées et venues entre Dieu et Moïse, parvient à abaisser le nombre des prières quotidiennes à cinq. Ainsi Muḥammad est-il celui qui rend leur religion plus facile aux musulmans.

Le *mi'râj* du Prophète est commémoré chaque année, dans la nuit du 27 du mois de *rajab*.

1. *Le Livre de l'Échelle de Mahomet*, trad. Gisèle Besson et Michèle Brossard-André, Paris, Le Livre de poche, 1991.
2. Jamel Eddine Bencheikh, *Le Voyage nocturne de Mahomet*, Paris, Imprimerie nationale, 1988.
3. Claude Gilliot fait le point à ce sujet dans « Coran 17, Isrâ', 1… », Mohammed Ali Amir-Moezzi (dir.), *Le Voyage initiatique*

en terre d'islam. Ascensions célestes et itinéraires spirituels, Louvain-Paris, Peters, 1996, p. 1-26.

4. Cf. Joseph van Ess, « Le *mi'râğ* et la vision de Dieu », *ibid.*, p. 27-56.

CHÛRÂ

Le terme, qui signifie consultation, est coranique ; c'est même le titre de la sourate 42 où la *chûrâ* est instituée comme une prescription divine, venant après l'obéissance à Dieu et l'accomplissement de la prière (verset 38). Toutefois, c'est le plus souvent à un autre passage du Coran que se réfèrent les auteurs en la matière (3 : 159) : « [...] consulte-les sur cette affaire, mais quand tu auras pris ta décision, remets-t'en à Dieu. »

La consultation, *chûrâ* ou *machwara*, existait chez les anciens Arabes : le chef de la tribu requérait l'avis des principaux personnages du groupe avant de prendre une décision. Cependant, une autre institution coexistait, celle du *malâ'*, le conseil des anciens réunissant les chefs des principaux clans. Or, *chûrâ* et *malâ'* ne reçurent pas le même statut dans le Coran. Le conseil des anciens y est relégué à l'histoire antéislamique ou bien y désigne un groupe de notables s'opposant à Muḥammad ; la *chûrâ*, en revanche, y est intégrée dans les pratiques de la communauté islamique, puisque prescrite à Muḥammad et aux croyants. En outre, de nombreux *ḥadîth* rapportent que le Prophète lui-même recommandait la *chûrâ*. Ce qui suggère que dans l'exercice du pouvoir, selon l'islam, le chef doit prendre l'avis des hommes qui l'entourent.

L'épisode relatif à la *chûrâ* considéré comme fondateur dans l'histoire de l'islam fut celui de la désignation d'un successeur au deuxième calife, 'Umar, en 644. Il est difficile de se représenter l'événement car les sources sont divergentes, voire contradictoires ; en outre, elles reflètent des opinions postérieures au fait. Ainsi, on ne sait pas quand ʿUmar décida de former un conseil pour élire son successeur : fut-ce avant d'avoir été frappé à mort, ou bien après ? Si les membres du conseil formé furent identifiés, il n'est pas certain que tous, finalement, participèrent à la délibération. Certains chercheurs en viennent à envisager l'hypothèse d'une reconstitution *a posteriori* : on aurait fait passer pour *chûrâ* ce qui était un *malâ'*, un conseil des anciens. En tout cas, les six participants étaient des quraychites et des convertis de la première heure, proches du Prophète par le sang ou par l'alliance. Parmi eux, ʿUthmân, un homme d'expérience et de noble lignage, fut désigné troisième calife [1].

Ensuite, ce furent plutôt les groupes opposés au pouvoir en place, comme les khârijites, qui revendiquèrent le recours à la *chûrâ* pour désigner le calife. Dans l'islam majoritaire, il n'en fut plus question que dans la littérature des miroirs des princes, ou bien dans les traités des juristes, pour encourager le détenteur de l'autorité à consulter l'avis des dignitaires et des oulémas. Ibn Taymiyya, lui, alla même jusqu'à considérer que la consultation devait s'étendre à toutes les couches de la société susceptibles de fournir une opinion argumentée [2].

À partir du XIXe siècle, le principe de consultation fut réactivé dans le cadre des réformes promues par les Ottomans pour moderniser l'administration de l'Empire. Ce dernier se dota donc de conseils, appelés *majlis al-chûrâ*. C'est d'ailleurs de la même façon que les parlements des États européens furent désignés par les penseurs musulmans. Grâce à ce principe islamique de *chûrâ*, en effet, ils purent concevoir un système parlementaire non seulement en Europe, mais aussi dans les États modernes qui étaient en train de se former en Orient. Ainsi, dans un ouvrage où il défendait le mouvement constitutionnaliste iranien, al-Nâ'inî expliqua-t-il que, avec le principe de la consultation (*machwara*), l'islam contenait, en germe, l'idée que les oulémas pouvaient soutenir un régime parlementaire fondé sur une Constitution [3]. Des réformistes plus conservateurs, tel Rachîd Riḍâ, ne manquaient pas d'inclure la notion de *chûrâ* dans leurs réflexions sur le califat [4].

Tout au long du XXe siècle, des *majlis al-chûrâ* furent peu à peu institués dans des États arabes [5]. Pendant ce temps, le militantisme islamique donnait un nouveau contenu au concept de *chûrâ*. Ses promoteurs, Sayyid Quṭb en tête, refusèrent toute idée de démocratie à l'européenne : ils brandirent, à la place, la *chûrâ* islamique, devenue, avec eux, une assemblée consultative qui remplacerait en quelque sorte le consensus de la communauté (*ijmâ'*) [6].

Pour les Frères musulmans, la *chûrâ* sera pratiquée dans la nouvelle société à venir, non seulement pour élire le chef de l'État, mais pour contrôler ses actes et légiférer en collaboration avec lui. D'autres organisations islamistes, considérant que seul Dieu a le pouvoir de légiférer, n'accordent à la *chûrâ* qu'un rôle de conseil et d'admonestation [7]. Ces conceptions ne font toutefois pas l'unanimité et des intellectuels musulmans considèrent qu'il ne sert à rien de revêtir d'ancien ce qui est moderne, et préfèrent au terme de *chûrâ* celui de démocratie (*dîmûqrâṭiyya*), même s'il est emprunté à l'Occident [8].

1. *EI*², « Shûra » ; Hichem Djaït, *La Grande Discorde*, p. 73-79.
2. Cf. Henri Laoust, *Essai sur les doctrines sociales et politiques de Taḳî-d-Dîn Aḥmad b. Taimîya*, p. 301-302.
3. Cf. Pierre-Jean Luizard, *La Formation de l'Irak contemporain*, Paris, CNRS Éditions, 1991, p. 297.
4. Henri Laoust, *Le Califat dans la doctrine de Rašîd Riḍâ*, p. 30 *sq*.
5. *EI*², « Shûra ».
6. Wael Hallaq, *A History of Islamic Legal Theories*, p. 260-261 ; Olivier Carré, *Mystique et politique*, p. 196-197.

7. *EI*[2], « al-Ikhwân al-muslimûn » ; Olivier Roy, *L'Échec de l'islam politique*, p. 65.
8. Cf., par exemple, Nasr Abu Zeid, *Critique du discours religieux*, p. 76-77.

DHIMMA

« Combattez ceux qui ne croient pas en Dieu ni au jour dernier, qui n'interdisent pas ce qu'interdisent Dieu et son envoyé et qui, parmi ceux qui ont reçu l'Écriture, ne suivent pas la religion de la vérité – et cela jusqu'à ce que, de leur main, ils paient la capitation en signe d'humilité. » C'est à ce verset du Coran (9 : 29) que se référèrent les premiers musulmans pour régir les relations qui allaient prévaloir entre eux et les *ahl al-kitâb*, ou « gens du Livre », c'est-à-dire, surtout, les juifs et les chrétiens, mais aussi les zoroastriens. Il s'agissait donc d'abord de les combattre : ils appartenaient au domaine de la guerre (*dâr al-ḥarb*), opposé au domaine de l'islam (*dâr al-islâm*). C'est en tant que vaincus qu'on pouvait les accepter et les intégrer dans l'État musulman ; les *ahl al-kitâb* devaient se soumettre, faire preuve d'humilité et s'acquitter d'un impôt, la capitation (*jizya*).

La relation de subordination ainsi instaurée prit le nom de *dhimma*, mot qui signifie : pacte par lequel on accorde protection à celui qui la demande. Elle s'apparentait au statut des tributaires ou des pèlerins auparavant en usage dans les Empires romain, sassanide et byzantin [1]. Toutefois, par la suite, les juristes musulmans établirent des normes en s'appuyant sur d'autres versets coraniques ainsi que sur la *sunna* du Prophète et de ses successeurs, puis sur un pacte faussement attribué au calife 'Umar.

Comme pour bon nombre de questions traitées par le *fiqh*, il n'y a pas, en la matière, d'accord entre les écoles juridiques qui présentent des divergences sur certains points ; l'école ḥanéfite étant la plus libérale. De plus, le *fiqh* énonçait des normes idéales vers lesquelles il fallait tendre, mais la réalité se révélait variée et fluctuante, selon les conditions politiques et sociales du moment. Aussi, on ne peut affirmer de façon péremptoire et définitive que les non-musulmans ont toujours été opprimés par l'État musulman, ni qu'ils ont bénéficié d'une situation confortable ou d'une authentique protection. En outre, la différence était grande entre les villes où les *dhimmî* étaient forcément surveillés et les campagnes où, à l'instar des autres populations, ils jouissaient de plus de liberté.

Hormis le paiement de la capitation, les *dhimmî* devaient respecter des règles plus ou moins contraignantes et ils étaient soumis à des interdictions. Ils devaient, par exemple, afficher des signes distinctifs en portant des vêtements spécifiques, dont la ceinture, et certaines couleurs leur étaient réservées, alors que le vert leur était interdit. Ils n'avaient pas le droit de pénétrer en ville à cheval, ni de porter des armes. Si, jusqu'au XIXe siècle, les chrétiens d'Orient étaient mêlés à la population musulmane, les juifs du Maghreb se rassemblaient dans les *mellâḥ*. Les *dhimmî* ne pouvaient édifier de nouveaux lieux de culte et leurs pratiques rituelles publiques étaient contrôlées par les autorités [2]. C'est dire que le statut de *dhimmî* ne doit pas masquer des situations concrètes fortement contrastées entre les juifs et les chrétiens, selon les époques et les régions.

Les *dhimmî* gardaient leur autonomie juridique, mais lorsqu'un musulman était impliqué dans un litige avec l'un d'entre eux, c'était le cadi qui se chargeait de l'affaire et les normes du *fiqh* étaient appliquées. En outre, une femme musulmane ne pouvait épouser un homme juif ou chrétien, alors qu'un homme musulman avait la possibilité de prendre femme parmi les *dhimmî*. Ceux-ci ne pouvaient pas posséder d'esclaves musulmans, alors que l'inverse était permis. En contrepartie de toutes ces restrictions, les *dhimmî* étaient bien les protégés de l'État musulman qui garantissait leurs vies et leurs biens.

En 1839, un décret impérial ottoman, l'édit de Gülhane, mit fin à la *dhimma* en proclamant l'égalité de tous les sujets devant l'État, quelle que fût leur religion. Mais leur situation perdura, de fait, tant à cause de l'opposition des conservateurs musulmans que de la réserve de certains notables chrétiens. Ainsi, ils cessèrent de payer la capitation, mais versèrent une sorte de taxe de substitution leur permettant d'échapper à la conscription.

Les discussions entre les oulémas sur la question de la *dhimma* ne prirent pas fin pour autant, et la formation des États modernes ne régla pas davantage la question. Les réformistes et autres modernistes, puis les militants islamistes, débattirent sur le statut à réserver aux non-musulmans et sur leur place au sein de l'État, en émettant des avis divergents : les plus modernistes abolissent complètement la *dhimma*, l'estimant caduque, alors que les plus militants, parmi les fondamentalistes, la réintroduisent dans leur projet de société.

Quant aux anciens *dhimmî*, ils n'échappèrent pas non plus à une lecture idéologique de leur histoire. Ainsi, le leader phalangiste libanais Bachîr Gemayel (m. 1982) lança le concept de « dhimmitude », pour stigmatiser le statut inférieur des chrétiens d'Orient et affirmer leur volonté de prendre les rênes du pouvoir au Liban [3].

1. Bernard Heyberger, *Les Chrétiens du Proche-Orient au temps de la réforme catholique*, Paris-Rome, École française de Rome, 1994, p. 39.

2. *Ibid.*, p. 51 *sq.* ; *EI*[2], « Dhimma » ; Bernard Lewis, *Juifs en terre d'islam*, Paris, Calmann-Lévy, 1986, p. 173-174.

3. Cf. Bat Yé'or, *Chrétientés d'Orient entre jihâd et dhimitude*, Paris, Cerf, 1991, p. 62.

DJINNS ET ANGES

Dans l'Arabie préislamique, les djinns (*jinn*) étaient des génies susceptibles d'apparaître sous différentes formes, humaines ou animales, comme de demeurer invisibles. Intermédiaires entre le monde du *ghayb*, du mystère, des choses cachées, et celui des hommes, ils inspiraient les poètes, en bien ou en mal. Dans ce cas, on disait que le poète était possédé par le djinn, *majnûn* [1].

Puisque l'islam ne pouvait éliminer des croyances ces êtres qui faisaient partie du quotidien des Arabes, il les intégra. Ainsi, les djinns prirent place dans la révélation, puis les versets coraniques qui y font allusion furent interprétés par les commentateurs et les savants. Toutefois, le Coran ne donne pas une idée claire de la nature ni du statut des djinns, et la doctrine ne put échapper à une certaine confusion. Par exemple, les djinns sont souvent associés aux *chayṭân*, les démons, ou bien entretiennent avec ceux-ci des rapports obscurs. En tout cas, le Coran les présente comme des êtres créés d'une flamme, alors que les hommes sont créés de limon et les anges, de lumière ; ils sont doués d'intelligence et, à l'instar des hommes, furent créés pour adorer Dieu et ont droit au salut [2]. Ce qui implique une « dépossession » des djinns qui n'ont plus l'accès direct au monde du *ghayb*, contrôlé désormais par le dieu unique et tout-puissant [3].

Les anges (*malak*), eux, sont des créatures célestes entièrement dévouées à Dieu ; ils lui obéissent, le glorifient sans cesse, sont ses émissaires auprès des hommes, répriment les révoltes des djinns et des démons. Ils forment aussi l'armée de Dieu, qu'il envoie sur terre pour venir en aide aux musulmans lors des batailles. Deux d'entre eux, Gabriel et Michaël, sont mentionnés dans le Coran. Mais la tradition islamique fait état d'une multitude d'anges qui ont leur spécificité et leur fonction.

Certains anges ont pour tâche de s'occuper des hommes. Chaque croyant a autour de lui cent soixante-dix anges, dont sept qui tournoient autour de lui « comme les mouches autour d'une assiette de miel en un jour d'été ». Les anges dits *ḥafaẓa*, gardiens, observent et consignent les actions des hommes ; d'autres, les *mu'aqqibât*, les suivent partout ou bien les guident ; d'autres encore hantent les lieux où les hommes prient pour rapporter leurs souhaits et leurs craintes à Dieu. Enfin, trois anges sont particulièrement redoutés des hommes : Izrâ'îl, l'ange de la mort ; Munkar et Nâkir, qui soumettent ceux qui viennent de trépasser au « supplice de la tombe » en éprouvant leur foi. D'autres anges ne font pas commerce avec les créatures, mais demeurent près du Créateur, à l'adorer : parmi eux, les chérubins, qui s'adonnent à la contemplation, au paradis, ou bien les anges qui portent le trône divin. Gabriel, lui, est à la fois le gardien du paradis et le dépositaire de la révélation, chargé de transmettre le message divin [4].

Iblîs est un cas à part. Le Coran le mentionne ici comme un ange (2 : 34), et là comme un djinn (18 : 50) ; on ne sait s'il est fait de feu ou de lumière, ni s'il est exactement superposable au Démon. En tout cas, il fut maudit par Dieu pour lui avoir désobéi et pour avoir refusé de se prosterner devant Adam. Afin de se venger, Iblîs causa la chute d'Adam et son renvoi du paradis, mais soulignons qu'il n'y a pas là de péché originel : Dieu pardonna à Adam, qui est non seulement le premier homme mais aussi le premier Prophète, selon la tradition. Quant à Iblîs, secondé par des légions de démons, il continue, depuis, de tenter les hommes pour les amener à désobéir à Dieu [5].

« La piété consiste à croire en Dieu, au jour dernier, aux anges, au Livre et aux Prophètes », dit le Coran (2 : 177). La croyance dans les anges fait donc partie de la doctrine classique et bien des professions de foi, telle la *Wâṣitiyya* d'Ibn Taymiyya (m. 1328), reprennent l'énoncé de ce verset[6]. Muḥammad 'Abduh (m. 1905), dans une profession de foi qu'il voulait « réformée », se rangea à cette idée en écrivant que l'existence des anges, et leur apparition à des hommes ayant atteint un degré élevé de piété, n'était pas « chose impossible », ni d'un point de vue spirituel, ni du point de vue de la science moderne[7]. En revanche, il ne dit rien sur les djinns et déjà, bien avant les penseurs musulmans modernistes, leur existence et leurs rapports avec les hommes posaient problème aux savants, dont certains recoururent à des subterfuges pour éluder ou régler la question sans avoir à se prononcer. Ainsi, Ibn Khaldûn classait les versets coraniques mentionnant les djinns parmi les passages obscurs (*mutachâbih*) dont Dieu seul avait la clé[8].

1. Jacqueline Chabbi, *Le Seigneur des tribus*, p. 529-530 et p. 185.
2. *EI²*, « Djinn ».
3. Cf. le chapitre « Les djinns dépossédés », dans l'ouvrage de Jacqueline Chabbi, *Le Seigneur des tribus.*
4. Toufic Fahd, « Anges, démons et djinns en islam », *Génies, anges et démons*, Paris, Seuil, 1971, p. 161-169.
5. Cf. *EI²*, « Djinn » ; « Iblîs » ; « Shayṭân ».
6. Henri Laoust, *La Profession de foi d'Ibn Taymiyya, la Wâsiṭiyya*, p. 38. Dans le Coran, cf. aussi (2 : 285) et (4 : 136).
7. Mohammed Abdou, *Rissalat al tawhid*, p. 76.
8. *EI²*, « Djinn ».

FALSAFA

Si le mot *falsafa* vient directement du grec *philosophia*, il ne renvoie pas à la même chose ; la *falsafa* dérive de la philosophie grecque mais n'en est pas le prolongement. Elle est née de la traduction des œuvres de la pensée grecque en langue arabe et du travail de commentaire des textes qui s'ensuivit. Il fut accompli par des auteurs écrivant en arabe, la langue de la culture islamique, qui n'étaient pas tous, loin s'en faut, des Arabes. C'est pourquoi, comme le suggère Henry Corbin, il est plus juste de parler de philosophie islamique que de philosophie arabe ; d'ailleurs, certains auteurs iraniens composaient parfois leurs ouvrages en persan.

Le premier *faylasûf*, al-Kindî (m. vers 870 ?), fut au cœur de ce mouvement de traduction sans pour autant y participer directement car il ne savait pas le grec : ainsi, c'est lui qui fit traduire la célèbre *Théologie* dite « d'Aristote » (en fait une paraphrase tirée des *Énnéades* de Plotin). Il embrassa tous les savoirs transmis par les anciens et tenta de concilier la philosophie grecque avec l'islam et de l'intégrer au *kalâm*. Après lui, les *falâsifa* se détachèrent plus nettement de la théologie.

Néanmoins, ces « purs philosophes », à partir d'al-Fârâbî (m. 950), et ensuite Ibn Sînâ/Avicenne (m. 1037), développèrent l'originalité de la *falsafa*. Celle-ci expose, comme l'explique 'Abdurrahmân Badawi, « une vision du monde où le réel et le divin se conjuguent, où le péripatétisme et le néoplatonisme se donnent rendez-vous, et où le système édifié par la raison trouve son couronnement dans une vision mystique [1] ».

Les *falâsifa* firent l'objet des attaques des oulémas qui les accusèrent de vouloir supplanter le *fiqh* et passer outre la *charî'a* et les données révélées. Ghâzâlî entreprit de réfuter leurs positions dans son *Incohérence des philosophes* ; Ibn Ruchd/Averroès (m. 1198) répondit à ce traité dans l'*Incohérence de l'incohérence*, son œuvre majeure. Grand commentateur d'Aristote, Ibn Ruchd défendait le droit à la raison, tant et si bien qu'il fut souvent pris pour un pur rationaliste – alors qu'il ne cessa jamais d'être un croyant musulman. Il reprocha à Ibn Sînâ une mauvaise compréhension d'Aristote, mêlant péripatétisme et néoplatonisme.

S'il marque une charnière dans l'histoire de la philosophie islamique, Ibn Ruchd n'en est pas pour autant le « dernier penseur », comme l'a prétendu Renan [2]. Bien d'autres ont vu en l'œuvre du *faylasûf* andalou l'apogée et la fin de la philosophie « arabe » ; certains ouvrages d'histoire de la philosophie islamique s'achèvent d'ailleurs sur Ibn Ruchd (notamment celui d'A. Badawi cité plus haut). Selon une autre idée reçue, la philosophie islamique – et Ibn Ruchd, en particulier – n'aurait fait que transmettre la philosophie grecque à l'Occident chrétien médiéval, ce qui revient à éluder l'apport spécifique indéniable de la *falsafa*.

La *falsafa*, donc, ne s'éteignit pas avec Ibn Ruchd. Toute l'œuvre d'Henry Corbin [3] témoigne de l'existence, jusqu'à nos jours, d'une philosophie née au début de l'islam dans les milieux chiites perméables aux idées gnostiques, qui fut développée par Ibn Sînâ, et qui s'est prolongée en Iran à partir de la période safavide, avec une étonnante vitalité.

Un contemporain d'Averroès résidant à Alep, le Persan Suhrawardî (m. 1191), fut le fondateur d'une « théosophie orientale » (*ḥikmat al-ichrâq*) qui fit revivre la sagesse de la Perse ancienne tout en se rattachant au néoplatonisme, sans pour autant renier les notions aristotéliciennes [4]. Ensuite, ce fut Naṣîr al-Dîn al-Ṭûsî (m. 1273), à la fois théosophe mystique et théologien du chiisme duodécimain, qui poursuivit la tradition avicennienne. Mîr Dâmâd (m. 1631) créa l'école philosophique d'Ispahan que reprit son disciple Mollâ Ṣadrâ al-Chîrâzî (m. 1640). Auteur d'une remarquable somme, *Les Quatre Voyages*, et de bien d'autres œuvres, ce dernier a influencé tous les philosophes iraniens qui vinrent après lui [5].

1. 'Abdurraḥmân Badawi, *Histoire de la philosophie en islam*, t. II, p. 575. Cf. aussi, sur Fârâbî et Ibn Sînâ, Mansour Fakhry, *Histoire de la philosophie islamique*, chap. IV.

2. *Averroès et l'averroïsme*, Paris, 1852.

3. Cf. Henry Corbin, *Histoire de la philosophie islamique* et *En islam iranien* ; Christian Jambet, *Qu'est-ce que la philosophie islamique ?*, Paris, Gallimard, « Folio », 2011.

4. Henry Corbin, *En islam iranien*, vol. 2, « Sohrawardî et les Platoniciens de Perse ».

5. *Ibid.*, vol. 4.

FATWÂ

La *fatwâ* correspond, dans le droit islamique, à la *responsa* du droit romain. C'est une réponse à une question posée, une opinion non revêtue d'une force contraignante qui porte, en général, sur un point de droit. Le fait de poser la question est appelé *istiftâ'* ; celui d'y répondre est appelé *iftâ'* ou *futyâ'*. Pour être habilité, selon le dogme, à le faire, il faut être musulman, honorable (*'âdil*) et connaître la science juridique. Ainsi, théoriquement, le mufti, encore appelé « jurisconsulte » en français, peut être une femme, un esclave, un aveugle ou bien un muet.

La fonction de mufti n'a pas été institutionnalisée comme le fut celle d'autres experts de la *charî'a*, les cadis, qui, dès le début de la civilisation islamique, furent des fonctionnaires attachés à des tribunaux publics. Les muftis, eux, opéraient dans un cadre privé. Certains, toutefois, étaient amenés à collaborer avec les cadis en leur donnant un avis sur un cas, ou bien ils étaient sollicités par des dirigeants politiques. Leur rôle le plus important, au regard de l'histoire du droit islamique, fut d'apporter des réponses aux questions que se posait la société musulmane, en fonction de données nouvelles ou de circonstances politiques précises. Ils contribuèrent ainsi au développement et à la vitalité de la *charî'a*. Ils furent, en outre, au premier plan lors de tout processus de légitimation religieuse et attirèrent donc l'attention des dirigeants.

Les premiers recueils de *fatwâ* apparurent dans la seconde moitié du Xe siècle. Certains, tel le *Kitâb al-nawâzil* d'al-Samarqandî (m. 983), étaient des compilations d'avis émis par un large éventail de juristes ; d'autres rassemblaient les *fatwâ* d'un seul maître, comme celles d'Ibn Ruchd (m. 1198). Souvent, les recueils étaient agencés selon les mêmes chapitres que ceux des ouvrages de *fiqh* : ainsi du fameux *Kitâb al-mi'yâr*, d'al-Wancharisî (m. 1508), qui regroupe de cette manière six mille *fatwâ* émises par des centaines de muftis mâlikites qui vécurent entre le XIe et le XVe siècle [1]. L'activité de compilation et de publication de *fatwâ* n'a pas cessé jusqu'à nos jours.

Les muftis établirent eux-mêmes les règles et la déontologie de leur profession puisque, pendant la période classique, l'*iftâ'* demeura une activité indépendante de l'État. Les sultans mamelouks (1250-1516) commencèrent à recourir à eux pour les conseiller dans les affaires politiques. Mais ce furent les souverains ottomans qui institutionnalisèrent la fonction de mufti en créant une administration judiciaire qui prit de l'ampleur, dans laquelle les muftis occupèrent une place de plus en plus importante. Murâd II (1421-1520) nomma un *chaykh al-islâm*, c'est-à-dire un mufti en chef, reconnu comme l'autorité suprême en matière de *fatwâ*. Sous le règne de Sulaymân (1520-1566), le *chaykh al-islâm* était devenu un personnage de premier plan dans l'Empire, susceptible de statuer sur tout nouveau fait de société, comme la consommation de café, ou bien d'influencer la politique du sultan [2].

La fonction de *chaykh al-islâm* fut abolie en 1924 par la Turquie moderne. Dans les États-nations fondés au XXe siècle, on vit apparaître celle de « grand mufti » ou de « mufti de la République », et des institutions appelées *dâr al-iftâ'* abritant des comités chargés de délivrer des *fatwâ*. L'émission d'avis relatifs à la *charî'a* est devenue une affaire hautement politique, surtout depuis que les Frères musulmans ont concurrencé les oulémas traditionnels et menacé les États.

Parallèlement à une cléricature fonctionnarisée et bureaucratisée, des muftis continuent de délivrer des *fatwâ* en tant qu'autorités religieuses autoproclamées. On rejoint ici le système chiite où le *marja'*, reconnu par ses pairs, « émerge » comme l'autorité religieuse suprême et exerce l'*iftâ'* dans la plus grande indépendance par rapport à l'État.

Si les sujets politiques sont parfois abordés dans les demandes de *fatwâ*, le droit de la famille est un thème souvent traité et une multitude de questions liées à la vie moderne sont posées. Le mufti se voit aujourd'hui interrogé sur les nouvelles technologies ou sur des problèmes de bioéthique : la conquête de l'espace, les transplantations d'organes, le clonage sont autant de domaines qui intéressent les croyants. Par ailleurs, les médias ont apporté une nouvelle vigueur à la *futyâ'* : d'abord diffusées par la presse, puis par la radio et la télévision, les *fatwâ* furent ensuite reproduites sur des cassettes et sont aujourd'hui consultables sur des sites Internet.

1. Muhammad Khalid Masud *et alii* (dir.), *Islamic Legal Interpretation. Muftis and their Fatwas*, p. 9-10.
2. *Ibid.*, p. 11-12.

Ḥaram

Au-delà du terme *ḥaram* lui-même, c'est le sens recelé par la racine « ḥrm » et la conception du sacré élaborée dans le cadre de l'islam qui seront envisagés dans ces lignes, où il sera aussi question de *ḥarîm*, *ḥarâm*, *muḥram*, harem…

Dans l'Arabie préislamique, les *ḥaram* étaient les lieux où résidaient les divinités tutélaires des tribus, le plus souvent à l'extérieur des lieux habités et des terres cultivées ; on y rendait un culte à des bétyles ou à des arbres sacrés. Tout comme les campements bédouins, ces lieux de séjour des divinités étaient interdits aux étrangers, sauf s'ils avaient le statut d'hôte ou de pèlerin. L'espace du *ḥaram* était réservé, à part ; il n'appartenait à personne, ni à un individu, ni à une tribu. Les *ḥaram* situés dans les cités, tel celui de La Mecque, étaient chose rare [1].

Le *ḥaram* de La Mecque renfermait la Ka'ba, que l'on disait avoir été fondée par Abraham, où les fidèles se rendaient en pèlerinage. Ce pèlerinage fut accompli par Muḥammad, qui en précisa les règles, et la révélation coranique l'institua comme prescription divine. En outre, le *ḥaram* de La Mecque jouissait d'une sorte d'extraterritorialité qui lui conférait un statut d'inviolabilité. Il constituait, à ce titre, un lieu privilégié de rencontre entre les tribus puisqu'elles n'avaient pas le droit de s'y battre [2]. C'était donc un espace de trêve, tout comme il existait des temps de trêve, durant les mois de *rajab*, *dhû al-qa'da*, *dhû al-ḥijja* (celui du pèlerinage annuel) et *muḥarram*.

On traduit habituellement *ḥaram* par sanctuaire et c'est bien ce que ce lieu est : le saint des saints, à la fois consacré et interdit. *Ḥaram*, du reste, comporte la même ambivalence que le latin *sacer*. Deux termes, dans le Coran, correspondent aux deux sens qu'il renferme : *ḥurûmât*, qui renvoie à tout ce que Dieu a consacré ou prescrit ; et *ḥarâm*, ce qu'il a interdit. Ce dernier terme est devenu une des cinq catégories qui sanctionnent les normes du *fiqh*.

Le sens d'interdiction est aussi contenu dans l'adjectif *muḥram*, qui désigne les femmes que l'on ne peut pas épouser du fait de leur proximité par le sang ou par l'alliance. Le *harîm*, qui a donné en français « harem », c'est le gynécée, l'espace réservé aux femmes, où nul ne peut pénétrer hormis l'époux et la famille proche, les servantes et les serviteurs.

Ce sont donc bien des règles de séparation qui définissent le sacré, et le cas de l'islam n'est en cela pas une exception, mais correspond à une règle largement observable [3].

Si l'on peut établir un parallèle entre *ḥaram* et *sacer*, on peut en établir un autre entre *quds* et *sanctus*. La racine « qds » est empruntée à l'araméen et dérive d'une racine sémitique qui donna *kadosh*, saint, en hébreu. Contrairement à *ḥaram*, elle ne faisait pas partie du vocabulaire local mais fut introduite par la révélation [4]. On en trouve une dizaine d'occurrences dans le Coran, sous des formes différentes (*quds*, *quddûs*, *muqaddas*, etc.), souvent dans un contexte de récits bibliques. Dieu, lui-même, y est nommé *al-quddûs*, le Très-Saint.

1. Jacqueline Chabbi, *Le Seigneur des tribus*, chap. I.
2. Cf. Robert B. Serjeant, « *Ḥaram* and *ḥawtah* : the sacred enclaves in Arabia », dans l'ouvrage d'ʿAbdurraḥmân Badawi (dir.), *Mélanges Taha Husayn*, Le Caire, Dar al-Ma'arif, 1962, p. 41-58.
3. Cf. Christian Décobert, *Le Mendiant et le Combattant*, p. 159-160, qui a un avis différent sur ce point.
4. Jacqueline Chabbi, *Le Seigneur des tribus*, p. 509 et 527.

IJTIHÂD

Le terme est souvent traduit par « effort d'interprétation de la loi divine », ce qui n'est pas tout à fait juste : il ne s'agit pas d'interpréter une loi révélée, donnée, mais d'extraire des normes juridiques des sources-fondements du droit islamique et ce, selon des méthodes et un raisonnement énoncés dans les *uṣûl al-fiqh* propres à chaque école. C'est la définition qui est indiquée, jusqu'à aujourd'hui, dans les manuels d'*uṣûl al-fiqh* (*istinbâṭ al-aḥkâm al-char'iyya min al-adilla*). Aussi, insistons bien sur le fait que pratiquer l'*ijtihâd*, ce n'est pas interpréter la loi, mais établir des normes. Quant à la notion d'effort, elle est en effet contenue dans la racine du mot, qui est la même que le mot *jihâd*.

Lorsque les normes sont déjà établies et que le juriste ou le croyant s'y conforme, il pratique alors le *taqlîd* (littéralement, imitation). Longtemps, les historiens de l'islam ont pensé que, après la constitution des quatre écoles juridiques sunnites, vers le IXe ou le Xe siècle, les juristes cessèrent d'exercer l'*ijtihâd* pour se conformer aux normes établies au sein de chaque école. Se référant à une expression arabe existante, les historiens déclarèrent la fermeture de la porte de l'*ijtihâd* (*insidâd bâb al-ijtihâd*). Selon eux, elle n'aurait été réouverte que par les penseurs réformistes, à partir de la fin du XIXe siècle, non sans provoquer de vives réactions parmi les conservateurs aux esprits figés (*al-jâmidûn*).

Après la formation des écoles juridiques, des débats eurent effectivement lieu entre les savants de l'islam sur la question de l'*ijtihâd* et de l'existence de *mujtahid* aptes à le pratiquer. Ils considérèrent que les fondateurs des quatre écoles juridiques pratiquaient l'*ijtihâd* absolu (*muṭlaq*) ; après eux, certains juristes, qui complétèrent leurs travaux et établirent des normes, pratiquèrent l'*ijtihâd* en observant les règles de leur école juridique (*fî al-madhhab*) ; ensuite, d'autres eurent à répondre à des questions formulées par les croyants et pratiquèrent l'*ijtihâd* afin d'émettre un avis (*ijtihâd bi al-fatwâ*) [1].

Les travaux de Wael Hallaq [2] et d'autres chercheurs après lui ont montré que l'approche des historiens de l'islam avait été erronée. En fait, ni en théorie, ni en pratique, la porte de l'*ijtihâd* ne fut close avant le XVIe siècle. Pour ce qui est de la théorie, les juristes inclurent la question de l'*ijtihâd* et en exposèrent les modalités dans leurs traités d'*uṣûl al-fiqh*. En pratique même, certains refusèrent de se conformer au *taqlîd* : ainsi de Ghazâlî qui le définissait comme « l'acceptation d'une doctrine sans preuve [3] ». Bien plus, il y eut, à tout moment, des juristes capables de l'exercer ; certains le revendiquèrent haut et fort, comme Suyûṭî, à la fin du XVe siècle, d'autres eurent recours à la méthodologie de l'*ijtihâd* sans le reconnaître[4].

À partir du XVIIIe siècle, dans différents endroits du monde musulman, des juristes se mirent à revendiquer la possibilité d'exercer l'*ijtihâd*. Shah Walî Allâh al-Dihlâwî en Inde, Ḥamd b. Nâsir, disciple de Muḥammad b. 'Abd al-Waḥḥâb, en Arabie, Muḥammad b. 'Alî al-Chawkânî au Yémen, et Muḥammad b. 'Alî al-Sanûsî en Afrique du Nord, qui, d'une manière ou d'une autre, furent des chefs de file de mouvements de pensée, consacrèrent des ouvrages à la question de l'*ijtihâd*[5]. Après eux, les réformistes réexaminèrent, eux aussi, les modalités d'exercice de l'*ijtihâd* et les qualifications requises pour le faire. Ainsi, par exemple, de l'Indien Muḥammad Iqbâl (m. 1938), qui préconisa une sorte d'*ijtihâd* collectif, se démarquant ainsi d'autres réformistes considérant que seul un clerc ayant reçu une solide formation en sciences religieuses était habilité à l'exercer[6]. La position d'Iqbâl préfigure en cela celle des militants islamistes contemporains alors que bon nombre d'intellectuels musulmans s'estiment en mesure de pratiquer l'*ijtihâd* pour eux-mêmes.

1. *EI*[2], « Idjtihâd ».
2. « Was the gate of *ijtihad* closed ? » ; « On the origins of the controversy about the existence of *mujtahids* and the gate of *ijtihad* », *Law and Legal Theory in Classical and Medieval Islam.*
3. Henri Laoust, *La Politique de Ġazâlî*, p. 180.
4. Wael Hallaq, « Was the gate of *ijtihad* closed ? », p. 27-32.
5. Rudolph Peters, « *Ijtihâd* and *taqlîd* in 18th and 19th century islam », *Die Welt des Islams*, XX, 3-4, 1980. Bernard Haykel, *Revival and Reform in Islam. The Legacy of Muhammad al-Shawkânî*, chap. III.
6. John L. Esposito (dir.), « Muḥammad Iqbâl and the islamic state », *Voices of Resurgent Islam*, p. 187.

« INTÉGRISME »

S'il n'existe pas de terme vraiment satisfaisant pour désigner les divers courants de l'islam politique et militant contemporain, « intégrisme » paraît le moins approprié. En effet, il est directement emprunté au lexique du catholicisme européen dans lequel il renvoie, de manière assez péjorative, à une tendance préoccupée d'intégrité dogmatique et opposée à l'ouverture de l'Église sur le monde moderne. Or, ces courants de l'islam, qui se fondent tous, plus ou moins, sur la *salafiyya* (au moins pour les sunnites), ne se focalisent pas tant sur l'intégrité du dogme que sur une lecture politique du dogme. En outre, c'est plus l'« Occident » que la modernité qu'ils refusent, et ils tentent, chacun à sa manière, de définir et d'instaurer une modernité proprement islamique. Ainsi, le terme « intégrisme », bien que très utilisé au sens courant, depuis les années 1970, ne rend pas compte des caractéristiques du militantisme islamique actuel.

Certains chercheurs lui préfèrent le mot « fondamentalisme » qui, lui, est apparu à la fin du XIXe siècle dans le cadre du protestantisme américain, et qualifie un mouvement de réaction contre le modernisme dont les membres se retirent pour retrouver la vie communautaire des premiers chrétiens. Il semble que ce soient des auteurs arabes qui, les premiers, eurent recours au terme « fondamentalisme », qu'ils traduisirent par *uṣûliyya* [1]. On peut supposer qu'il fut, dès lors, d'autant plus facilement adopté par les observateurs étrangers que son emploi, en arabe, lui conférait une sorte de légitimité.

Certains auteurs, toutefois, contestent cet usage. Ainsi, Bernard Lewis explique que « fondamentalisme » désigne certaines Églises protestantes qui, depuis le début du siècle, s'opposent aux théories modernistes et à la critique historique appliquée aux Écritures. Ces Églises, à l'inverse, soutiennent l'origine divine littérale et l'impossibilité d'erreur de la Bible. Bernard Lewis déclare la comparaison impossible, sur ce point, parce qu'il n'existe pas d'analyse moderniste du Coran comme il en existe pour la Bible ; ainsi, tous les musulmans sont, selon lui, des fondamentalistes [2]. On ne le suivra pas jusque-là. Pour autant, on se rend bien compte que le terme « fondamentalisme » pose problème lorsqu'il est ainsi considéré comme un emprunt.

Les auteurs arabes ont une autre approche. Pour eux, *uṣûliyya* est un néologisme construit à partir du mot *uṣûl*, pluriel de *aṣl*, qui signifie à la fois racine, source et fondement. En outre, le mot *uṣûl* fait partie du lexique de l'islam : on y trouve bien sûr les *uṣûl al-dîn*, les fondements de la religion qui constituent les croyances essentielles de l'islam ; il y a aussi des *uṣûl al-fiqh*, qui sont à la fois les quatre sources du droit islamique et l'ensemble des méthodes permettant d'élaborer les normes. Le mot *uṣûl* n'est donc pas étranger à l'islam. L'inconvénient est qu'il peut prêter à confusion : lorsqu'on emploie, en arabe, le mot *uṣûliyyûn*, seul le contexte peut permettre – certes, assez aisément – de savoir s'il s'agit de praticiens des *uṣûl al-fiqh*, de juristes chiites partisans du courant dit *uṣûlî*, ou bien de fondamentalistes qui prônent le retour aux sources.

L'emploi des syntagmes « radicalisme islamique » ou bien « islam radical » [3] conduit au même type de réflexions que l'usage de « fondamentalisme » ; l'équivalent arabe est toujours *uṣûliyya*.

Reste un dernier terme, celui qui est employé dans cet ouvrage : « islamisme ». Il n'est pas beaucoup plus satisfaisant que les autres, mais, au moins, il ne renvoie pas à d'autres religions que celle dont on parle. D'ailleurs le mot « islamisme » fut usité, jusqu'au premier tiers du XXe siècle environ, pour désigner l'islam lui-même, sans référence à un mouvement précis. Désormais, il regroupe sous une même appellation les mouvements, très variés, qui prêchent une (ré)islamisation de la société et des institutions ; il est donc imprécis. Couramment employé en Occident, il l'est aussi en Orient : dans les journaux et les revues, les islamistes sont nommés *al-islâmiyyûn*.

1. Selon Muhammad Saïd al-Ashmawy, *L'Islamisme contre l'islam*, p. 99.
2. Bernard Lewis, *Le Langage politique de l'islam*, p. 180.
3. Les deux sont utilisés ; cf., par exemple : *L'Islamisme radical*, titre d'un ouvrage d'Olivier Carré et Paul Dumont, ou *L'Islam radical*, de Bruno Étienne.

Jihâd

Le *jihâd* remonte aux coutumes guerrières des anciens Arabes de la gentilité. Ces coutumes comprenaient des combats ritualisés opposant régulièrement les tribus entre elles ; ils étaient rapportés dans les *Jours des Arabes* (*ayyâm al-'arab*), des récits en prose ou en vers qui exaltaient les hauts faits des héros. La razzia était un autre type d'exploits belliqueux, dont les objectifs étaient autant économiques que symboliques. Il s'agissait de piller des marchandises ou des troupeaux et, éventuellement, de capturer des femmes et de faire des prisonniers qui étaient ensuite vendus comme esclaves ou rendus à leur tribu, moyennant rançon. On évitait de faire couler le sang afin de ne pas ouvrir un cycle de vengeance.

Les premiers combats lancés par les adeptes de Muḥammad, à Médine, furent des razzias contre des caravanes mecquoises qui permirent aux *muhâjirûn* d'assurer leur indépendance économique par rapport aux *anṣâr*, grâce au butin procuré. Des révélations légitimèrent ces coups de main ; l'une d'entre elles autorisa même les croyants à combattre pendant le mois sacré de *rajab* et à violer ainsi les règles des Arabes (le Coran, 2 : 217). D'autres assimilèrent les batailles livrées par Muḥammad à des combats « sur la voie de Dieu » où les fidèles étaient assistés par des légions d'anges et se voyaient promettre un abondant butin. Après la mort du Prophète, les guerres tribales se transformèrent en conquêtes (*futûḥât*) visant à propager la nouvelle religion et à étendre l'Empire.

Le combat « sur la voie de Dieu » revient à maintes reprises dans le Coran, exprimé en termes différents. L'usage retint le verbe *jâhada*, qui connote un effort constant, tendant vers un but difficile à atteindre : de là découle le terme *jihâd*. Concernant les règles de ce combat sacré, le Coran contient des affirmations contradictoires et il fallut recourir, pour statuer, à la doctrine de l'abrogation. Les règles coraniques furent en outre complétées en puisant dans la *sîra* et le *ḥadîth*. Ainsi, les juristes-théologiens s'employèrent à codifier et à systématiser le *jihâd*.

La théorie classique du *jihâd* repose sur un partage du monde en deux parties : le domaine de l'islam (*dâr al-islâm*) et le domaine de la guerre (*dâr al-ḥarb*). Les musulmans ont le devoir de combattre ceux qui n'ont pas encore embrassé l'islam, sauf si, adeptes de religions monothéistes, ils peuvent jouir du statut de protégé (*dhimmî*). Ainsi émise, la théorie du *jihâd* autorise une attitude offensive. Elle fut brandie contre les non-musulmans et contre certaines branches de l'islam considérées comme des hérésies. Néanmoins, le *jihâd*, dans l'histoire de la civilisation islamique, fut souvent défensif, notamment contre les croisades, puis, plus tard, contre la colonisation [1].

Le *jihâd* a fait l'objet de réinterprétations successives au cours de l'histoire. En outre, parallèlement à cette conception du *jihâd* externe, tourné vers l'ennemi, a coexisté celle du *jihâd* interne : un *jihâd* moral ou spirituel, un combat à mener contre soi-même, fondement d'une « idéologie de la résistance intérieure [2] ». Ceux qui le prônaient, notamment les soufis, y voyaient le *jihâd* « majeur ». L'idée se retrouve chez les penseurs musulmans modernistes qui, en relisant le Coran, n'y trouvent que des appels à la paix. Cette tendance a été inaugurée par des oulémas réformistes qui, tel le recteur d'al-Azhar Maḥmûd Chaltût (1893-1963), s'appliquèrent à redéfinir le concept de *jihâd* : sous leur plume, il devint un effort pacifique tendu vers la propagation de la foi et la conversion des infidèles. Pour eux, le *jihâd*, en tant que guerre, ne pouvait être que défensif.

À l'inverse, et comme en réponse à ce courant, une vision extrémiste de la théorie classique du *jihâd* fut développée par les militants islamistes qui prêchaient le combat jusqu'au sein même des sociétés musulmanes atteintes, selon leurs critères, de corruption (*fasâd*). L'Indien al-Mawdûdî puis l'Égyptien Sayyid Quṭb fournirent à ce mouvement les bases doctrinaires nécessaires. Dans les années 1970, sous le gouvernement de Sadate, les Frères musulmans passèrent à l'acte : ils se mirent à prôner la révolution islamique et à lutter non seulement contre les nouveaux « croisés », mais aussi contre l'État, jugé inique, au nom du *jihâd*. Depuis, des mouvements poursuivent le même combat ; leur référence en la matière est bien souvent Ibn Taymiyya qui, au XIVe siècle, autorisa le *jihâd* contre les Mongols en considérant qu'ils n'étaient pas véritablement musulmans et ne respectaient pas la *charî'a* [3]. Si ces mouvements, suivant les mots d'ordre de Sayyid Qutb, exaltent un *jihâd* offensif, d'autres, tel les chiites d'Iran ou du Liban, ou des groupes palestiniens, se sont réclamés d'un *jihâd* de résistance.

Dans la doctrine classique, le *jihâd* ne peut être lancé que par le calife ou l'imâm, chef spirituel de la communauté. Les djihadistes radicaux, al-Qâ'ida puis Daech, font fi de ce précepte islamique, tout comme ils passent outre d'autres règles classiques comme l'interdiction de tuer des innocents [4].

1. Alfred Morabia, *Le Gihad dans l'islam médiéval*, Paris, Albin Michel, 1993.

2. Selon l'expression de Michael Bonner, *Le Jihad. Origines, interprétations, combats*, Paris, Téraèdre, 2004, p. 22.

3. Cf. les textes de juristes, dont Maḥmûd Chaltût et Ibn Taymiyya, présentés et traduits en anglais par Rudolph Peters, *Jihad in Classical and Modern Islam. A Reader.* Sur les différentes approches contemporaines du *jihâd*, cf. Mustansir Mir, « Jihâd in islam », dans l'ouvrage de Nadia Dajani-Shakeel et Ronald A. Messier (dir.), *The Jihâd and its Times*, Ann Arbor, University of Michigan, 1991, p. 117 *sq.* ; Gilles Kepel, « Jihad », *Pouvoirs*, n° 104, 2003, p. 135-142.

4. David Cook, *Understanding Jihad*, chap. V et VI.

Orientalisme

La création de l'orientalisme comme discipline scientifique remonte à la fin du XVIIIe siècle. D'emblée, ce mouvement de connaissance des sociétés orientales aspirait à élargir l'humanisme de la Renaissance qui se référait à l'Antiquité grecque et latine. L'objectif visé par l'étude des sociétés orientales était de témoigner de leur vocation à l'universalité. C'est dire que non seulement l'orientalisme fut antérieur au phénomène colonial, mais qu'il était alors sous-tendu par une éthique opposée au colonialisme.

Pour réaliser ce programme, les orientalistes se concentrèrent sur l'étude des traditions scripturaires savantes, religieuses ou profanes, qui leur paraissaient alors les seules susceptibles d'étayer une prétention à l'universalité et à la civilisation. Il leur fallut d'abord exhumer, éditer, voire traduire les textes de ces traditions classiques : d'où le développement de l'érudition et de la philologie [1].

À ses débuts, l'orientalisme regroupait l'étude de toutes les sociétés orientales, c'est-à-dire les traditions arabe, hébraïque, persane mais aussi chinoise, indienne ou japonaise.

Aujourd'hui, l'orientalisme en est venu à désigner presque exclusivement l'étude des sociétés musulmanes. Il faut souligner que les polémiques déclenchées par des auteurs arabes, notamment Edward Saïd (m. 2003) avec *Orientalism*, un livre paru aux États-Unis en 1978, ont focalisé l'attention sur ce secteur des études orientales [2]. Ce chercheur palestinien, enseignant à New York, consacra en effet à l'orientalisme islamisant une critique radicale qui suscita alors un débat et alimente encore les discussions à ce sujet. Le principal reproche qu'il adresse aux orientalistes est d'avoir négligé l'étude des sociétés orientales concrètes et privilégié des perspectives essentialistes : « l'orientalisation de l'oriental ». Un historien marocain, Abdallah Laroui, avait déjà formulé des critiques similaires et d'autres les réitéreront après eux [3].

Certes, les orientalistes se sont polarisés sur les traditions classiques dont ils se sont faits les experts, au détriment, souvent, de l'observation scientifique de développements sociaux ou doctrinaires dont ils étaient les contemporains.

Au crédit des orientalistes, on mentionnera, néanmoins, tout le travail d'exhumation de manuscrits et d'édition de textes, de rédaction de manuels de grammaire et de dépouillement d'archives. Non seulement ce travail contribua à l'accumulation de savoir sur la civilisation islamique, mais, en remettant en circulation des textes anciens plus ou moins oubliés ou délaissés, il permit aux penseurs musulmans eux-mêmes de se réapproprier leur patrimoine et d'en faire leur profit. L'exemple communément requis pour illustrer ce fait est la « redécouverte » d'Ibn Khaldûn (m. 1406), historien andalou dont Étienne Quatremère publia la *Muqaddima* en 1834. Puis, en 1858, de Slane traduisit le texte en français et acheva de le publier en 1868 sous le titre *Les Prolégomènes* [4].

La *Muqaddima* fut éditée en arabe, par l'imprimerie Bulâq, en Égypte ; le maître réformiste Muḥammad 'Abduh voulut l'enseigner à al-Azhar, en 1900, et en fut empêché. Ensuite, les sociologues égyptiens se réapproprièrent la *Muqaddima*, qui est toujours discutée comme un texte fondamental pour la compréhension des sociétés arabes. C'est dire l'importance de cette redécouverte par l'orientalisme. On peut néanmoins se demander si, avant cela, Ibn Khaldûn avait été aussi oublié qu'on a bien voulu le dire et si sa « redécouverte » par des savants européens ne constitue pas un « mythe orientaliste » [5], autrement dit, un argument qui légitime l'entreprise contre ses détracteurs.

1. Cf. Maxime Rodinson, « Situations, acquis et problèmes de l'orientalisme islamisant », *Le Mal de voir, Cahiers Jussieu*, n° 2, Paris, 10/18, 1976, p. 242-257 ; Daniel Reig, *Homo orientaliste*, Paris, Maisonneuve et Larose, 1988 ; cf. aussi François Pouillon (dir.), *Dictionnaire des orientalistes de langue française*, Paris, IISMM-Karthala, 2012 (nouvelle édition augmentée).
2. Edward Saïd, *L'Orientalisme, l'Orient créé par l'Occident*, trad. Catherine Malamoud, Paris, Seuil, 1980.
3. Abdallah Laroui, *L'Idéologie arabe contemporaine*, Paris, Maspero, 1967, p. 117 *sq.*
4. Daniel Reig, *Homo orientaliste*, p. 86-89.
5. Alain Roussillon, « Durkheimisme et réformisme. Fondation identitaire de la sociologie en Égypte », *Annales HSS*, n° 6, 1999, p. 1367-1368.

PÈLERINAGE

Ce que l'on appelle couramment « pèlerinage », c'est le *ḥajj* ou « grand pèlerinage », qui s'effectue, chaque année, durant le mois de *dhû al-ḥijja*, à La Mecque. Il constitue le « cinquième pilier » de l'islam. Le premier pilier est la profession de foi, la *chahâda* ; le deuxième : la prière (*salât*) ; le troisième : l'aumône légale (*zakât*) ; le quatrième : le jeûne annuel de ramadan (*ṣawm*).

Le croyant doit, dans la mesure de ses moyens, accomplir le *ḥajj* au moins une fois dans sa vie. Quant au « petit pèlerinage », ou *'umra*, il s'effectue aussi à La Mecque mais il peut être accompli à n'importe quelle période de l'année et comporte des rites plus réduits. En dehors de ces deux pèlerinages, les fidèles peuvent rendre des visites pieuses (*ziyâra*) à d'autres lieux sacrés de l'islam, des mausolées de saints personnages, surtout, qui n'ont pas la même valeur que le *ḥajj*. Parfois, on les appelle *ḥajj al-fuqarâ'*, ou pèlerinage des pauvres.

Le pèlerinage annuel à La Mecque est une institution datant de la *jâhiliyya*, qui fut islamisée [1]. Le Coran le mentionne dans une sourate qui fut intitulée « Le pèlerinage » (22 : 25-37), et en d'autres endroits, où il est donné comme prescription divine qu'Abraham fut le premier à observer. Le Prophète en fixa les principaux rites lors du pèlerinage dit « de l'adieu », qu'il accomplit quelque temps avant sa mort. La tradition islamique associe ce moment à un verset coranique faisant dire à Muḥammad : « Aujourd'hui, j'ai parachevé votre religion » (le Coran, 5 : 3).

Le *ḥajj* comporte plusieurs types de rituels à accomplir à des moments déterminés et en des lieux précis. En la matière, les écoles juridiques se distinguent sur des points de détail.

Le *ḥajj* est surtout composé de rites collectifs que la foule des pèlerins accomplit, en même temps, et dont les autres musulmans peuvent suivre le déroulement, aujourd'hui, grâce aux médias. Le départ et l'arrivée des pèlerins de La Mecque constituent néanmoins, depuis longtemps et dans toutes sociétés musulmanes, l'occasion de réjouissances exceptionnelles qui consacrent le nouveau statut du pèlerin, *ḥâjj*.

La veille du début du *ḥajj* proprement dit, le 7 de *dhû al-ḥijja*, les pèlerins rassemblés dans la mosquée de La Mecque écoutent un sermon durant lequel on leur rappelle ce qu'ils devront faire. Le 8, les pèlerins sont tous en état de sacralisation, après avoir revêtu l'*iḥrâm*, le costume rituel composé d'un pagne et d'un châle, blancs et sans couture. À leur arrivée dans l'enceinte sacrée, ils ont déjà prononcé la *talbiya* consistant à répéter : « Me voici devant toi, mon Dieu ! » Ensuite ils ont accompli l'ensemble des rituels qui constituent la *'umra* : la déambulation (*ṭawâf*) autour de la Ka'ba assortie d'une prière, et la « course » (*sa'y*) entre les deux monticules de Ṣafâ et Marwa.

Tous prennent alors le chemin de Minâ, à 6,5 kilomètres de La Mecque, où ils passent la nuit. Aujourd'hui, les déplacements (*ifâḍa*) se font en automobile ou en camion ; ils s'effectuaient auparavant à pied, ou sur des montures.

Le 9, ils se rendent dans la plaine désertique de 'Arafât, à 25 kilomètres au sud de La Mecque, où ils vont « stationner » devant le Jabal al-Raḥma. Des tentes sont aménagées pour les protéger de la chaleur. C'est le *wuqûf*, moment de recueillement dont le non-respect invalide tout le pèlerinage. Un sermon est délivré. Les pèlerins font les prières du midi et de l'après-midi, puis repartent en sens inverse, en direction de La Mecque. Ils s'arrêtent à Muzdalifa, où ils font la prière du couchant ainsi que celle du soir avant d'y passer la nuit.

Le 10 au matin, les pèlerins se rendent dans la vallée de Minâ. Sur ce site, assez exigu, se dressent trois obélisques symbolisant al-Chayṭân, le Démon. Le gouvernement saoudien a aménagé une construction avec deux niveaux de rassemblement d'où les pèlerins lapident le Démon, au moyen de sept cailloux. Puis c'est la fête du sacrifice, appelée *'îd al-aḍḥâ* ou *'îd al-kabîr* (la grande fête), qui est célébrée par tous les musulmans du monde. Une bête est immolée en commémoration du sacrifice d'Abraham. Une partie de la viande est consommée sur place, une autre doit être donnée aux pauvres ; le reste était séché au soleil et maintenant conservé dans d'immenses congélateurs installés par l'État saoudien.

Après le sacrifice, les pèlerins se rasent les cheveux ou se coupent une mèche. Ils peuvent alors enlever partiellement l'*iḥrâm* et retournent à La Mecque, où ils vont accomplir sept déambulations autour de la Ka'ba (*ṭawâf*) avant de revenir à Minâ, où ils pourront se détendre pendant trois jours, et renouveler, par trois fois, la lapidation du Démon.

Le 12 du mois de *dhû al-ḥijja*, les pèlerins quittent Minâ. Avant de partir définitivement, ils accomplissent une dernière déambulation autour de la Ka'ba : c'est le *ṭawâf* de l'adieu [2].

Comme pour tous les rituels minutieux et compliqués, l'accomplissement du *ḥajj* n'a d'autres fins que d'obtenir l'obéissance du fidèle et de lui procurer la satisfaction du devoir accompli. Nul besoin, pour le comprendre, d'être un anthropologue du XXe siècle. À la fin du XIe siècle, Ghazâlî écrivait déjà : « C'est pour cela que Dieu a astreint les hommes, au cours du *ḥajj*, à des actes auxquels les âmes ne s'habituent pas et dont les intelligences ne trouvent pas les significations, comme la lapidation rituelle, le va-et-vient répété entre Ṣafâ et Marwa. C'est par de tels actes que se manifeste la soumission du serviteur (de Dieu) [3]. » Aujourd'hui, La Mecque est une « ville-monde », le pèlerinage bénéficie d'infrastructures hyper-modernisées, les conceptions qu'ont les pèlerins de leur voyage se diversifient, et ni la doxa wahhâbite, omniprésente, ni le « marché du pèlerinage » n'empêchent le fidèle de vivre les émotions du rituel [4].

1. À ce sujet, cf. Jacqueline Chabbi, *Le Seigneur des tribus*, chap. X ; Toufic Fahd, « Le pèlerinage à La Mecque », *Les Pèlerinages*, Paris, Geuthner, 1973.

2. *EI*[2], « Ḥadjdj », « Ṭawâf » ; Slimane Zeghidour, *La Vie quotidienne à La Mecque, de Mahomet à nos jours*, Paris, Hachette,

1989 ; Mohamed Labi, « La Mecque et l'énorme augmentation de pèlerins », *Hérodote*, n° 36, 1985.

3. Cité par Mohammed Arkoun, dans un article de réflexion sur la question, « Le Hajj dans la pensée islamique », *Lectures du Coran*, p. 157.

4. Omar Saghi, *Paris-La Mecque. Sociologie du pèlerinage*, Paris, PUF, 2010 ; Abdellah Hammoudi, *Une saison à La Mecque. Récit de pèlerinage*, Paris, Seuil, 2005.

Prière

La prière figure au deuxième rang de ce qu'on appelle habituellement les cinq piliers (*arkân*) de l'islam, après la profession de foi affirmant l'unicité divine et la mission de Muḥammad (*chahâda*). Le terme *ṣalât* n'est pas un mot générique désignant les prières en général, mais seulement les prières codifiées et obligatoires pour le fidèle. Si d'autres formes de prières, comme la supplication (*du 'â'*) ou le *wird* des soufis, coexistent avec la *ṣalât*, elles ne revêtent pas son importance dans la pratique de l'islam. Le terme revient souvent dans le Coran, pour désigner la prière que les Prophètes ont adressée au Dieu unique depuis l'aube de l'humanité.

La *ṣalât* fut peu à peu codifiée par le Prophète, tout au long de la révélation ; ce processus s'acheva dans le *ḥadîth* et les règles de la prière furent fixées en détail au IXe siècle, moyennant quelques variantes selon les écoles juridiques. Les modalités d'accomplissement de la *ṣalât* constituent une partie substantielle des traités de *fiqh* : il ne s'agit pas seulement d'une récitation du Coran ou de formules rituelles, mais d'un ensemble de gestes à effectuer à des moments précis et en respectant des conditions déterminées.

Il y a cinq prières quotidiennes obligatoires, qui sont annoncées par un appel (*adhân*) : à l'aube (*fajr*), le midi (*ẓuhr*), l'après-midi (*'aṣr*), au couchant (*maghrib*) et le soir (*'ishâ'*). Elles doivent s'accomplir dans un état de pureté rituelle (*ṭahâra*), obtenu après avoir effectué des ablutions (*wuḍû'*), et en se tournant vers la direction de la Ka'ba de La Mecque. Ces prières comprennent entre deux et quatre unités appelées *rak'a* (prosternation), qui comportent elles-mêmes une série de gestes à exécuter et de paroles à prononcer, en commençant par la récitation de la sourate liminaire, la Fâtiḥa. Il est possible de regrouper les prières quotidiennes deux par deux pour n'en accomplir que trois par jour : c'est le *jam'* (réunion), qui est notamment pratiqué par les chiites duodécimains. Le croyant peut, par ailleurs, faire des prières surérogatoires (*nawâfil*) à d'autres moments de la journée. Celui qui n'a pas pu accomplir la prière a la possibilité de la « rattraper » par la suite ; bien plus, lorsqu'un homme décède sans avoir accompli ses prières, son fils aîné doit les « rattraper » pour lui, ou bien un tiers peut le faire à sa place, moyennant rétribution [1].

Ces prières ont plus de valeur lorsqu'elles sont réalisées en assemblée (*ṣalât al-jamâ'a*) ; un *ḥadîth* dit qu'une prière effectuée dans ces circonstances vaut vingt-cinq fois la prière qu'un homme accomplit seul, dans sa maison ou au marché [2]. La condition à remplir pour que la prière soit ainsi qualifiée est que deux adultes au moins y participent, l'un d'eux, l'imam, dirigeant l'autre. Habituellement, elle se déroule dans la mosquée où plusieurs personnes se tiennent en rang derrière l'imam et accomplissent la prière en calquant leurs gestes sur les siens.

La « prière du vendredi » (*ṣalât al-jum'a*) est une prière en assemblée qui a lieu obligatoirement dans une mosquée, et avec un nombre minimal de participants (différent selon les écoles). Elle s'effectue à la place de la prière du midi. Le prédicateur monte en chaire pour délivrer un sermon (*khuṭba*), puis fait une pause avant d'en délivrer un second et de terminer en dirigeant une prière de deux *rak'a*.

D'autres prières rituelles spécifiques s'effectuent à des moments particuliers, comme la prière sur le mort, ou bien celle « des deux fêtes » (*ṣalât al-'îdayn*), à savoir les deux fêtes qui ont lieu lors de la rupture du jeûne annuel et lors de la fête du sacrifice.

1. Ayatollâh A. Q. al-Kho'î, *Le Guide du musulman*, p. 159 et p. 175.
2. *EI*², « Ṣalât ».

RAMADAN

« Le mois de ramadan est celui pendant lequel fut commencée la révélation du Coran [...]. Quiconque parmi vous sera témoin de la nouvelle lune annonçant ce mois, le jeûnera... » (le Coran, 2 : 185).

Trois longs versets coraniques contenus dans la sourate « La vache » (183-187) instituent le jeûne du mois de ramadan (de l'arabe *ramaḍan*) ; selon la tradition islamique, ils furent révélés la deuxième année de l'hégire. D'autres versets précisent les prescriptions relatives au jeûne, que les *ḥadîth* complétèrent ensuite. Puis les juristes des différentes écoles édictèrent des règles très précises, ainsi que des allègements (*takhfîf*) possibles.

Le jeûne (*ṣawm* ou *ṣiyâm*) est le « quatrième pilier » de l'islam. Il est donc obligatoire (*wâjib*) pour tous les croyants adultes en état de le supporter ; celui qui ne le respecte pas est passible de prison, selon les normes classiques du *fiqh*. En revanche, certaines circonstances permettent de ne pas l'observer : un âge avancé, la maladie, le fait d'être en voyage, etc. Les femmes ne doivent pas jeûner pendant leurs règles, ni après un accouchement. Des dispositions sont prévues pour ceux qui sont empêchés de s'acquitter du jeûne du ramadan : ils doivent remplacer les jours manquants (*qaḍâʾ*). Ceux dont le jeûne a été entaché doivent verser une compensation (*kaffâra*).

Le jeûne commence à la vue de la nouvelle lune du mois de ramadan et se rompt à la vue de la nouvelle lune du mois de *chawwâl.* Selon les méthodes adoptées et l'endroit d'où l'on observe le ciel, le début du jeûne peut varier d'un jour à l'autre. Le croyant doit alors nourrir l'intention (*niyya*) de s'en acquitter. Pendant tout le mois, il va s'abstenir (*imsâk*) de prendre boisson et nourriture, de fumer et d'avoir des relations sexuelles, et cela du lever du jour jusqu'à la tombée de la nuit. Il pourra alors rompre le jeûne (*ifṭâr*), puis prendre un dernier repas (*saḥûr*), le plus tard possible dans la nuit [1].

Le mois de ramadan est une période de recueillement et de prières pendant laquelle il est recommandé de lire le Coran. Les nuits de cette période de jeûne n'en sont pas moins animées, surtout la nuit du 26 au 27 du mois, appelée *laylat al-qadr*, la nuit grandiose. Selon la tradition, la révélation commença cette nuit-là. Selon les croyances populaires, le destin de chaque homme est fixé pendant cette nuit. La prière que l'on y fait a plus de valeur que mille mois de supplications. Dans les mosquées et dans tous les lieux où les soufis se rencontrent, le nom de Dieu est psalmodié.

La fête de la rupture du jeûne (*ʿîd al-fiṭr*) est une autre occasion de se réjouir, après les privations. Elle est aussi l'occasion, pour le chef de famille, de s'acquitter de l'aumône obligatoire qui a une vertu purificatrice, la *zakât.* Ensuite, il se rend à la mosquée pour participer à la prière collective qui est spécifique à cette fête et à celle du sacrifice (*ṣalât al-ʿîdayn*) [2].

« Mois béni », le mois de ramadan est aussi une période investie par le politique, parcourue par le culturel et soumise à l'économique [3].

1. *EI*[2], « Sawm » (l'article se réfère à l'école châfi'ite) ; Henri Laoust, *Le Précis de droit d'Ibn Qudâma* (école ḥanbalite), p. 65-71 ; al-Qay-rawânî, *La Risâla*, trad. Léon Bercher, Alger, 1983 (école mâlikite), p. 117-127.

2. Henri Laoust, *Le Précis…*, p. 59 et p. 41-43.

3. Cf. les développements proposés dans Fariba Adelkhah et François Georgeon (dir.), *Ramadan et politique*, Paris, CNRS Éditions, 2000.

Umma

Plusieurs origines – araméenne, hébraïque, sud-arabique – ont été attribuées à ce terme qui ne viendrait donc pas, selon certains auteurs, d'une racine arabe. D'autres auteurs le placent parmi les termes issus de la racine arabe « 'mm » qui connote l'idée de guidance, à l'instar du mot *imâm* qui est employé pour désigner un chef spirituel ou bien celui qui dirige la prière. Ainsi, au moment de la naissance de l'islam, *umma* renvoyait à un « groupe bien guidé qui arrive à bon port [1] ».

Il y a une cinquantaine d'occurrences du terme *umma*, au singulier, dans le Coran. Il y revêt toujours le sens de groupe homogène, même si le groupe ainsi désigné peut rassembler des individus selon des critères divers, comme la langue ou la religion. Ainsi, *umma* est appliqué à des entités très différentes, qui vont de la première communauté humaine, unique, qui existait avant la dispersion des hommes (le Coran, 10 : 19) à la communauté des musulmans créée par Dieu, mentionnée dans une sourate médinoise (le Coran, 2 : 143). Une seule exception échappe à cette règle : l'usage du terme pour qualifier un individu, à savoir Abraham – où il revêt alors le sens de guide, chef d'une communauté.

L'emploi de *umma* dans la « constitution de Médine » a fait l'objet de maintes analyses et interprétations, car la communauté instaurée englobe à la fois les *muhâjirûn* et les *anṣâr* – donc les musulmans – et les tribus juives de la ville. La plupart des chercheurs y voient la preuve que *umma* renvoie ici à une communauté non plus fondée sur une appartenance religieuse, mais sur une base politique. Une autre hypothèse, émise par Uri Rubin, invite à considérer que cette *umma* des débuts de la période médinoise inclut les juifs en tant que croyants en un Dieu unique, celui d'Abraham [2].

En fait, le terme garda les deux acceptions dans la littérature classique arabe : d'un côté, il a le sens de communauté religieuse, en référence à la communauté islamique fondée par le Prophète à Médine ; c'est donc la communauté des croyants. De l'autre, il peut désigner des communautés plus spécifiques comme celle des Turcs ou des Persans. À partir de la fin du XIXe siècle, à la faveur des contacts avec l'Europe et de l'essor de la presse qui brassait de nouvelles idées, le terme fut réexaminé par des penseurs musulmans, tel al-Marṣafî, qui le définirent comme une entité se déterminant par rapport à la langue et au territoire. Bientôt, il fut adopté comme l'équivalent de nation, puis d'État-nation, dans son sens moderne. Par ailleurs, les promoteurs du nationalisme arabe conférèrent à l'expression *al-umma al-ʿarabiyya*, la communauté arabe dans son ensemble, au-delà des frontières étatiques, un sens très prononcé. Le terme même de nationalisme, *qawmiyya*, fut formé à partir de *qawm*, qui était, dans l'arabe préislamique, un synonyme de *umma*.

Cependant, l'ancienne notion de communauté des croyants a perduré. Avec la doctrine des *salafiyya*, puis l'islamisme contemporain, elle fut investie de valeurs nouvelles et idéologisée pour renvoyer à la communauté islamique originelle instituée à Médine, vertueuse, idéale, un modèle pour les croyants d'aujourd'hui. Plus récemment, le développement et le succès des chaînes de télévision satellitaires et des médias électroniques a engendré une nouvelle forme de *umma*, virtuelle, une communauté déterritorialisée à laquelle l'individu peut se relier via des sites Internet [3].

1. Jacqueline Chabbi, *Le Seigneur des tribus*, p. 653.
2. Uri Rubin, « The "Constitution of Medina", some notes », p. 12-17.
3. Cf. Olivier Roy, *L'Islam mondialisé*, chap. VII, « L'oumma virtuelle ».

ACTEURS ET INSTITUTIONS

ʿALÎ B. ABÎ ṬÂLIB

Cousin et gendre du Prophète, ʿAlî a plusieurs visages, selon les sources auxquelles on se réfère. Sans aller jusqu'à l'hostilité affichée, les auteurs sunnites le présentent de façon parfois mitigée, alors que les chiites en font un être hors du commun, le premier imam et le commandeur des croyants (*amîr al-muʾminîn*) ; quant aux *ghulât*, ils voient en lui une incarnation de Dieu. Comme c'est souvent le cas, les approches des chercheurs reflètent les divergences entre l'historiographie sunnite et l'historiographie chiite. Les ouvrages qu'ils écrivent, selon qu'ils portent sur l'islam sunnite ou l'islam chiite, présentent donc ʿAlî de manière très différente. Signalons, à ce propos, que les travaux de l'orientaliste jésuite Henri Lammens ont porté préjudice à l'image de ʿAlî, qu'il présente sous un jour très négatif [1].

Pour montrer le type de divergences entre les sources ainsi que les enjeux sous-jacents, prenons l'exemple de la conversion de ʿAlî à l'islam. C'était à l'époque où Muḥammad ne prêchait pas encore en public, et où ʿAlî était un enfant. Selon les sources sunnites et les ouvrages qui s'y réfèrent, Khadîja, son épouse, fut la première personne qui adhéra au message de Muḥammad, puis ce fut Abû Bakr et, ensuite, ʿAlî. Selon les sources chiites et les travaux sur l'islam chiite, Khadîja se convertit la première, puis ce fut ʿAlî et, enfin, Zayd et Abû Bakr après lui [2]. C'est à la fois la relation au Prophète et l'antériorité, donc la prééminence dans l'islam, qui sont ici en jeu : autant dire la précellence entre deux candidats au califat. De la même manière, les sources sunnites rapportent que Muḥammad mourut dans les bras de son épouse préférée, 'Â'icha, la fille d'Abû Bakr ; selon les sources chiites, le Prophète rendit l'âme auprès de 'Alî. On pourrait multiplier les exemples et les épisodes révélant deux visions des débuts de l'islam. Ainsi, la bravoure de 'Alî, sa force et ses exploits dans les batailles comme le rôle qu'il y joua sont exacerbés dans les sources chiites [3].

Au-delà de la diversité des représentations élaborées autour de la figure de 'Alî, certaines constantes apparaissent et permettent de déterminer, au moins, sur quels points s'accordent les différentes branches de l'islam et d'émettre des hypothèses sur certaines qualités réputées caractériser le personnage historique.

Des liens très forts unissaient 'Alî à Muḥammad. Le père de Muḥammad était décédé avant sa naissance et l'enfant fut recueilli par son oncle Abû Ṭâlib, chef des Banû Hâchim, qui l'éleva. Ensuite, une fois marié avec Khadîja et dans l'aisance, Muḥammad accueillit, à son tour, le fils d'Abû Ṭâlib, 'Alî, qui grandit donc près de lui. La différence d'âge entre les deux cousins, une trentaine d'années, permit que s'instaurât entre eux une relation quasi filiale.

Peu après l'hégire, Muḥammad donna sa fille cadette Fâṭima en mariage à 'Alî, resserrant ainsi ses liens avec lui. 'Alî et Fâṭima eurent deux fils, Ḥasan et Ḥusayn, qui assurèrent la descendance du Prophète. Par ailleurs, 'Alî remplit certaines fonctions auprès du Prophète, à Médine : celles de scribe et d'homme de confiance, autant pour assurer des missions délicates de négociation que pour servir de bras armé. Enfin, toutes les sources s'accordent pour souligner le rigorisme du personnage, son respect sourcilleux des prescriptions coraniques, sa grande connaissance du livre saint et sa profonde religiosité. Ces qualités, ainsi que sa proximité et sa relation privilégiée avec le Prophète en firent un modèle idéal pour les mystiques. 'Alî était aussi réputé pour son habileté en matière de rhétorique ; on lui attribue des sermons, des lettres et des discours qui furent compilés par un savant chiite, al-Charîf al-Raḍî (m. 1016), *Nahj al-balâgha* (*La Voie de l'éloquence*) [4].

1. Cf. Henri Lammens, « Études sur le règne du calife omaiyade Mo'âwiya Ier », *Mélanges de la faculté orientale de l'université Saint-Joseph*, 1906-1907, p. 125-140 ; *Fâṭima et les filles de Mahomet*, Rome, Institut pontifical, 1912.

2. *EI²*, « 'Alî » ; cf. notamment Moojan Momen, *An Introduction to Shi'i Islam*, p. 3 et p. 11, pour la version chiite. Montgomery Watt fait état des doutes de Ṭabarî, mais choisit Zayd devant 'Alî (*Mahomet*, p. 115).

3. Cf. Henri Laoust, « Le rôle de 'Ali dans la *sira* chiite », *Pluralismes dans l'islam.*

4. Cf. l'édition bilingue français-arabe, Beyrouth-Le Caire, Dâr al-kitâb al-lubnânî, Dâr al-kitâb al-miṣrî, 1989.

CALIFAT

L'histoire des débuts de cette institution politico-religieuse est mal connue et se heurte aux problèmes rencontrés par les historiens de la période de formation de l'islam : le manque de sources contemporaines concernant les événements. Dans les récits transmis par la tradition, le califat (*khilâfa*) commence par le moment fondateur des quatre califes bien dirigés – le mot calife (*khalîfa*) désignant les successeurs du Prophète. Or, dans le Coran, le terme revêt une autre signification : le *khalîfa* est le représentant de Dieu sur terre, *khalîfat* Allâh. On trouve cette expression devant le nom du calife 'Abd al-Malik (m. 705) sur une pièce de monnaie : c'était donc, aussi, un titre. On manque de documents de ce type pour attester de l'usage de *khalîfat rasûl Allâh* (successeur du messager de Dieu) à cette époque, mais il deviendra par la suite très usité [1].

D'autres titres étaient employés pour nommer le chef charismatique de la communauté, notamment *amîr al-mu'minîn* et *imâm*, terme coranique signifiant littéralement « celui qui est devant », et qui désignait le guide divinement inspiré de la communauté. Il est d'ailleurs resté en usage, chez les sunnites, pour distinguer les fondateurs des écoles juridiques et, après eux, de grands oulémas.

Les khârijites et les chiites (zaydites, duodécimains, ismaéliens, etc.), de leur côté, choisirent le mot *imâm* pour désigner leur chef spirituel et élaborèrent différentes théories sur l'*imâma*. Dans chaque branche de l'islam, la conception de la direction spirituelle et temporelle de la communauté fit l'objet d'une construction doctrinale propre.

Le califat est donc une institution sunnite. Selon la tradition, le premier personnage à avoir été appelé *khalîfa* fut Abû Bakr, parce qu'il était le successeur de l'« envoyé de Dieu », Muḥammad. La théorie du califat fut ensuite développée et fixée par les oulémas.

Les quatre premiers califes, dits *râchidûn*, bien dirigés, étaient des compagnons de Muḥammad, appartenant, comme lui, à la tribu de Quraych ; le centre du califat demeurait Médine, la ville du Prophète (632-661). À la suite de la « grande discorde », le califat se déplaça à Damas, où fut fondée la dynastie omeyyade, du nom de l'ancêtre éponyme du clan, Umayya, lui aussi quraychite (661-749). Puis un autre clan quraychite, descendant d'un oncle du Prophète, 'Abbâs, s'empara du pouvoir et instaura la dynastie abbasside, qui s'installa bientôt à Bagdad [2].

L'Empire s'était étendu, le nombre de sujets s'était accru, la communauté musulmane s'était diversifiée, l'administration des provinces s'était complexifiée… Bref, le califat avait pris un autre visage. À partir de 935, il est mis sous tutelle. Les émirs bouyides gouvernèrent à la place du calife, qui ne faisait plus que régner ; un siècle plus tard, ce fut le tour des sultans seldjoukides. Entre-temps, d'autres califats s'étaient établis en Andalousie (Cordoue) et en Afrique du Nord ; ils furent éphémères. En 1258, lors de la prise de Bagdad par Hulagu, le calife abbasside et sa famille périrent et, avec eux, le califat. Toutefois, un cousin du défunt fut reconnu calife par les sultans mamelouks, au Caire : dépositaire de la légitimité, le rôle des califes fut dès lors de reconnaître les sultans.

Les vicissitudes de l'histoire avaient éloigné le califat de son modèle originel, idéal, qui mêlait pouvoir spirituel et pouvoir temporel. En fait, plus le califat devenait illégitime au regard de la théorie juridique traditionnelle, plus les docteurs de la loi rédigeaient de traités sur la question : al-Bâqillânî (m. 1013), al-Baghdâdî (m. 1037), al-Mâwardî (m. 1058), al-Juwaynî (m. 1085), al-Ghazâlî (m. 1111), etc. [3]. Le plus connu et le plus accessible – car il est traduit en français – est celui de Mâwardî, *al-Aḥkâm al-sulṭâniyya*. L'auteur y énonce les qualités physiques et morales dont doit être doté le candidat au califat, nécessairement d'ascendance quraychite. Il est choisi par l'élite de la communauté – « ceux qui lient et qui délient » – ou bien désigné par son prédécesseur. Les dix devoirs qui lui incombent consistent à la fois à conserver la religion, à faire appliquer la loi divine, à garantir la sécurité dans le pays et à en superviser l'administration [4].

Cependant, en Occident, plusieurs califats se succédèrent depuis celui des Fatimides, qui fondèrent leur empire en 909, le califat omeyyade de Cordoue proclamé en 929, le mouvement almohade (113-1269) et d'autres tentatives plus brèves et moins heureuses, jusqu'à Aḥmad al-Mansûr (m. 1603) qui ambitionna de faire renaître le califat indépendant d'Occident [5].

En Orient, le califat réapparut, de fait, sous l'Empire ottoman. Au début de leur règne, les sultans ottomans n'avaient pas tenté de légitimer leur pouvoir par ce biais, mais, à partir du XVIIIe siècle, ils firent ressurgir le terme. Dans la constitution de 1876, le sultan fut même déclaré « détenteur du califat suprême islamique ». Abdelhamid II utilisa le califat pour légitimer son pouvoir au sein d'un Empire ottoman désormais centré sur des terres majoritairement musulmanes et pour développer sa diplomatie. L'Empire faiblissant, l'institution du califat fut brandie pour réaliser l'unité islamique sous la bannière du sultan-calife. Après son démembrement, le califat fut d'abord réduit à une autorité spirituelle par l'Assemblée turque car elle supprima le sultanat le 17 novembre 1922. Puis le califat fut complètement aboli par la même Assemblée, le 3 mars 1924. Dans le discours qu'il prononça à cette occasion, Mustafa Kemal déclara que, si l'institution avait perduré, « le monarque-calife aurait eu un droit de juridiction sur tous les musulmans et dans tous les pays musulmans [...]. On sait que cette utopie ne s'est jamais réalisée [6] ».

Malgré une réitération de la théorie, par Rachîd Riḍâ, en 1923 [7], puis par d'autres penseurs après lui, malgré les efforts déployés lors de réunions et de congrès panislamiques pour proposer des hommes tels l'imam zaydite Yaḥyâ du Yémen ou le roi Farouk d'Égypte, le califat ne put être restauré. Bien plus, des musulmans se mirent à prôner la séparation des pouvoirs temporel et spirituel – non sans s'attirer les foudres des conservateurs [8]. Pour beaucoup, le califat unique, garant de la cohésion de la *umma*, demeure néanmoins un modèle, un idéal. Tant et si bien que les mouvements islamistes contemporains n'ont eu de cesse de revendiquer sa restauration, de Mawdûdî à l'organisation État islamique en passant par les Frères musulmans et al-Qâ'ida.

1. Nabil Mouline, *Le Califat*, p. 33-36.
2. Cf. Louis Gardet, *La Cité musulmane*, p. 147 *sq.* ; Wilferd Madelung, *The Succession to Muhammad. A Study of the Early Caliphate*, *passim.*
3. Mohammed Arkoun, « Repenser la question du califat », *Les Annales de l'autre islam*, n° 2, 1994, p. 16.
4. Aboul-Hasan Ali Mawardi, *Les Statuts gouvernementaux*, p. 5-42.
5. Nabil Mouline, *Le Califat*, p. 124-135.
6. Cité dans *Les Annales de l'autre islam*, n° 2, 1994, p. 9.
7. Henri Laoust, *Le Califat dans la doctrine de Rašîd Riḍâ.*
8. Cf. Ali Abderraziq, *L'Islam et les Fondements du pouvoir.* Pour une réflexion contemporaine sur le califat, voir Ali Merad, *Le Califat, une autorité pour l'islam ?*, Paris, Desclée de Brouwer, 2008.

« Constitution de Médine »

Les historiens de l'islam ont ainsi appelé un texte figurant dans la *sîra* dite « d'Ibn Isḥâq », repris, notamment, par Ibn Hichâm, et que celui-ci présente comme un écrit (*kitâb*) laissé par Muḥammad. Le mot *ṣaḥîfa*, signifiant « feuille », employé dans le texte lui-même, laisse supposer que celui-ci était bien un document écrit. Selon la tradition islamique, il fut conservé dans le fourreau de l'épée du Prophète, puis par 'Alî.

Ce texte contient une série de dispositions concernant les relations entre les musulmans et les groupes juifs de Médine. Néanmoins, aucun terme n'en indique la nature, et rien ne nous permet de savoir s'il était revêtu, ou non, d'une force contraignante.

Les chercheurs sont presque unanimes pour attribuer à ce texte un statut particulier : d'une part, bien qu'inséré dans une biographie hagiographique du Prophète dont l'historicité pose problème, ils en admettent l'authenticité ;

d'autre part, ils reconnaissent le contenu de ce texte comme de première importance pour l'histoire de la fondation de l'islam, et ce d'autant plus qu'il est unique en son genre. C'est pourquoi il est régulièrement relu et réinterprété par des historiens soucieux d'en affiner la compréhension et d'en dégager de nouvelles hypothèses, depuis Sprenger (1869) et Wellhauser jusqu'à Rubin ou Lecker, en passant par Watt, Serjeant, Kister, Rubin, etc. [1]. Cependant, la « constitution de Médine » recèle encore des mystères à éclaircir.

Il est désormais établi que le texte fut écrit peu après l'hégire, et, en tout cas, avant la rupture entre Muḥammad et les juifs de Yathrib/Médine, lorsqu'il était encore possible de les associer à un projet politique tout en espérant gagner, aussi, leur adhésion religieuse. Les groupes juifs concernés sont ceux qui résidaient à l'intérieur de la ville, où ils étaient fédérés à des clans arabes ; les grandes tribus juives des alentours ne sont pas mentionnées. Ainsi, le texte scelle un accord qui définit de nouveaux liens de solidarité entre des groupes vivant sur le même territoire, et non plus entre des tribus qui reposent sur des liens de parenté réels ou imaginaires.

Cette « constitution de Médine » est composée d'une série de clauses que l'on peut regrouper par rubriques. Les modalités établissant le lien qui unit ses membres sont envisagées en détail, tout au long du texte ; ils sont appelés à s'entraider. Plusieurs dispositions sont énoncées concernant la guerre, dont tous doivent supporter les frais. C'est Muḥammad, seul, qui donne l'autorisation de combattre ; chaque sous-groupe est chargé de verser la compensation pour le sang versé par l'un des siens et de récolter la rançon de ses prisonniers, selon l'usage jusque-là en vigueur.

Pour ce qui concerne les affaires religieuses, les musulmans ont leur religion et les juifs, la leur. Ils sont néanmoins unis par une responsabilité mutuelle et ce, sous la protection de Dieu. Une aire sacrée est instituée pour eux à Yathrib : ainsi leur sécurité est-elle garantie.

Enfin, si un différend survient entre des individus concernés par cette charte, ils sont invités à en référer à Dieu et à Muḥammad. Le Prophète, par ce texte, s'est donc investi de deux pouvoirs : celui de déclarer la guerre et celui d'arbitrer les conflits.

1. Cf. Uri Rubin, « The "constitution of Medina", some notes », et les références qu'il indique ; le texte se trouve dans Ibn Isḥâq, *The Life of Muhammad*, p. 231-233. Cf. aussi, désormais, l'ouvrage de Michael Lecker, *The « Constitution of Medina », Muhammad's First Legal Document*, Princeton, The Darwin Press, 2004.

ÉTAT ISLAMIQUE

Les idéologues de l'islam politique font souvent référence à un État islamique (*dawla islâmiyya*) des origines, fondé par le prophète, comme à une matrice parfaite qu'il faudrait répliquer pour mettre les États modernes en conformité avec les desseins divins. Or, si les historiens débattent sur l'existence d'un État des débuts de l'islam, bâti sur un territoire et doté d'institutions (une armée, un califat, une monnaie, etc.) [1], qui aurait pris forme soit sous Mu'âwiya, soit, plus vraisemblablement sous 'Abd al-Malik, la plupart refusent d'appliquer le qualificatif « islamique » à cette période.

D'ailleurs, ni l'expression *dawla islâmiyya* ni même le mot *dawla* n'était alors employé, en arabe. En fait, les auteurs des débuts de l'islam n'évoquaient pas le pouvoir en tant que tel, ni l'institution qui les gouvernait, mais se contentaient de discourir sur les détenteurs du pouvoir ou de l'autorité, notamment l'imam, le guide divinement inspiré, puis le calife ou le roi. Sur le modèle des Grecs, ils parlèrent ensuite de cité (*madîna*) pour évoquer une société organisée [2].

Dans les miroirs des princes médiévaux (*âdâb sultâniyya*), ces ouvrages destinés à guider les dirigeants afin qu'ils assurent une bonne gouvernance, le terme *siyâsa* est utilisé pour traiter de l'art de gouverner ou de la bonne conduite à suivre pour exercer le pouvoir. Si ces ouvrages, qui relayèrent d'abord des sagesses antiques, s'islamisèrent peu à peu, ils restèrent attachés à la thématique de l'éthique personnelle du prince comme élément nécessaire à une bonne gouvernance [3]. Par ailleurs, pendant longtemps, pour les auteurs musulmans, la relation établie entre le prince et la *umma* primait sur toute forme de réflexion sur l'État. C'était encore le cas pour Afghânî, 'Abduh et Kawâkibî qui se focalisaient sur la *umma* et le lien qui unissait ses membres, ou bien sur *al-watan*, la patrie [4].

L'usage du mot *dawla* pour désigner l'État, dans son sens moderne et en opposition avec l'absolutisme, apparaît au XIXe siècle. Toutefois, il est encore fort connoté par l'univers de sens dans lequel il a fait son chemin. Polysémique, le terme renvoie d'abord à « une idée de circularité et d'alternance » ; lié à l'astrologie, il renvoie aussi à l'idée de fortune et de réussite. Il désigne une forme de domination et une dynastie – comprise comme une prise de pouvoir qui a son apogée et son déclin, une puissance vouée à s'éteindre. À cela s'ajoute le sens d'appareil institutionnel permettant l'administration de territoires [5].

Si le mot *dawla* va peu à peu désigner l'institution dépersonnalisée qu'est l'État moderne, ce n'est pas celui qu'Abû al-A'lâ al-Mawdûdî met en avant dans sa réflexion sur l'État islamique : il intitule son ouvrage sur le sujet *islami riyâsat* (*Le Leadership islamique*). Pour lui, la base du gouvernement islamique est la châ'ria, qui doit s'appliquer à tous les domaines du droit et à la vie publique de l'État comme à la vie privée des musulmans. Cet État doit être dirigé par des hommes vertueux, suivant le modèle des premiers compagnons du Prophète. Le système de gouvernement (*ḥukûma*) que promeut Mawdûdî est une sorte de théo-démocratie, un « califat démocratique » dont les dirigeants seraient élus[6]. Selon lui, il faut reconnaître la *ḥâkimiyya* et s'en remettre à Dieu pour toutes choses : en matière de croyance, mais aussi de lois, de coutumes et de *qiyâda*, c'est-à-dire du leadership des musulmans envisagé au niveau mondial, au-delà des frontières[7].

En Égypte, les Frères musulmans, et particulièrement Ḥasan al-Bannâ, popularisent le projet d'un État islamique contre l'« idée civile » (*al-fikra al-madaniyya*), c'est-à-dire le libéralisme et la démocratie à la manière occidentale ainsi que les pratiques et la culture qui en découlent. Contrairement à 'Alî 'Abd al-Râziq qui séparait *dîn* et *dawla*, Ḥasan al-Bannâ clame que l'islam est un système global, « religion et société, mosquée et État[8] ». Après lui, Sayyid Quṭb (m. 1966) reprend le concept de souveraineté divine (*ḥâkimiyya*) dont il fait le pilier de son système politique.

Puis, du côté des chiites, Ruhollâh Khomeini, durant son exil à Najaf, construit sa vision du gouvernement islamique (*ḥukûmat-i islâmi*) qu'il délivre à ses étudiants sous forme de leçons, en 1969 ; elles seront éditées en 1970. Contrairement aux idéologues de l'islam politique sunnite, Khomeini fait partie des oulémas. C'est à partir du *fiqh* qu'il élabore son système de *wilâyat al-faqîh* (guidance du juriste) et qu'il fonde son argumentation, en trois parties : la nécessité du gouvernement islamique ; la forme que prendra ce gouvernement ; le programme de sa mise en place. Ainsi, la guidance du juriste/*faqîh*, qui s'exerce dans tous les domaines de la vie ainsi que dans le champ politique, est la base de l'État islamique. Cette théorie constitue l'un des fondements de la République islamique d'Iran[9].

1. Fred Donner, « The Formation of the Islamic State », *Journal of the American Oriental Society*, 106/2, 1986, p. 283-296 ; du même, *Muhammad and the Believers*, *passim*.

2. Patricia Crone, *Medieval Islamic Political Thought*, Edinburgh University Press, 2004, p. 3-4.

3. Makram Abbès, *Islam et politique à l'âge classique*, Paris, PUF, 2009.

4. Nazih N. Ayubi, *Over-Stating the Arab State : Politics and Society in the Middle East*, Londres, Tauris, 1995, p. 22.

5. Makram Abbès, « Dawla. Essai de philologie politique », dans *Langages, politique, histoire*, Romain Descendre, Jean-Louis Fournel (dir.), Lyon, ENS Éditions, 2015.

http://books.openedition.org/enseditions/5356

6. Vali Nasr, *Mawdudi and the Making of Islamic Revivalism*, Oxford University Press, 2006, chap. V ; Jan-Peter Hartung, *A System of Life : Mawdûdî and the Ideologization of Islam*, chap. II ; Roy Jackson, *Mawlana Mawdudi and Political Islam. Authority and the Islamic State*, New York, Routledge, 2011, chap. IX.

7. Olivier Carré, « Le combat pour Dieu et l'État islamique chez Sayyid Qutb, l'inspirateur du radicalisme islamique actuel », *Revue française de science politique*, 33/4, 1983, p. 698-704.

8. Cité par Amin Elias, « L'islam comme contre-proposition au modèle européen laïque. Étude de cas : Hassan al-Bannâ fondateur des Frères musulmans (1906-1949) », dans Amin Elias, Augustin Jomier et Anaïs-Trissa Khatchadourian (dir.), *Laïcités et musulmans, débats et expériences (XIXe-XXe siècles)*, Bern, Peter Lang, 2014, p. 45 *sq*.

9. Hamid Mavani, *Religious Authority and Political Thought in Twelver Shi'ism. From Ali to Post-Khomeini*, New York, Routledge, 2013, chap. V.

AL-GHAZÂLÎ

« Tout en se gardant de certaines hyperboles, on admettra volontiers que ce Khorassanien ait été l'une des plus fortes personnalités, une des têtes les mieux organisées qui aient paru en islam [1]... » Ainsi s'exprimait Henry Corbin au sujet de Ghazâlî, surnommé par les musulmans « la Preuve de l'islam » (*Ḥujjat al-islâm*). Né près de Ṭûs (l'actuelle Machhad), au Khurâsân, en 1058, Abû Ḥâmid al-Ghazâlî entama une carrière de juriste et de théologien à Bagdad. En 1091, le ministre seljdoukide Niẓâm al-Mulk le chargea de diriger la *madrasa* qu'il venait de fonder et qui fut appelée al-Niẓâmiyya. Savant proche du prince, théologien en vue, juriste cautionnant l'idéologie en vigueur, Ghazâlî enseigna le *fiqh* pendant cinq ans à la Niẓâmiyya, avant de connaître ce qu'on a souvent appelé une « crise spirituelle ». Atteint de maladie nerveuse, il cessa toute activité et, surtout, il se retira de la vie publique, renonça à la gloire et aux honneurs pour retourner à une vie simple et pauvre, voyager et s'adonner à la méditation.

Longtemps, les chercheurs ont focalisé leurs études concernant Ghazâlî sur ce tournant de son existence et les conséquences qui s'ensuivirent dans le développement de sa pensée. Ghazâlî lui-même leur avait pour cela fourni un objet d'analyse de grande qualité : une autobiographie spirituelle dans laquelle il explique son revirement, *al-Munqidh min al-ḍalâl*, titre traduit par Farid Jabre par *Erreurs et délivrance* [2]. Ghazâlî y raconte comment, ayant étudié Fârâbî et Ibn Sînâ, il fut d'abord tenté par la philosophie, puis la rejeta pour se consacrer entièrement à la religion ; d'où son ouvrage *L'Incohérence des philosophes* (*Tahâfut al-falâsifa*).

Ce retour à la religion, pour Ghazâlî, passait par la connaissance intime de Dieu, la *ma'rifa*, acquise par l'expérience personnelle. C'est pourquoi on l'a présenté, avant tout, comme une sorte de philosophe mystique atteint par le doute qui, finalement, fit triompher l'islam dit « orthodoxe » en y intégrant le soufisme en tant que composante à part entière de la religion. Quant à son œuvre majeure, que

Ghazâlî composa pendant sa période de retraite, *La Revivification des sciences religieuses* (*Iḥyâ' 'ulûm al-dîn*), elle tendrait alors entièrement vers ce but [3].

L'apport de Ghazâlî dépasse largement ce cadre, et ce serait le réduire que de se limiter à la facette mystique du personnage. Mohammed Arkoun releva ce fait dans un article où il évoqua l'ampleur du projet intellectuel du maître et « le caractère global, unitaire, définitif » de son enseignement [4]. Henri Laoust lui consacra un ouvrage dans lequel il voulut réunir tous les aspects du savant et de son œuvre, sous le titre *La Politique de Ġazâlî*. Plus récemment, Mustapha Hogga a publié un ouvrage visant à briser définitivement l'image tronquée du personnage : « Que le "grand muftî" fut aussi un idéologue, un pamphlétaire et un politicien, peu de gens le savent – ou veulent s'y arrêter… », écrit-il en manière de préambule [5]. Puis il expose l'itinéraire intellectuel de Ghazâlî et ses prises de position en les rapportant aux conditions politiques qui les influencèrent. On voit ainsi comment Ghazâlî se fit le défenseur de ce que Mustapha Hogga appelle la « dyarchie abbasso-seldjoukide », comment il participa à l'institution d'une orthodoxie prônée par le pouvoir, puis comment il se retira du monde lorsque le pouvoir adopta une nouvelle stratégie à l'égard des minorités religieuses. Ce fut donc un changement politique qui précipita Ghazâlî dans sa crise spirituelle et l'amena à prêcher la réforme.

Il écrivit alors *La Revivification des sciences religieuses*, qui n'est pas seulement un plaidoyer en faveur du *taṣawwuf*, mais un guide complet à l'usage des croyants, embrassant tous les aspects de la vie religieuse. Henri Laoust y voit à la fois une encyclopédie, un traité de morale, une profession de foi, un traité d'éthique politique, un manuel d'endoctrinement religieux et politique, etc. [6].

Ghazâlî ne demeura pas en retrait, il revint au monde. Pressé par les autorités, il reprit son enseignement de *fiqh* et d'*uṣûl al-fiqh*, en 1106, à la Niẓâmiyya de Nichâpûr cette fois, et se remit à composer des manuels pour ses disciples. Ainsi, après avoir légitimé le soufisme et appelé à la réforme morale et politique, Ghazâlî retournait à ses activités de juriste, comme pour boucler la boucle avant de se retirer tout à fait.

1. Henry Corbin, *Histoire de la philosophie islamique*, p. 253.
2. Cf. l'édition bilingue publiée par la Commission libanaise pour la traduction des chefs-d'œuvre, Beyrouth, 1969.
3. Il n'en existe pas de traduction française intégrale, mais un ouvrage en présente le contenu, analysé et résumé, ainsi que quelques extraits traduits : Georges-Henri Bousquet (dir.), *Ghazâlî, Ihyâ 'oûloûm ed-dîn ou Revivification des sciences religieuses.*
4. Cf. « Révélation, vérité et histoire d'après l'œuvre de Ghazâlî », *Essais sur la pensée islamique.* Mohammed Arkoun y critique, notamment, les travaux de Farid Jabre et un article de J. M. Abdel-Jalil, « Autour de la sincérité de Ġazâlî », dans les *Mélanges Massignon*, Institut français de Damas, 1956.
5. Mustapha Hogga, *Orthodoxie, subversion et réforme en islam. Ġazâlî et les Seljûqides*, p. 11.
6. *La Politique de Ġazâlî*, p. 115-130. Pour une approche érudite et originale de l'œuvre de Ghazâlî, voir maintenant les travaux d'Emmanuel Pisani, notamment « Abū Ḥāmid al-Ġazālī (m. 111). Un précurseur musulman de la sociologie des religions », *ASSR*, n° 168, janvier-mars 2015, p. 287-305. https://assr.revues.org/26764

IBN TAYMIYYA

Ce savant du XIVe siècle vécut l'existence mouvementée d'un opposant au pouvoir et aux idées religieuses de son temps. Pour autant, il n'a rien de l'islamiste avant la lettre, de l'extrémiste ou du militant pour lequel il passe parfois du fait que les wahhâbites, les réformistes et, surtout, les militants islamistes contemporains s'inspirèrent de ses écrits et de ses *fatwâ*. Utilisé à des fins idéologiques par les uns, cité hors de son contexte politique ou sans référence à son système de pensée par les autres, Ibn Taymiyya est aujourd'hui à la fois célèbre et méconnu. Pourtant, on dispose sur l'homme et son œuvre de remarquables travaux que l'on doit à Henri Laoust [1].

Taqî al-Dîn Ibn Taymiyya est né en 1263 en Haute-Mésopotamie dans une famille de juristes ḥanbalites qui, fuyant les invasions mongoles, alla s'installer à Damas peu après. Ibn Taymiyya étudia dans les *madrasa* ḥanbalites de la ville, où il semble qu'il fit preuve, assez tôt, d'une certaine indépendance d'esprit. Il émit ses premières *fatwâ* à dix-neuf ans, et commença lui-même à enseigner à vingt et un ans. Le Coran et le *ḥadîth* furent les deux piliers de sa formation, auxquels il ajouta le *kalâm* et l'hérésiographie. En outre, il maîtrisait non seulement les écrits du ḥanbalisme, aux sources duquel il voulait revenir, mais aussi ceux des auteurs qu'il critiqua, notamment Ghazâlî et Ibn 'Arabî [2].

Ibn Taymiyya s'est distingué sur trois fronts qui sont à l'origine de sa célébrité d'aujourd'hui : la lutte contre les Mongols, par le biais de *fatwâ* autorisant à les combattre par le *jihâd* ; la critique virulente de ce qu'il considérait comme des hérésies, c'est-à-dire autant les doctrines de certaines branches de l'islam que des pratiques soufies vues comme des *bid'a* ; et son opposition à l'ach'arisme, dans ses professions de foi.

Ces positions valurent à Ibn Taymiyya d'être persécuté ; les idées qu'il défendait, l'intégrité, le désintéressement matériel et le courage intellectuel dont il fit preuve alors expliquent pourquoi il fut érigé par la suite en modèle par les militants de l'islam politique.

Ibn Taymiyya composa plusieurs professions de foi qui furent examinées par les autorités politiques et religieuses dès leur mise en circulation. L'une d'elles, *al-Wâṣitiyya*, parut convenir aux autorités damascènes mais il comparut ensuite devant un tribunal du Caire qui le condamna pour avoir professé l'anthropomorphisme (*tachbîh*). Le savant passa un an et demi en prison, puis fut relaxé mais dut demeurer au Caire. Il y fut de nouveau convoqué devant le grand cadi, cette fois pour avoir condamné le culte des saints ; on l'emprisonna de nouveau.

De retour à Damas en 1313, après avoir composé son fameux traité *al-Siyâsa al-char'iyya*[3], Ibn Taymiyya put reprendre son enseignement et recommencer à émettre des *fatwâ*… qui, de nouveau, le menèrent en prison car il avait donné des avis différents de ceux des quatre écoles juridiques. Libéré en 1321, il fut encore arrêté en 1326, cette fois, pour avoir déclaré illicites les visites pieuses aux tombeaux des saints. Malgré l'interdiction des autorités, Ibn Taymiyya continua d'écrire et d'émettre des *fatwâ* en prison, tant et si bien qu'on lui confisqua son calame. Il mourut quelques mois plus tard, en 1328.

Ce fut son inimitié avec les soufis et, particulièrement, les adeptes d'Ibn 'Arabî, qui eut raison d'Ibn Taymiyya. Dans ce conflit, il fut donc bien le perdant, contrairement aux idées reçues. Bien plus, Ibn Taymiyya, comme bon nombre de ceux qu'il influença par la suite, était lui-même soufi, initié à l'ordre ḥanbalite de la Qâdiriyya[4]. Ce n'était pas au mysticisme qu'il s'attaquait, mais aux pratiques dévotionnelles auxquelles s'adonnaient bon nombre de soufis, qu'il considérait comme des *bid'a* : le culte des saints, entre autres.

Enfin, et pour en terminer avec les idées reçues, Henri Laoust, grand connaisseur de son œuvre, présente Ibn Taymiyya comme un savant attaché à la doctrine du juste milieu, soucieux de montrer l'adéquation entre raison et révélation et de concilier les différentes doctrines afin de toutes les intégrer dans l'islam. Il faut donc le relire, pour se rendre compte qu'Ibn Taymiyya n'était pas un « extrémiste ».

1. *Essai sur les doctrines sociales et politiques de Taḳî-d-Dîn Aḥmad b. Taimîya*, 1939 ; *Contribution à une étude de la méthodologie canonique de Taḳî-d-Dîn Aḥmad b. Taimîya*, 1939 ; *La Profession de foi d'Ibn Taymiyya, la Wâsiṭiyya*, 1986.

2. Henri Laoust, *Essai sur les doctrines...*, chap. II.

3. Henri Laoust, *Le Traité de droit public d'Ibn Taimîya*, Institut français de Damas, 1950.

4. Cf. George Makdisi, « Ibn Taymîya : a Ṣûfî of the Qâdiriyya order », *Religion, Law and Learning in Classical Islam.*

AL-KHIḌR

Bien curieuse figure que ce Khiḍr (ou Khaḍir), qui porte le nom d'une couleur, le vert. La tradition islamique l'a intégré comme étant le « serviteur de Dieu », innommé, qui guide Moïse dans la sourate de la caverne (le Coran, 18 : 60-82). Soulignons que ce passage se situe exactement au milieu du Coran, ce qui n'est pas sans importance pour les commentateurs.

Toutefois, la figure du Khiḍr vient de plus loin que le Coran. En fait, le récit coranique puise dans trois sources proche-orientales : la légende de Gilgamesh, le roman d'Alexandre, et la légende juive d'Élie et de Josua ben Levi. L'épisode en question, dans l'épopée de Gilgamesh, décrit sa quête de l'herbe de vie qui procure l'immortalité ; Gilgamesh se rend à l'embouchure des deux fleuves où il retrouve son ancêtre et l'interroge sur la vie éternelle. Dans le roman d'Alexandre, le héros part, lui aussi, à la recherche de la source de vie. Quant à la légende juive, elle rapporte comment Élie fit un voyage avec Josua et lui posa des questions auxquelles l'autre ne voulait pas répondre [1]... On retrouve ces divers éléments dans le récit rapporté dans la sourate de la caverne.

Ce récit se divise en deux parties : la première raconte le départ de Moïse en quête de la « jonction des deux mers » avec l'un de ses disciples. Tous deux passèrent devant sans la voir ; en revanche, le poisson qu'ils avaient emporté pour leur déjeuner disparut dans l'eau. Moïse s'aperçut de son erreur lorsqu'il voulut manger et retourna sur ses pas, comprenant que le poisson, lui, avait trouvé la source de vie (60-64). Cette première partie de l'histoire déclencha maintes explications et hypothèses de la part des commentateurs. Pour les soufis, elle symbolise l'engagement dans la voie (*ṭarîqa*) qui mène l'aspirant vers Dieu. La résurrection du poisson, c'est alors la renaissance spirituelle à laquelle on accède par cette voie ; le retour de Moïse sur ses pas, c'est un retour sur son propre passé, pour comprendre le sens de sa vie [2].

Al-Khiḍr intervient dans la seconde partie du récit coranique (65-82), qui le présente comme un serviteur de Dieu instruit de la science divine. Moïse le rencontra là où le poisson avait disparu et lui demanda de l'instruire à son tour. Le Khiḍr accepta, à condition qu'il se tût et ne lui posât pas de question. À trois reprises, Moïse faillit à sa promesse en voyant al-Khiḍr accomplir des actions aussi insolites que répréhensibles, et celui-ci, après lui avoir fourni des explications sur sa conduite, le quitta.

Ainsi Moïse, détenteur de la loi sacrée, se montre-t-il incapable de faire preuve de la patience nécessaire pour cheminer sur la voie qui mène à Dieu, à la *ḥaqîqa*, dont al-Khiḍr est le dépositaire. On comprend bien, ici, que la *ḥaqîqa* transcende la *charî'a*. Par ailleurs, ce sont les règles du compagnonnage qui, aux yeux des soufis, sont exposées ici : le disciple ne doit pas interroger le maître, mais le laisser mener l'initiation comme il l'entend [3].

Pour les mystiques, al-Khiḍr est donc le maître, l'initiateur par excellence. Un bon nombre d'entre eux, dont Ibn

'Arabî, prétendent avoir été enseignés par lui, en rêve : manière de montrer qu'on accède directement au divin sans passer par l'intermédiaire d'une chaîne de maîtres. Al-Khiḍr est le « verdoyant », l'éternel adolescent ; il est souvent associé à Élie ou bien, pour les chiites, à l'imam caché, qui demeure dans l'Île verte, au centre de la mer Blancheur (c'est-à-dire la Méditerranée) [4]… Car al-Khiḍr, selon la tradition islamique, habite dans une île où il adore Dieu.

Tous ces récits légendaires fécondèrent les croyances populaires. Celles-ci font d'al-Khiḍr un être tantôt marin, patron des navigateurs, qui vient au secours des naufragés, tantôt céleste, tantôt végétal. On dit alors que lorsque ses pieds touchent terre, elle reverdit, tandis qu'il laisse une empreinte verte sur les mains qu'il a touchées. Al-Khiḍr, en tout cas, apporte abondance et félicité. En Turquie, une fête est dédiée, chaque année, au Khiḍr et à Élie associés. Elle s'appelle Hidrellez, de leurs deux noms accolés, et se déroule entre les 5 et 6 mai : on dit que cette nuit-là, les deux immortels se rencontrent sur terre. C'est une fête de printemps, qui célèbre la renaissance de la végétation et de la vie [5].

1. *EI²*, « Khaḍir ».
2. Denis Gril, « La voie », dans l'ouvrage d'Alexandre Popovic et Gilles Veinstein, *Les Voies d'Allah*, p. 88.
3. *Ibid.*, p. 89-90.
4. Henry Corbin, *L'Imagination créatrice dans le soufisme d'Ibn 'Arabî*, p. 51 et p. 59.
5. *EI²*, « Khiḍr-Ilyâs ».

KHOMEINI

Après avoir été attendu comme le sauveur pendant un exil qui fut assimilé à une « occultation », Khomeini apparut tel le Mahdî, l'imam qui devait restaurer la justice sur terre. Il est très difficile d'apprécier le rôle de la ferveur spontanée et la part prise par la fabrication idéologique dans cette affaire. Car si pour de nombreux fidèles, le charisme de Khomeini suffit à l'imposer comme imam, sa reconnaissance en tant que tel n'allait pas de soi. En effet, le retour du douzième imam est au centre du dogme chiite et les traditions sacrées en ont prévu toutes les circonstances historiques. Les « gardiens de la révolution » iranienne manipulèrent la piété et la ferveur populaires et essayèrent de faire coïncider sa biographie officielle avec les prédictions annonçant le retour du Mahdî afin d'imposer Khomeini comme imam [1].

Khomeini ne les démentit jamais véritablement [2]. Pendant ce temps, l'« Occident » tentait de comprendre quel processus avait mené à la révolution et comment ce vieillard aux idées moyenâgeuses avait pu subjuguer les foules et prendre le pouvoir en Iran. Aussi, on ne s'étonnera pas de constater que, entre les thèses hagiographiques et les écrits de type journalistique, trop peu de travaux de recherche ont été consacrés au « Guide », au regard de l'envergure du personnage et du rôle qu'il joua dans l'histoire.

Ruhollâh Musavi Khomeini naquit en 1902 dans un village de la région d'Ispahan. En 1919, il partit pour Arak afin d'y étudier auprès de 'Abd al-Karîm al-Hâ'irî al-Yazdî et suivit son maître, un an plus tard, lorsque celui-ci fut appelé à Qom. Khomeini y poursuivit ses études, devint un *mujtahid* et termina son cursus en 1936. Entre-temps, à partir de 1928, il s'était mis à enseigner la morale, la philosophie et la mystique. C'est là un des aspects peu connus de la vie et de la personnalité du chef religieux : en fait, il fut d'abord attiré par la spéculation et la spiritualité, qui le retinrent une quinzaine d'années. On a peu d'informations sur cette période de sa vie et il est difficile de se faire une idée précise de ce que fut son enseignement dans ces domaines. Les auteurs iraniens eux-mêmes ne s'y arrêtent pas, dans les biographies qu'ils composent de l'« imam ». C'est sans doute pourquoi cet aspect de Khomeini est devenu quasi légendaire dans les milieux chiites [3]. Le sujet a même attiré certains chercheurs étrangers [4]. Néanmoins, la formation principale de Khomeini, comme celle de tous les *mujtahid*, était en *fiqh*, et ce fut en tant que théologien et *faqîh* qu'il se distingua.

Exilé à Najaf pour s'être opposé à la politique du Shah, Khomeini séjourna et enseigna dans la ville sainte entre 1964 et 1978. Là, il continua d'appeler à la rébellion contre le Shah puis, en 1970, il élabora la théorie de la « guidance du juriste » (*wilâyat al-faqîh*), qu'il énonça dans ses cours, et que ses disciples consignèrent par écrit pour la diffuser. Malgré les oppositions, de la part des libéraux mais aussi de certains clercs, les idées de Khomeini l'emportèrent dans les milieux qui luttaient contre le Shah. Après s'être réfugié quelques mois en France, à Neauphle-le-Château, Khomeini fit un retour triomphant à Téhéran, le 1er février 1979.

Pendant dix ans, il fut le « guide » de l'État islamique qu'il avait contribué à instaurer. Lorsqu'il mourut, en 1989, certains croyants durent se résoudre à l'évidence : Khomeini n'était pas immortel, il n'était pas le Mahdî. Pourtant, il demeura, aux yeux de ses fervents adeptes, plus qu'un leader révolutionnaire ou un chef d'État : un « imam ». En tant que tel, son destin était à mettre en parallèle avec celui des douze imams vénérés par les chiites duodécimains. D'ailleurs, après avoir accepté le cessez-le-feu avec l'Irak, Khomeini avait déclaré dans un entretien à la presse que cette décision avait été pour lui « plus mortelle que le poison ». Or, selon la tradition chiite, tous les imams, exceptés 'Alî et Ḥusayn, assassinés par l'épée, périrent empoisonnés [5]…

1. Eliz Sanasarian, « Ayatollah Khomeini and the institutionalization of charismatic rule in Iran, 1979-1989 », *Journal of Developing Societies*, XI/2 (1995), p. 189-205.

2. Cf. Yann Richard, *L'Islam chi'ite*, p. 138-139.

3. Hamid Dabashi, « Ayatollah Khomeini : the theologian of discontent », *Theology of Discontent*.

4. Alexander Knysh, « Irfan revisited : Khomeini and the legacy of islamic mystical philosophy », *Middle East Journal*, 46/4, 1992, p. 631-653 ; Yahya Christian Bonnaud, *L'Imam Khomeini, un gnostique méconnu du XXᵉ siècle : métaphysique et théologie dans les œuvres philosophiques et spirituelles de l'Imam Khomeini*, Beyrouth, al-Bouraq, 1997.

5. Eliz Sanasarian, « Ayatollah Khomeini and the institutionalization of charismatic rule in Iran, 1979-1989 », p. 201.

Madrasa

Depuis les débuts de l'islam jusqu'à nos jours, la transmission du savoir religieux s'est effectuée dans des lieux très variés : les mosquées – que ce soit la simple salle de prière (*masjid*) ou la mosquée dite « cathédrale » (*jâmi'*) –, les sanctuaires des mausolées de saints personnages, le domicile du maître, une bibliothèque, ou bien un lieu d'enseignement appelé *madrasa*. C'est le terme qui, aujourd'hui, désigne communément une école, en arabe ; c'est aussi celui qui fut francisé en medersa, à partir du terme en usage au Maghreb.

À l'origine, les *madrasa* étaient des lieux où l'on enseignait le *fiqh*, c'est-à-dire où l'on formait les clercs, les juges et autres juristes. Même si elles étendirent leur programme à d'autres sciences (grammaire arabe, rhétorique, logique, exégèse, *ḥadîth*, théologie, calcul, astronomie), le *fiqh* y demeura la discipline centrale ; il existait par ailleurs des institutions où l'on enseignait exclusivement le *ḥadîth*, appelées *dâr al-ḥadîth*. La première *madrasa* fut, semble-t-il, celle que fonda à Bagdad, en 1065, le vizir seldjoukide

Niẓâm al-Mulk, la Niẓâmiyya, dans le but de lutter contre le chiisme et de constituer une orthodoxie sunnite reposant sur l'école juridique châfi'ite et la théologie ach'arite. D'autres écoles dites Niẓâmiyya furent ensuite créées sur ce modèle dans l'ensemble du territoire seldjoukide, et formèrent une sorte de réseau. Les étudiants y étaient hébergés et dotés d'une bourse d'études. Ils pouvaient choisir leur *madrasa* en fonction de leur *madhhab*, car les quatre écoles sunnites y étaient représentées [1].

Un certain nombre de travaux ont été consacrés à la *madrasa* médiévale qui, en fait, demeura le modèle en matière de transmission du savoir en islam. Frantz Rosenthal, George Makdisi et Georges Vajda ouvrirent largement la voie en la matière [2]. Plus récemment, Jonathan Berkey focalisa ses recherches sur la ville du Caire, et Michael Chamberlain sur celle de Damas [3]. Ce dernier montra, en recourant à des problématiques sociologiques, que les *madrasa* y étaient établies, avant tout, pour servir les intérêts de leurs fondateurs, une élite soucieuse d'associer le prestige du savoir à ses stratégies de pouvoir. L'enseignement religieux, la quête de la science (*ṭalab al-'ilm*) avaient donc lieu, selon lui, ailleurs : dans les mosquées et chez les maîtres, par exemple.

Contre l'idée véhiculée par l'historiographie classique, la transmission du savoir dans le monde musulman n'a toutefois pas été exclusivement calquée sur le modèle médiéval arabe. Il existait aussi un modèle « oriental », inventé dans les territoires allant de l'Iran à la Transoxiane, l'actuel Ouzbékistan. Ces *madrasa* incluaient la médecine et des sciences rationnelles comme la philosophie dans leur cursus [4]. Ce sont ces deux modèles qui forgèrent le système d'enseignement en islam jusqu'à l'apparition du réformisme, à partir du XVIIIe siècle (voir *supra*, chapitre IX).

La spécificité du système de transmission du savoir en islam réside dans le fait qu'il ne repose pas sur un dispositif institutionnel, mais sur un type de relation interpersonnelle, celui qu'entretient le maître et le disciple, très proche du type de comportement qui prévaut entre le chaykh soufi et le *murîd.* Dans cette relation, chacun constitue un maillon dans la chaîne de transmission que les savants musulmans font remonter à la période de formation de l'islam. Pour ne pas briser cette chaîne, il faut enseigner et délivrer des licences de transmission (*ijâza*) aux disciples qui feront de même et se feront, à leur tour, les garants, les gardiens et les transmetteurs du *'ilm*.

Ce *'ilm*, le savoir religieux qui s'apprend, s'acquiert laborieusement, se distingue à la fois de la *ma'rifa*, connaissance plus immédiate et plus intuitive, et de l'*adab*, qui constitue le savoir profane et deviendra par la suite l'équivalent des belles-lettres[5]. Pour s'y initier, on va chercher les plus grands maîtres, si éloignés soient-ils : c'est le *ṭalab al-'ilm*, ou quête du savoir, qui mène les jeunes et les moins jeunes sur les routes du monde musulman, parfois pour longtemps, et les conduits dans les grands centres d'enseignement ou auprès de maîtres réputés. Là aussi l'analogie est frappante avec l'initiation mystique qui mène le fidèle de sanctuaire en sanctuaire en quête de *baraka* et de connaissances ésotériques.

Ce système de transmission du savoir pouvait amener les « étudiants » à vivre plusieurs années loin de chez eux dans les grands centres d'enseignement comme al-Azhar au Caire, al-Qarawiyyûn à Fez, la grande mosquée de Kairouan ou la Zaytûna à Tunis. Parfois ils s'y mariaient et même s'y établissaient. Leur mouvement densifia considérablement la circulation et les échanges, et le réseau des *madrasa* qui quadrillait l'ensemble du monde musulman contribua ainsi, pour une part essentielle, à développer le sentiment de coappartenance à la *umma* qui permettait à chaque musulman de se sentir chez lui n'importe où dans le *dâr al-islâm*.

À partir du XIXe siècle, avec l'irruption de la modernité européenne dans les mondes musulmans, puis avec la formation des États modernes, les grandes *madrasa* comme al-Azhar durent se réformer [6].

Après le 11 septembre 2001, les *madrasa* traditionnelles ont été présentées comme des « usines de *jihâd* » par les médias, suite au lien établi entre certaines d'entre elles et les Talibans ou al-Qâ'ida [7]. Cette vision caricaturale masque une réalité très diversifiée de ces écoles et de l'enseignement islamique en général, ainsi que des débats en cours sur sa modernisation.

1. George Makdisi, « Muslim institutions of learning in eleventh-century Baghdad », *Religion, Law and Learning in Classical Islam.*

2. Franz Rosenthal, *Knowledge Triumphant : the Concept of Knowledge in Medieval Islam*, Leyde, 1970 ; George Makdisi, *The Rise of Colleges. Institutions of Learning in Islam and the West*, Édimbourg, 1981 ; Georges Vajda, *La Transmission du savoir en islam (VIIe-XVIIIe siècles)*, Londres, Variorum reprints, 1983.

3. Jonathan Berkey, *The Transmission of Knowledge in Medieval Cairo : A Social History of Islamic Education*, Princeton, 1992 ; Michael Chamberlain, *Knowledge and Social Practice in Medieval Damascus, 1190-1350*, Cambridge, 1994.

4. Cf. Roy Mottahedeh, « The transmission of learning : the role of the islamic Northeast », dans l'ouvrage de Nicole Grandin et Marc Gaborieau, *Madrasa*, p. 63-72.

5. Jacqueline Sublet, « Le modèle arabe », *ibid.*, p. 14.

6. Malika Zeghal, *Gardiens de l'islam. Les oulémas d'al-Azhar dans l'Égypte contemporaine*, Paris, Presses de Sciences Po, 1996 ;

7. L'expression est reprise par Jonathan P. Berkey, « Madrasas medieval and modern : politics, education and the problem of Muslim identity », Robert Hefner et Muhammad Qasim Zaman (dir.), *Schooling Islam : the Culture and Politics of Modern Muslim Education*, Princeton, Princeton University Press, 2006, p. 54.

Mosquée

Lieu de prière et de recueillement, la mosquée est l'endroit où l'on vient se prosterner (c'est littéralement le sens de *masjid*) ; lieu de rassemblement (*jâmi'*), c'est là où la communauté se retrouve pour accomplir les rites collectifs. La mosquée est aussi un foyer d'enseignement où les disciples se regroupent, en cercle (*ḥalqa*), autour du maître. Enfin, c'est un lieu de convivialité situé au cœur de la vie économique et sociale de la cité.

Selon un *ḥadîth* attribué au Prophète, la terre entière est un oratoire. On peut donc prier partout, et c'est ce que firent les premiers musulmans qui ne disposaient pas de leurs propres lieux de culte, à La Mecque. La tradition rapporte que le Prophète priait à côté de la pierre sacrée, dans le *ḥaram* de La Mecque. Il ne faisait là que perpétuer les gestes des Arabes et, parmi eux, des *ḥanîf*. Ensuite, le sanctuaire de La Mecque, *al-masjid al-ḥarâm*, fut consacré pour les musulmans par la révélation (le Coran, 22 : 25). Il y eut donc, à La Mecque comme ailleurs, appropriation des lieux de culte existants, mentionnés dans le Coran comme des oratoires de Dieu (*masâjid Allâh*) désormais réservés aux croyants et interdits aux associationnistes (le Coran, 9 : 17-18) [1].

À la différence de La Mecque, Médine n'abritait pas de sanctuaire lorsque Muḥammad y arriva. L'un des premiers gestes qu'il y effectua, rapporte la tradition, fut de choisir un terrain pour construire sa maison et un lieu de culte. Plusieurs *ḥadîth* fournissent des versions différentes de cet épisode de fondation. Certains racontent que le premier *masjid* fut ainsi édifié à Médine, par Muḥammad ; il laissa aller son chameau à sa guise et décida de faire halte à l'endroit où l'animal s'était arrêté. Il acheta – ou on lui fit don – du terrain sur lequel il construisit des habitations pour sa famille. Elles donnaient sur une cour, ceinte d'un mur construit de terre et de troncs de palmiers : ce fut le premier *masjid* institué par le Prophète, à la fois lieu de culte et lieu de réunion pour la communauté. D'autres *ḥadîth* rapportent que le premier *masjid* fut construit à Qubâ', une localité proche de Médine, par les partisans du Prophète. Celui-ci y aurait prié avant d'atteindre Médine.

Les lieux de culte se multiplièrent avec les conquêtes. Les musulmans, lors de leurs campagnes, s'installaient parfois dans des lieux inhabités. Ils y aménageaient alors un *masjid* et se fixaient autour : ainsi furent fondées Baṣra (637), Kûfa (638), Fustât (643) et Kairouan (670). Dans d'autres cas, ils prenaient des villes par les armes et s'y établissaient : les lieux de culte existants, des églises par exemple, pouvaient être alors confisqués et transformés en mosquées.

Le plan et les caractéristiques propres à la mosquée se précisèrent peu à peu, ainsi que les divers éléments qui en renforçaient la sacralité. La *qibla*, d'abord, indiquant la direction de la Ka'ba, à La Mecque ; elle est symbolisée par le *miḥrâb*, une niche attenante au mur intérieur de la salle de prière. La *maqsûra*, instaurée par les califes omeyyades, constitue un espace clos réservé au prince ; certaines peuvent être ménagées pour les femmes afin d'éviter la promiscuité des sexes. La chaire (*minbar*) fut d'abord le trône surélevé en bois d'où les califes délivraient leurs allocutions et recevaient les serments d'allégeance. Ensuite, les prédicateurs (*khaṭîb*) montèrent sur les marches de la chaire pour délivrer leurs sermons. Le minaret (*manâra, ma'dhân*), sorte de tour d'où le muezzin (*mu'adhdhin*) lance l'appel à la prière, est, en fait, assez tardif. Pendant longtemps, on construisit des mosquées sans minaret : le muezzin montait sur le toit par un escalier extérieur. Puis cet élément fut accolé à la mosquée, sous les formes diversifiées qu'on lui connaît aujourd'hui [2].

Enfin, il existe deux sortes de mosquées : le simple *masjid* et le *jâmi'*, où peut se tenir la prière du vendredi. Les châfi'ites considérèrent qu'il ne fallait pas en édifier plus d'une par localité. Ils ne purent se faire entendre, sur ce point, dans les grandes villes qui comptent plusieurs « grandes mosquées ».

Une abondante littérature traite des règles et des usages (*âdâb*) qu'il faut respecter à la mosquée. Les auteurs permettent au croyant d'y dormir, d'y manger, d'y marcher en sandales… mais ils ne s'accordent pas sur le fait de laisser y pénétrer, ou non, un infidèle [3]. Toujours est-il que la mosquée est un lieu de vie et d'échanges, ouvert au monde, où il règne une atmosphère détendue et sereine. C'est « le lieu de la foi et un espace-enjeu de la loi » [4].

1. Cf. à ce sujet Christian Décobert, *Le Mendiant et le Combattant*, p. 333-334.

2. *EI*[2], « Masjid », « Miḥrâb », « Manâra », etc. Sur les éléments architecturaux des mosquées, dans tout le monde musulman, cf. l'étude photographique réalisée par Yves Korbendau, *L'Architecture sacrée de l'islam*, Courbevoie, ACR éditions, 1997.

3. Cf. *Dossiers Études arabes* n° 79, « La mosquée », extraits de textes traduits, Institut pontifical de Rome (1990-1992).

4. Cf. l'introduction de Fariba Adelkhah et Abderrahmane Moussaoui au dossier thématique qu'ils ont dirigé dans la *REMMM*, n° 125, juillet 2009, « Les mosquées. Espaces, institutions et pratiques ».

OULÉMAS

Le mot tel qu'il a été francisé pose des problèmes reflétant, en fait, les nuances contenues dans le terme arabe. Dans le vocabulaire arabe courant, le mot au singulier, *'âlim*, qui dérive du mot *'ilm*, science ou savoir, signifie littéralement : savant. Cependant, au pluriel, *'ulamâ'* ne désigne plus seulement un ensemble de savants, mais un corps constitué de clercs exerçant un magistère spirituel et des fonctions religieuses, qu'elles soient officielles ou non. C'est dans ce sens qu'il fut utilisé en français, puis francisé, donc, à partir de sa forme au pluriel, et devint ouléma – terme quelque peu incongru pour les arabophones ou les arabisants lorsqu'il désigne un singulier. En tout cas, il figure ainsi dans *Le Petit Robert*, où il signifie : docteur de la Loi, théologien musulman…

Revenons en arrière pour écrire une brève histoire de ce mot. Avant l'avènement de l'islam, le *'ilm* était, selon l'expression de Jacqueline Chabbi, le « savoir de déplacement » des bédouins, qui consistait à rechercher les traces et les marques matérielles laissées par les hommes ; c'était aussi la connaissance des généalogies des tribus et des alliances qu'elles contractaient entre elles [1]. Bref, le *'ilm* était la connaissance de ce qu'on laisse derrière soi : des traces et des ancêtres. Après l'avènement de l'islam, le *'ilm* devint la connaissance du Coran et de la *sunna* et s'opposa alors au *ra'y*, l'opinion argumentée [2].

La possession de ce *'ilm* donna droit au titre de *'âlim*, désignant donc un personnage qui s'employait à chercher et à transmettre un précédent [3]. Ainsi, certains historiens estiment qu'il y eut, dès le VIIIe-IXe siècle, une élite lettrée détentrice d'un savoir religieux qui se chargea de le conserver et de le transmettre. Ces individus, reconnus comme des oulémas, ne formaient pas un corps constitué ni ne se consacraient entièrement au savoir [4].

Ces oulémas étudiaient les différentes disciplines coraniques, le *fiqh* et ses fondements, mais aussi la grammaire, la rhétorique et d'autres sciences. À la fin du XIe siècle, ils profitèrent de l'affaiblissement du califat pour accroître leur influence et leur pouvoir et, en s'appuyant sur un *ḥadîth*, ils se proclamèrent les « héritiers des Prophètes ». Bien qu'ils pussent obtenir des postes dans la fonction publique, comme ceux de cadi, d'inspecteur des poids et mesures (*muḥtasib*), de lecteur dans une *madrasa*, d'administrateur de *waqf*, etc., les oulémas ne formèrent pas un corps globalement dépendant de l'État. C'est dire que l'ensemble des personnages et des fonctions subsumés sous le terme « oulémas » était très hétérogène.

Sous l'Empire ottoman, après l'officialisation et la hiérarchisation de certaines fonctions confiées à des oulémas, un mufti, portant le titre de *chaykh al-islâm*, fut placé à la tête de la hiérarchie religieuse, au XVIIIe siècle. Néanmoins, le modèle classique perdura. Après les réformes ottomanes, à la fin du XIXe siècle, les hommes de religion perdirent peu à peu leur influence sur la société, dans la mesure où ils n'avaient plus le monopole du contrôle des institutions judiciaires et d'enseignement.

Aujourd'hui, alors que la création des États modernes a provoqué la rationalisation et l'organisation des institutions religieuses, certains oulémas exercent des fonctions officielles, d'autres pas. Tous continuent, de toute manière, à se poser comme les médiateurs entre la société et l'État et à donner, parfois, un « bon conseil » (*naṣîḥa*) au prince. Ils forment un corps, voire un clergé sans Église (particulièrement dans le chiisme imamite), mais leur statut n'est pas défini dans le dogme. C'est pourquoi d'autres acteurs interviennent dans le champ religieux, venant concurrencer l'autorité des oulémas. Qu'ils se présentent comme des autorités autoproclamées, des entrepreneurs religieux, ou des intellectuels, qu'ils se réclament de mouvances islamistes ou modernistes, ils revendiquent le droit de pouvoir s'exprimer au nom de la tradition. Aussi certains oulémas ont-ils réagi en se positionnant non plus seulement comme des gardiens de cette tradition, mais aussi comme des acteurs du changement [5].

1. Cf. Jacqueline Chabbi, *Le Seigneur des tribus*, p. 133.
2. Wael Hallaq, *A History of Islamic Legal Theories*, p. 15.

3. Gautier H.A. Juynboll, *Muslim Tradition*, p. 33.

4. Muhammad Qasim Zaman, *Religion and Politics under the Early 'Abbâsids*, p. 3.

5. Muhammad Qasim Zaman, *The Ulama in Contemporary Islam. Custodians of change*, Princeton, Princeton University Press, 2002. Voir aussi Marc Gaborieau et Malika Zeghal (dir.), « Les autorités religieuses en islam », *Archives de sciences sociales des religions*, n° 125, 2004.

WAQF

Le *waqf* est, dans le droit islamique, un bien inaliénable dont les revenus sont affectés à un usage précis ou à des personnes déterminées. La finalité de l'opération, pour le propriétaire de ce bien, est de faire une bonne œuvre qui le rapprochera de Dieu. Au Maghreb, le *waqf* est appelé *ḥubs*, terme qui a été francisé pendant la période coloniale en « habous » et qui est resté en usage dans les études sur la question. Ces deux termes, *waqf* et *ḥubs*, sont tous les deux employés pour désigner la même chose, de manière générique, l'un au Machrek, l'autre au Maghreb ; le premier suggère l'idée de suspendre ; le second, d'immobiliser. Ils contiennent les mêmes sous-catégories dont les deux plus importantes sont les *waqf* de bienfaisance ou publics, appelés *khayrî*, et les *waqf* familiaux ou privés, dits *dhurrî* ou *ahlî*.

Les *waqf* de bienfaisance peuvent être des terres ou des boutiques que le propriétaire voue à une fondation pieuse, les rendant ainsi inaliénables. L'acte constituant le *waqf* stipule que son revenu est affecté à des fondations religieuses ou à des constructions d'intérêt public : des mosquées, des *madrasa*, des bibliothèques, mais aussi des fontaines, des hôpitaux, des canalisations, etc. En revanche, le revenu du *waqf* familial est alloué aux enfants ou aux descendants du donataire et revient aux pauvres ou aux fondations pieuses en cas d'extinction de sa lignée [1].

On voit bien que ces deux catégories correspondent à deux réalités bien distinctes. C'est que l'institution du *waqf* s'est effectuée à partir de deux sources différentes. Il y eut, d'une part, des pratiques suivies par les Arabes du Hedjaz, qui furent perpétuées par le Prophète et ses compagnons, ainsi que des pratiques propres à la nouvelle communauté. D'autre part, un phénomène d'emprunt aux systèmes de fondations pieuses existant dans le christianisme et le judaïsme [2].

Au début de l'islam, tous les *waqf* étaient destinés aux pauvres, qu'ils fussent descendants du donataire ou pas. Dans le premier cas, il s'agissait à la fois de faire œuvre pie et de prémunir ses descendants du besoin ; dans le second, de participer au financement du *jihâd*. Le *waqf* « primitif » (appelé alors *ṣadaqa muḥarrama*, aumône réservée) était donc destiné à des individus nécessiteux, afin de pourvoir à leur subsistance ou bien à leur armement dans le cadre du *jihâd*. Parmi les fondations attribuées au Prophète ou à ses compagnons, aucune n'alla au bénéfice d'un édifice public, puisqu'il n'en existait pas. D'un autre point de vue, sous les premiers califes, les édifices publics étaient à la charge de l'État et non pas entretenus grâce à des revenus alloués par des *waqf*. Au VIIIe siècle, l'institution du *waqf* était connue et répandue, uniquement sous sa forme privée.

Le *waqf* familial se développa et perdura d'autant plus facilement qu'il permettait d'échapper aux prescriptions coraniques en matière d'héritage, notamment concernant les parts réservées aux femmes. En effet, le respect de cette prescription subvertit l'ordre économico-politique patriarcal de la plupart des communautés musulmanes, en particulier dans le monde rural. La constitution d'un *waqf* permettait d'exhéréder les femmes. Il fut en outre à la base de bien des artifices et autres subterfuges des juristes pour permettre à un individu de se constituer destinataire d'un bien qu'il instituait en *waqf*.

Quant au *waqf* public, il fut emprunté aux fondations byzantines et hébraïques et se propagea progressivement mais de manière inégale, selon les régions du monde musulman. Il permit de subvenir à l'entretien des monuments publics et religieux et contribua largement à l'aménagement des cités. Il permit en outre d'allouer à des institutions religieuses ou d'enseignement des sommes destinées à rémunérer les clercs ou à doter les étudiants d'une bourse. En fait, une grande partie des activités politiques, sociales et religieuses aussi bien dans les cités qu'en milieu rural, passait, à un moment ou à un autre, par un recours au *waqf*. C'est pourquoi tous les documents y afférents, *waqfiyya* instituant la fondation ou registres de tribunaux, sont susceptibles d'éclairer l'histoire sociale des régions concernées [3].

Gérés par des administrateurs, contrôlés par des cadis, les *waqf* n'étaient pas directement sous la tutelle de l'État et faisaient souvent l'objet de critiques dénonçant les malversations, les prébendes et autres dysfonctionnements imputables à leurs gestionnaires. Les souverains réformateurs se sont employés à assainir la situation. Par ailleurs, à partir du XIXe siècle, le phénomène colonial induisit des effets extrêmement variés, selon la nature de la politique mise en œuvre : de leur confiscation ou de leur multiplication désordonnée à leur assainissement par une gestion plus rigoureuse. De la même façon, selon les politiques suivies par les États nationaux, la situation des *waqf* est aujourd'hui très hétérogène. Au total, on doit souligner la capacité du *waqf* à s'adapter aux contextes les plus variés et aux changements.

1. *EI*[1], « Waḳf » ; Joseph Schacht, *Introduction au droit musulman*, p. 28.

2. Claude Cahen, « Réflexions sur le waqf ancien », *Studia islamica*, n° 14, 1961, p. 37-56.

3. Cf. Randi Deguilhem (dir.), *Le Waqf dans l'espace islamique, outil de pouvoir socio-politique*, Damas, IFEAD, 1995.

LIEUX

JÉRUSALEM

Au moment de l'avènement de l'islam, Jérusalem était une ville sainte pour les juifs et les chrétiens : aussi, les premiers musulmans se tournèrent, eux aussi, vers elle, pour prier. Elle demeura la *qibla*, ou direction de la prière, jusqu'à la rupture entre Muḥammad et les tribus juives de Médine. Une révélation instaura alors une nouvelle *qibla*, La Mecque (le Coran, 2 : 142-150). C'est du moins ce que déduisent certains historiens, tel Montgomery Watt, de sources qui ne sont pas coraniques, puisque Jérusalem n'est pas mentionnée dans le Coran [1].

Jérusalem était alors appelée Îlyâ' par les historiens arabes qui avaient ainsi traduit le nom de l'Aelia romaine, la ville du temple. Selon Oleg Grabar, ils ne la citèrent pas sous un autre nom avant le Xe siècle, qui vit apparaître les termes *bayt al-maqdis* ou *bayt al-muqaddas*, c'est-à-dire la demeure sacrée, sainte. De la même racine venant de l'araméen *qudsha*, sanctuaire, fut tiré le nom qui devint le plus courant, en arabe : al-Quds, la sainte [2].

Le processus d'appropriation et de sanctification de Jérusalem par les doctrines islamiques ne se fit pas sans heurts. Certains musulmans considéraient qu'ils avaient assez de deux villes saintes, avec La Mecque et Médine, situées dans le lieu d'origine de l'islam ; Jérusalem leur paraissait lointaine.

La première étape de ce processus fut l'édification du Dôme du Rocher (Qubbat al-sakhra), entamée sous Mu'âwiya et achevée sous 'Abd al-Mâlik, en 691. Il est aussi appelé « mosquée d'Omar » car, selon la tradition, le calife 'Umar aurait fait construire auparavant, sur ce même site de l'esplanade du Temple, un oratoire. Le Dôme du Rocher constitue la plus ancienne construction musulmane vraiment « architecturée », avec son plan octogonal, sa fameuse coupole dorée et ses mosaïques byzantines [3].

Au début du VIIIe siècle, le calife al-Walîd fit élever un second édifice, une mosquée qui fut plusieurs fois reconstruite sous les Abbassides, plus tard appelée al-Masjid al-aqsâ.

En élevant ces lieux saints sur l'esplanade du Temple, les musulmans, qui étaient maîtres de la ville depuis 638, affirmaient leur suprématie sur les populations conquises. C'est la thèse défendue par Oleg Grabar qui s'inscrit en faux contre celle de Golziher voyant dans ce geste une tentative de supplanter les sites sacrés d'Arabie, au moment où celle-ci se révoltait contre les califes omeyyades [4].

D'un point de vue purement doctrinal, les savants musulmans placèrent ainsi l'islam dans la lignée des Prophètes qui avaient marqué le site : Adam y avait accompli son premier sacrifice ; après lui, Abraham y avait offert son fils Isaac en sacrifice. Des traditions proprement islamiques vinrent achever le cycle avec Muḥammad : la pierre sacrée abritée par le Dôme du Rocher lui avait servi de point d'appui lors de son ascension céleste. C'est pourquoi la mosquée fut nommée, à une date qui reste à préciser, al-Masjid al-aqsâ, en référence à l'oratoire mentionné dans le verset coranique rapportant l'ascension céleste du Prophète :

« Gloire à Celui qui fit aller de nuit Son serviteur de la mosquée consacrée à la mosquée ultime que Nous avons bénie alentour... » (le Coran, 17 : 1).

L'oratoire sacré, al-Masjid al-ḥaram, c'était La Mecque ; l'oratoire éloigné, al-Masjid al-aqsâ, devint Jérusalem.

Un *ḥadîth* avait fait de Jérusalem la troisième ville sainte de l'islam ; d'autres traditions en firent le lieu eschatologique du Jugement dernier et de la résurrection. À partir du Xe siècle, sa sainteté fut renforcée par une littérature *ad hoc* décrivant ses vertus et ses grâces, un ensemble de textes appelés *Fadâ'il al-Quds*. Les efforts pour faire valoir le caractère sacré de la ville culminèrent au moment où Saladin (Salâḥ al-Dîn) la reprit aux croisés, en 1187.

Peu à peu, sous les Mamelouks, Jérusalem devint un centre commercial et religieux. Les musulmans y construisirent des fondations pieuses, des écoles, des lieux de retraite pour les soufis et des mausolées. Elle attira les dévots, les pèlerins et tous ceux qui allaient en quête de savoir, à la recherche de maîtres qui leur enseigneraient les sciences religieuses.

Après la période ottomane (1517-1917), Jérusalem fut placée, comme toute la Palestine, sous mandat britannique. Le plan de partage établi par les Nations unies en 1947 prévoyait de la mettre sous un régime international spécial qui ne fut jamais instauré. D'abord divisée entre la Transjordanie et Israël, elle fut ensuite prise par les armes en 1967 et annexée par Israël qui en fit sa capitale en 1980. Aujourd'hui, le sort de Jérusalem, la ville « trois fois sainte », demeure l'une des pierres d'achoppement de toute négociation entre Israéliens et Palestiniens.

1. Cf. Montgomery Watt, *Mahomet*, p. 578.
2. *EI²*, « al-Ḳuds ».
3. Selon Jacqueline Chabbi dans *Le Seigneur des tribus*, p. 160.
4. *EI²*, « al-Ḳuds ».

Karbala

C'est aujourd'hui une grande ville près de l'Euphrate et l'un des hauts lieux saints chiites : Karbala renferme le mausolée de Ḥusayn b. ʻAlî, le troisième imam. Là s'accomplit son martyre, le 10 octobre 680, date qui correspond au 10 *muḥarram* de l'an 61 de l'hégire. Véritable lieu de mémoire de l'islam, le récit de la bataille de Karbala a fait l'objet d'élaborations différentes. La tradition sunnite a préféré oblitérer l'événement alors que les chiites ont développé une riche historiographie de l'épopée des imams, ici résumée [1].

Le frère aîné de Ḥusayn, Ḥasan, qui avait pactisé avec Mu'âwiya et lui avait abandonné le pouvoir, mourut en 670. Lorsque Mu'âwiya mourut à son tour, en 680, il désigna comme successeur son fils Yazîd, qui avait la réputation de s'adonner à la boisson et de bafouer l'islam. Selon l'usage, Ḥusayn aurait dû prêter allégeance à Yazîd, le nouveau calife ; le gouverneur de Médine, où il résidait, le pressait de le faire. Ḥusayn s'esquiva et alla se réfugier à La Mecque, qui était un lieu d'asile sacré. Là, Ḥusayn fut contacté par les habitants de la ville de Kûfa, partisans des alides, qui l'appelèrent auprès d'eux en lui promettant de l'aider à reconquérir le pouvoir usurpé par les Omeyyades. Après avoir envoyé son cousin Muslim b. ʻAqîl en reconnaissance, Ḥusayn se mit en route, flanqué de sa famille et d'une poignée de compagnons.

Ḥusayn et son groupe ne purent atteindre Kûfa : des troupes envoyées par le gouverneur de la ville lui barrèrent la route. Ḥusayn remonta l'Euphrate vers le nord et atteignit la plaine de Karbala où il bivouaqua sous la surveillance des troupes omeyyades, le 2 du mois de *muḥarram*. Le lendemain, des renforts omeyyades l'exhortèrent à prêter allégeance à Yazîd, mais il refusa. L'armée omeyyade lui coupa alors l'accès à l'eau potable. Ḥusayn tenta de négocier un retrait, en vain.

Le 10 *muḥarram*, l'armée omeyyade attaqua la petite troupe de Ḥusayn : des compagnons, des membres de sa famille, dont son fils aîné ʿAlî al-Akbar, tombèrent les uns après les autres. ʿAbbâs, son demi-frère, fut tué le dernier. Puis ce fut Ḥusayn, décapité sur l'ordre de Chimr, le chef de l'armée omeyyade. Sa tête fut amenée au gouverneur de Kûfa, puis à la cour de Yazîd, à Damas. Des membres de sa famille, capturés à Karbala, furent aussi conduits devant Yazîd : ainsi du petit ʿAlî, le fils cadet de Ḥusayn, futur quatrième imam, et de Zaynab, la sœur de Ḥusayn [2].

L'événement est commémoré chaque année par les chiites duodécimains dans les moindres détails. Du deuxième au dixième jour de *muḥarram*, des séances (*al-majâlis al-ḥusayniyya* ou bien *majâlis al-taʿziya*) sont consacrées à la narration des différents épisodes, jour après jour. Les fidèles revivent la scène, s'émeuvent, pleurent sur les alides persécutés. Des lieux de culte, qui sont donc propres au chiisme, ont été édifiés pour abriter ces séances : ce sont les *ḥusayniyya* qui, peu à peu, sont aussi devenus des lieux de réunion où l'on organise maintenant des conférences sur des sujets culturels, sociaux ou politiques.

Le dixième jour de *muḥarram*, c'est ʿÂchûrâʾ : les célébrations culminent avec la commémoration du martyre de Ḥusayn ; l'émotion est alors à son comble. En Iran et dans d'autres régions du monde chiite, des représentations théâtrales du drame sont montées ; on les appelle *taʿziyeh* en persan, et *tachbîh* en arabe. Ces représentations ont donné naissance à un véritable théâtre populaire, en Iran, et ont fait l'objet de nombreuses études [3].

Des processions publiques (*al-mawâkib al-ḥusayniyya*) se déroulent dans les rues : les fidèles scandent des slogans en se frappant la poitrine en cadence (*ḍarb*, *laṭm*) en signe de contrition. Certains observent des pratiques d'automortification spectaculaires. Il s'agit de faire couler son sang, en mémoire de Ḥusayn : les « pénitents », revêtus d'un linceul blanc, s'incisent le haut du crâne, puis se frappent la tête en cadence ; ou bien ils se flagellent avec des chaînes. Certains oulémas réformistes ont combattu ces pratiques qu'ils ont taxées de *bid'a*, mais elles ont perduré. Aujourd'hui, bon nombre de *mujtahid* s'y opposent, notamment en Iran où elles sont interdites. Mais les fidèles n'obéissent pas tous à leurs injonctions. Il faut souligner que tout ce qui s'exprime dans ces commémorations, c'est l'âme du chiisme : l'amour pour les imams, la douleur de les avoir perdus, et leur absence que les pratiques rituelles permettent de combler [4].

1. Antoine Borrut, « Remembering Karbala' : the construction of an early site of memory », *Jerusalem Studies in Arabic and Islam*, n° 42, 2015, p. 249-282.
2. Heinz Halm, *Le Chiisme*, p. 19-21 ; Moojam Momen, *Introduction to Shi'i Islam*, p. 28-33. Cf. aussi Mahmud Ayoub, *A Redemptive Suffering in Islam.*
3. Cf. Peter Chelkowski (dir.), *Ta'ziyeh : Ritual and Drama in Iran*, New York, New York University Press, 1979.
4. Sabrina Mervin, *Un réformisme chiite*, chap. VI.

La Mecque et Médine

Ce sont les deux plus hauts lieux saints de l'islam, que l'on regroupe sous le terme d'*al-ḥaramân*, les deux sanctuaires. Depuis les débuts de l'islam, la sacralité de ces lieux attire les dévots qui viennent y résider afin de bénéficier de la *baraka*, de l'effluve saint des lieux. On les appelle les *mujâwir*, et ils viennent de tout le monde musulman pour demeurer près du sanctuaire, qui pour y étudier, qui pour y méditer, qui pour attendre la mort. Il faut pour cela, selon les oulémas, avoir une foi très solide, car on risque de se perdre à fréquenter de trop près des lieux si sacrés [1]. Et entre La Mecque et Médine, comment choisir ?

Selon la tradition, La Mecque est le nombril du monde, dont le territoire a été consacré par Dieu avant l'édification de la ville ; elle contient la Ka‘ba, qui fut érigée par Abraham. C’est une construction en pierre de forme quasi cubique, recouverte d’un tissu noir comme les péchés des hommes, richement brodé, appelé *kiswa* et changé chaque année, durant le pèlerinage. La Ka‘ba recèle la pierre noire, bétyle antéislamique incrusté dans l’angle sud de l’édifice. Selon al-Maqrîzî, la Ka‘ba, par rapport aux parties habitées du monde, est comme le centre d’un cercle par rapport au cercle lui-même [2]…

Après avoir tourné sept fois autour de la Ka‘ba, le pèlerin prie devant la station d’Abraham, *maqâm Ibrâhîm*, toute proche. Puis il effectue un parcours entre les lieux saints du *ḥaram*, dont le plus éloigné est à vingt-cinq kilomètres, et qui sont balisés par des stations, ou *mîqât*. La Mecque est vraiment le lieu saint de l’islam par excellence, vers lequel le fidèle se tourne, cinq fois par jour, pour accomplir ses prières.

Bien que la supériorité de La Mecque fût établie par les oulémas, Médine eut ses défenseurs dans la lutte de préséance qui opposa les deux villes et s’exprima dans la littérature des *faḍâ’il* (vertus comparées). Médine est la ville de la *hijra*, choisie par le Prophète pour y fonder sa communauté. Ceux qui le suivirent sacrifièrent leurs biens, faisant ainsi la preuve de leur abnégation : Médine se mérite. Très vite, la cité devint la capitale économique et politique du nouvel État musulman [3].

Le fait que Médine renferme le sépulcre de Muḥammad ainsi que ceux de bon nombre de ses compagnons et de membres de sa famille lui confère un surplus de sainteté. Aussi, lorsque les pèlerins se rendent à La Mecque en pèlerinage (*ḥajj*), ils vont également à Médine accomplir des visites pieuses (*ziyâra*) aux tombeaux du Prophète et de ses proches, notamment dans le cimetière al-Baqî‘. Certes, en 1925, ces tombeaux érigés en coupoles avaient été rasés par les wahhâbites qui ne voyaient qu’innovation blâmable (*bid'a*) dans ces constructions et dans les rites qui s'y pratiquaient. Les tombes furent peu à peu restaurées d'une façon sobre et discrète, conformément à l'éthique rigoriste des wahhâbites.

Quant à la mosquée du *ḥaram* de La Mecque et à celle du Prophète, à Médine, elles sont entretenues et régulièrement agrandies par le royaume d'Arabie saoudite, gardien des deux sanctuaires (*khâdim al-ḥaramayn*). Elles rivalisent d'illuminations qui mettent leur architecture en valeur et d'équipements qui facilitent la circulation des pèlerins, en nombre toujours croissant. Elles peuvent contenir des centaines de milliers de visiteurs. La Mecque, qui compte presque quatre millions et demi d'habitants, a accueilli deux millions de pèlerins venus du monde entier (dont vingt mille de France), lors du *ḥajj* de l'année 2000 [4].

Médine est une ville de dimension plus modeste et elle compte environ un million d'habitants. Son statut de *ḥaram* a été discuté par les savants. Il en résulte que tout son territoire n'est pas considéré comme tel, c'est pourquoi les non-musulmans peuvent séjourner dans certains endroits déterminés. À La Mecque, c'est absolument interdit.

1. *EI*[2], « Mudjâwir ».
2. Cité dans *EI*[2], « Makka ». Pour une description précise des lieux saints, cf. Slimane Zeghidour, *La Vie quotidienne à La Mecque*, Paris, Hachette, 1989.
3. Albert Arazi, « Matériaux pour l'étude du conflit de préséance entre La Mecque et Médine », *Jerusalem Studies in Arabic and Islam*, n° 5, 1984, p. 177-235.
4. Chiffres communiqués par l'ambassade d'Arabie saoudite à Paris.

Qom

Rendue célèbre par la révolution islamique iranienne, Qom est une ville sacrée et un lieu de pèlerinage pour les chiites car elle abrite le tombeau d'une sainte femme, Fâṭima. Toutefois, elle n'a pas la précellence parmi les « seuils sacrés » (*al-'atabât al-muqaddasa*) chiites : d'autres villes recèlent des mausolées d'imams et sont donc des lieux de visites pieuses (*ziyâra*) plus prisés. Ainsi de Najaf, qui recèle le tombeau de 'Alî b. Abî Ṭâlib (m. 661) ; de Karbala, qui a celui de Ḥusayn b. 'Alî (m. 680) ; d'al-Kâẓimiyya, où sont les tombeaux des septième et neuvième imams, Mûsâ al-Kâẓim (m. 799) et Muḥammad al-Taqî (m. 835) ; de Sâmarrâ', où sont les tombeaux des dixième et onzième imams, 'Alî al-Hâdî et Ḥasan al-'Askarî, et où le douzième imam, Muḥammad al-Mahdî, disparut en occultation (*ghayba*). Contrairement aux autres imams, celui-ci n'est pas vénéré dans un mausolée, mais les dévots se rendent dans une mosquée et, de là, poursuivent leur visite pieuse en descendant dans la cave où l'on dit que l'imam disparut. Ces « seuils sacrés » sont situés en Irak. Le tombeau du huitième imam, 'Alî al-Riḍâ (m. 818), se trouve en Iran, dans l'ancienne ville de Ṭûs, qui s'appelle aujourd'hui Machhad, mot signifiant mausolée [1].

Bien que Qom n'abrite que le mausolée de Fâṭima, la sœur de 'Alî al-Riḍâ, cette petite bourgade poussiéreuse est devenue une grande ville religieuse où résident en permanence pèlerins et étudiants en sciences religieuses ; une autoroute permet de la relier à Téhéran en une heure. Peuplée, en 713, par les chiites de Kûfa qui fuyaient les persécutions, Qom fut l'un des premiers centres de savoir chiites [2]. Un siècle plus tard, Fâṭima, en route pour le Khurâsân où résidait son frère 'Alî al-Riḍâ, tomba malade et se fit conduire à Qom où elle décéda, en 816 ; son tombeau fut bientôt un lieu de visites pieuses pour les dévots, et des écoles religieuses s'établirent à côté. Détruite par les Mongols en 1224, puis reconstruite, Qom fit ensuite l'objet des soins des Safavides qui incitèrent les pèlerins à s'y rendre et à éviter ainsi les grands lieux saints chiites, contrôlés par leurs rivaux ottomans.

Qom sortit une première fois de sa torpeur en 1906, quand environ un millier de clercs quittèrent Téhéran et vinrent s'y retirer en signe de protestation et pour exhorter le Shah à convoquer un parlement. Puis, dans les années 1920, elle redevint l'un des grands foyers de savoir chiites lorsque le *mujtahid* 'Abd al-Karîm al-Hâ'irî al-Yazdî s'y installa et ouvrit une école religieuse. Un certain Ruhollâh Khomeini, comme d'autres, vint y étudier. Une révolte éclata autour de lui en 1963, mais le *mujtahid* fut exilé vers la Turquie quelques mois plus tard. Après son retour triomphal en Iran, en 1979, ce fut dans une habitation simple de Qom que l'ayatollah s'installa, obligeant ainsi chefs religieux et hommes politiques à venir de Téhéran pour le consulter. Qom devint la seconde capitale du pays et un point de passage incontournable pour quiconque souhaitait entreprendre des études, puisque les sciences religieuses furent de nouveau privilégiées par rapport aux sciences « profanes », et les écoles théologiques par rapport aux universités de type moderne [3].

Si Qom vit son rôle changer depuis la révolution islamique de 1979, elle abrita toujours des dissidences, au sein même de la hiérarchie religieuse chiite, puisqu'elle hébergea des *marja'* (voir p. 167 *sq.*) opposés aux théories de Khomeini, puis à la « guidance » de Khamenei.

1. Moojan Momen, *An Introduction to Shi'i Islam*, p. 23-45.

2. Wilferd Madelung, *Religious Trends in Early Islamic Iran*, p. 79-84.

3. Yann Richard, « Qom, un lieu sacré en Iran », *Lieux d'islam, cultes et cultures de l'Afrique à Java*, Paris, Autrement, 1996, p. 60-66.

CHRONOLOGIE

vers 570 (?) : Naissance de Muḥammad à La Mecque.
610 (?) : Première révélation à Muḥammad.
613 (?) : Début de la prédication publique de Muḥammad.
615 : Émigration des adeptes de Muḥammad en Abyssinie.
16 juillet 622 : Hégire : émigration de Muḥammad et de ses partisans à Yathrib/Médine.
décembre 623 : Expédition de Nakhla.
mi-mars 624 : Expédition de Badr, la première victoire des musulmans contre les Quraych.
avril 624 : La tribu juive des Qaynuqâʾ est expulsée de Médine.
23 mars 625 : Bataille d'Uḥud : défaite des musulmans contre les Mecquois.
août 625 : La tribu juive des Naḍîr est expulsée de Médine.
mars-avril 627 : Siège de Médine par les Mecquois : bataille du Fossé, remportée par les musulmans.
mars 628 : Trêve d'al-Ḥudaybiyya conclue avec les Mecquois. Ceux-ci acceptent que les Médinois viennent accomplir le pèlerinage l'année suivante.
mai-juin 628 : Prise des oasis de Khaybar et de Fadak par les musulmans.
janvier 630 : Reddition de La Mecque.
janvier-février 630 : Bataille de Ḥunayn ; les musulmans sont vainqueurs des Hawâzin.
mars 632 : Pèlerinage dit « de l'Adieu » conduit par Muḥammad.

8 juin 632 : Mort de Muḥammad ; désignation d'Abû Bakr à sa succession.
632-633 : Guerres « de la *ridda* ».
634 : Califat de ʿUmar b. al-Khaṭṭâb.
Début de la conquête de l'Irak et de la Palestine.
642 : Conquête de l'Égypte.
3 novembre 644 : Meurtre de ʿUmar.
Désignation de ʿUthmân b. ʾAffân par un conseil (*chûrâ*).
653 : Le calife ʿUthmân ordonne la recension du Coran.
Mort d'Ibn Masʿûd, compagnon du Prophète et lecteur du Coran.
656 : Meurtre de ʿUthmân et début de la « grande discorde ».
juin-juillet 657 : Bataille de Ṣiffîn, opposant l'armée de ʿAlî à celle de Muʿâwiya, gouverneur de Damas.
juillet 658 : ʿAlî et son armée attaquent le camp khârijite de Nahrawân et l'écrasent.
661 : Assassinat de ʿAlî b. Abî Ṭâlib par Ibn Muljam, un khârijite.
661-749 : Califat omeyyade.
666 : Mort de Zayd b. Thâbit, compagnon et scribe du Prophète.
670 : Fondation de Kairouan.
680 : Mort de Muʿâwiya, fondateur de la dynastie omeyyade.
octobre 680 : Bataille de Karbala et martyre de Ḥusayn, troisième imam des chiites.
680-683 : « Anticalifat » de ʿAbd Allâh b. Zubayr, à La Mecque, sous le règne de Yazîd.
684 : Mort de Nâfiʿ b. al-Azraq al-Ḥanafî, théologien khârijite fondateur de l'azraqisme.
685 : Révolte de Mukhtâr ; il est tué et la rébellion matée.
687 : Mort d'Ibn ʿAbbâs, considéré comme le « père » de l'exégèse.
711 : Début de la conquête de l'Espagne.
732 : Bataille de Poitiers.

740 : Révolte de Zayd b. ʿAlî contre les Omeyyades ; le mouvement donnera naissance au chiisme zaydite.

750-1258 : Califat abbasside.

750 : Mort de Wâṣil b. ʿAṭâʾ, tenu pour le fondateur du muʿtazilisme.

754-775 : Règne du calife al-Manṣûr.

755 : Fondation de l'émirat omeyyade de Cordoue.

762 : Fondation de Bagdad.

765 : Mort de Jaʿfar al-Ṣâdiq, sixième imam des chiites, considéré comme le fondateur du *fiqh* dit « jaʿfarite ».

767 : Mort d'Abû Ḥanîfa, juriste de Kûfa, éponyme d'une école juridique sunnite.
Mort d'Ibn Isḥâq, auteur d'une *sîra* du Prophète.

786-809 : Règne du calife Hârûn al-Rachîd.

795 : Mort de Mâlik b. Anas, éponyme d'une école juridique sunnite.

813-833 : Règne du calife al-Maʾmûn.

820 : Mort d'al-Châfiʿî, éponyme d'une école juridique sunnite.

827 : Le muʿtazilisme est imposé comme doctrine officielle.

832 : Fondation de Bayt al-ḥikma, la « Maison de la sagesse ».

833 : Mort d'Ibn Hichâm, compilateur de *sîra*.
Début de la *miḥna*, épreuve imposée par les muʿtazilites.

833-842 : Règne d'al-Muʿtaṣim, frère de Maʾmûn.

836 : Al-Muʿtaṣim fonde Sâmarrâʾ et en fait sa capitale.

854 : Mort de Saḥnûn, cadi de Kairouan, disciple du juriste Mâlik b. Anas.

847-861 : Règne d'al-Mutawakkil.

849 : Fin de la *miḥna* ; début de la persécution des muʿtazilites.

855 : Mort d'Ibn Ḥanbal, éponyme d'une école juridique sunnite.

868 : Mort d'al-Jâḥiẓ, homme de lettres muʿtazilite de Baṣra.

870 : Mort d'al-Bukhârî, compilateur de *ḥadith*.

870 (?) : Mort d'al-Kindî, premier philosophe arabe.

874-941 : « Occultation mineure » du douzième imam des chiites duodécimains.

vers 890 : Mouvement qarmate.

910 : Mort de Junayd, un des initiateurs de l'école soufie de Bagdad.

915 : Mort d'Abû 'Alî al-Jubbâ'î, penseur mu'tazilite.

922 : Martyre du poète mystique al-Ḥallâj.

923 : Mort de Ṭabarî, commentateur du Coran et historien.

925 : Mort d'al-Râzî, philosophe et médecin.

934 : Institution des sept lectures canoniques du Coran.

935 : Mort d'al-Ach'arî, fondateur d'une école de pensée théologique.

941 : Début de l'« occultation majeure » du douzième imam des chiites duodécimains, le Mahdî.

945-1055 : Les émirs bouyides prennent le pouvoir à Bagdad ; ils seront renversés par les sultans seldjoukides.

950 : Mort d'al-Fârâbî, philosophe.

972 : Fondation d'al-Azhar, mosquée et institution d'enseignement, par les Fatimides.

974 : Mort du cadi Nu'mân, codificateur du *fiqh* ismaélien.

996 : Mort d'al-Rummânî, grammairien et théoricien de l'inimitabilité (*i'jâz*) du Coran.

996-1021 : Califat d'al-Ḥakîm (Égypte).

944 : Mort d'Abû Manṣûr al-Mâturîdî, à l'origine d'un courant théologique.

1025 : Mort du cadi 'Abd al-Jabbâr, penseur mu'tazilite.

1031 : Fin du califat de Cordoue.

1036-1147 : Dynastie des Almoravides au Maghreb.

1037 : Mort d'Ibn Sînâ (Avicenne), philosophe.

1058 : Mort d'al-Mâwardî, théoricien du califat.

1064 : Mort d'Ibn Ḥazm, poète, juriste et théologien.

1065 : Fondation de la *madrasa* Niẓâmiyya à Bagdad par le vizir Niẓâm al-Mulk.

1085 : Mort d'al-Juwaynî, théologien ach'arite et juriste châfi'ite.

1095-1291 : Croisades.

1099 : Prise de Jérusalem par les croisés.
1111 : Mort d'al-Ghazâlî, théologien et juriste qui concilia sunnisme et soufisme.
1130-1269 : Dynastie des Almohades au Maghreb.
1153 : Mort d'al-Chahrastânî, hérésiographe, auteur du *Livre des religions et des sectes*.
1171 : Saladin abolit le califat fatimide du Caire.
1187 : Saladin reprend Jérusalem aux croisés.
1191 : Mort de Suhrawardî, promoteur de la philosophie orientale (*ichrâqî*).
1198 : Mort d'Ibn Ruchd (Averroès), philosophe.
1210 : Mort de Fakhr al-Dîn al-Râzî, philosophe et commentateur du Coran.
1234 : Ouverture de la *madrasa* Muṣtansiriyya à Bagdad, où les quatre écoles juridiques sunnites sont enseignées.
1240 : Mort d'Ibn 'Arabî, le « grand maître » de la mystique, à Damas.
1250 : Début du règne des mamelouks, en Égypte et en Syrie.
1258 : Prise de Bagdad par les Mongols de Hulagu ; fin du califat abbasside.
1273 : Mort de Naṣîr al-Dîn al-Ṭûsî, théoricien du chiisme duodécimain.
Mort de Jalâl al-Dîn Rûmî, poète et mystique, initiateur de l'ordre des Mawlâwiyya ou derviches tourneurs.
1325 : Mort d'al-'Allâma al-Ḥillî, théologien et juriste chiite duodécimain.
1328 : Mort d'Ibn Taymiyya, théologien et juriste ḥanbalite.
1405 : Mort de Tamerlan.
1406 : Mort d'Ibn Khaldûn, historien, auteur des *Prolégomènes*.
1453 : Prise de Constantinople par les Ottomans.
1492 : Chute de Grenade.
1501 : Fondation de l'Empire safavide en Iran par Shah Ismâ'îl.

1505 : Mort d'al-Suyûṭî, polygraphe et *mujaddid* autoproclamé.

1566 : Fin du règne de Soliman le Magnifique, qui avait mené l'Empire ottoman à son apogée.

1631 : Mort de Mîr Dâmâd, fondateur de l'école philosophique d'Ispahan.

1640 : Mort de Mollâ Ṣadrâ al-Chîrâzî, philosophe chiite duodécimain.

1699 : Mort de Muḥammad Bâqir al-Majlisî, savant chiite auteur du *Biḥâr al-anwâr* (*Océan des lumières*).

1779 : La dynastie des Qâjârs succède à celle des Safavides en Iran.

1762 : Mort de Shah Walî Allâh al-Dihlâwî, savant indien.

1792 : Mort de Muḥammad b. 'Abd al-Waḥḥâb, fondateur du wahhâbisme.

1798 : Expédition de Bonaparte en Égypte ; elle durera trois ans.

1805 : Muḥammad 'Alî prend le pouvoir en Égypte.

1830 : Conquête de l'Algérie par la France.

1831 : Mort de Aḥmad Barelwî, mystique et réformiste indien.

1859 : Mort de Muḥammad b. al-Sanûsî, fondateur de la *Sânûsiyya*.

1873 : Mort de Rifâ'a al-Ṭahṭâwî.

1881 : Établissement d'un protectorat français en Tunisie.

1882 : Révolte de 'Urâbî Pacha suivie de l'occupation britannique de l'Égypte.

1898 : Mort de Aḥmad Khan, fondateur d'un collège musulman moderne en Inde.
Mort de Jamâl al-Dîn al-Afghânî, défenseur du panislamisme et du réformisme.

1905 : Mort de Muḥammad 'Abduh, clerc réformiste et mufti d'Égypte.

1906-1908 : Mouvement constitutionnaliste en Iran.

1908 : Révolution jeune-turque ; promulgation de la Constitution.

1912 : Protectorat français au Maroc.

1916 : Révolte arabe contre les Ottomans, conduite par le chérif Hussein de La Mecque.

1918 : Démembrement de l'Empire ottoman.

septembre 1922 : Suppression du sultanat turc : le califat est réduit à une autorité spirituelle.

mars 1924 : Abolition du califat par la Turquie kémaliste.

1925 : Reza Shah Pahlavi prend le pouvoir en Iran.

1926 : Ibn Su'ûd (Saoud) est proclamé roi du Hedjaz.

1928 : Fondation de l'association des Frères musulmans en Égypte.

1931 : Congrès panislamique de Jérusalem.

1932 : Fondation du royaume d'Arabie saoudite.

1935 : Mort de Rachîd Riḍâ, animateur de la revue *al-Manâr.*

1947 : Fondation du Pakistan, premier État moderne fondé sur un critère religieux.

15 mai 1948 : Fondation de l'État d'Israël.

1949 : Assassinat de Ḥasan al-Bannâ, fondateur du mouvement des Frères musulmans, par la police du roi Farouk.

23 juin 1952 : Coup d'État des « officiers libres » en Égypte.

1956 : Nationalisation du canal de Suez par Nasser.

1966 : Sayyid Quṭb, idéologue des Frères musulmans, est pendu.

1967 : Guerre des Six Jours.

1969 : Création de l'Organisation de la conférence islamique (OCI).

1977 : Mort de l'intellectuel iranien Ali Chari'ati.

1979 : Révolution en Iran et instauration de la République islamique.

20 novembre 1979 : Soulèvement d'un groupe messianique sunnite à La Mecque, pendant le pèlerinage annuel.

14 février 1989 : *Fatwâ* condamnant Salman Rushdie.

4 juin 1989 : Mort de Ruhollâh Khomeini.

13 mai 1999 : Mort d'Ibn Bâz, grand mufti d'Arabie saoudite et président du Conseil des grands oulémas.

11 septembre 2001 : Attentats perpétrés par al-Qâʿida à New York et à Washington : 3 000 morts.

2003 : Chute de Saddam Hussein et invasion américaine de l'Irak.

octobre 2006 : Fondation du groupe l'État islamique d'Irak.

14 septembre 2010 : Mort de Mohammed Arkoun.

2 mai 2011 : Oussama ben Laden est tué par un commando américain au Pakistan.

29 juin 2014 : Abû Bakr al-Baghdâdî se proclame calife dans la grande mosquée de Mossoul.

BIBLIOGRAPHIE

Cette bibliographie ne prétend pas à l'exhaustivité. Le lecteur pourra la compléter par les références bibliographiques qui figurent à la fin de chaque entrée du glossaire critique et dans les notes.

Traductions du Coran utilisées

Le Coran, trad. de Régis Blachère, Paris, PUF, 1992 (9e éd.).

Le Coran, trad. de Jacques Berque, éd. revue et corrigée, Paris, Albin Michel, 1995.

Le Coran, trad. Denise Masson, éd. bilingue, Beyrouth-Le Caire, Dâr al-kitâb al-lubnânî, Dâr al-kitâb al-miṣrî, 1980 ; cette traduction est aussi publiée dans une édition uniligue, en poche (Paris, Gallimard, « Folio », 1980, 2 vol.).

Encyclopédies et revues

Encyclopédie de l'islam, 2e éd. (abrégée en *EI²* dans cet ouvrage) ; la 3e édition, en cours de parution, est uniquement en anglais.

Deux revues scientifiques en français sont consacrées aux aspects doctrinaux de l'islam : *Arabica* (Paris) et *Studia islamica* (Paris). Il faut y ajouter *Les Annales islamologiques* (IFAO, Le Caire), le *Bulletin d'études orientales*

(IFPO, Damas), la *Revue du monde musulman et de la Méditerranée* (Aix-en-Provence), *Les Annales de l'autre islam* (jusqu'en 2002, Paris). Parmi les revues publiées en anglais, citons *Bulletin of the School of Oriental and African Studies, Journal of Islamic Studies, Journal of Near Eastern Studies, Journal of Qur'anic Studies, International Journal of Middle East Studies*, ainsi que *Der Islam* et *Die Welt des Islams*, où l'on trouve des articles en allemand, en anglais et en français.

On peut consulter des comptes rendus critiques d'ouvrages dans le *Bulletin critique des Annales islamologiques* et dans *Abstracta Iranica*. L'*Index islamicus* (consultable en bibliothèque, sur cédérom ou en ligne) recense des ouvrages et des articles de revues sur l'islam parus depuis 1905.

En outre, la presse (*Le Monde, Le Monde des religions, L'Histoire*, etc.) publie régulièrement des numéros spéciaux consacrés à l'islam, qui font appel à des contributions d'historiens ou de chercheurs et présentent de bonnes synthèses.

Ouvrages généraux

Amir-Moezzi, Mohammad Ali et Lory, Pierre, *Petite histoire de l'islam*, Paris, « Librio », 2007.

Arkoun, Mohammed, *La Pensée arabe*, Paris, PUF, « Que sais-je ? », 1975 (c'est toujours une référence en matière d'histoire de la pensée islamique autant pour la documentation que pour la démarche de l'auteur).

Azria, Régine et Hervieu-Léger, Danièle (dir.), *Dictionnaire des faits religieux*, Paris, PUF, 2010 (pour replacer l'islam au sein de l'étude des sciences sociales du religieux).

Buresi, Pascal, *Géo-histoire de l'islam*, Paris, Éditions Belin, « Sup-Histoire », 2005.

Burlot, Joseph, *La Civilisation islamique*, Paris, Hachette, 1995.

Dupont, Anne-Laure, Mayeur-Jaouen, Catherine, Verdeil, Chantal, *Le Moyen-Orient par les textes, XIXe-XXIe siècle*, Paris, Armand Colin, 2011.

Gardet, Louis, *Les Hommes de l'islam. Approche des mentalités*, Paris, Hachette, 1982.

Gardet, Louis, *La Cité musulmane, vie sociale et politique*, Paris, Vrin, 1976.

Geertz, Cliford, *Observer l'islam. Changements religieux au Maroc et en Indonésie*, Paris, La Découverte, 1992.

Laoust, Henri, *Les Schismes dans l'islam*, Paris, Payot, 1965 (même s'il commence à dater, c'est un ouvrage de référence très détaillé sur l'histoire des doctrines dans leur diversité).

Lewis, Bernard, *Le Langage politique de l'islam*, Paris, Gallimard, 1988.

Mantran, Robert (dir.), *Les Grandes Dates de l'islam*, Paris, Larousse-Essentiels, 1990 (utile pour se repérer dans la chronologie des événements de l'histoire de la civilisation islamique).

Urvoy, Dominique, *Histoire de la pensée arabe et islamique*, Paris, Seuil, 2006.

Watt, Montgomery, *La Pensée politique de l'islam*, trad. S. Reungoat, Paris, PUF, 1995.

Origines et fondements (chap. 1, 2, 3)

Amir-Moezzi, Mohammad Ali (dir.), *Dictionnaire du Coran*, Paris, Robert Laffont, « Bouquins », 2007 (un outil qui se consulte comme une encyclopédie).

Amir-Moezzi, Mohammad Ali, *Le Coran silencieux et le Coran parlant : sources scripturaires de l'islam entre histoire et ferveur*, Paris, CNRS Éditions, 2011.

Arkoun, Mohammed, *Lectures du Coran*, Paris, Maisonneuve et Larose, 1982.

Azaiez, Mehdi, avec la collaboration de Mervin, Sabrina (dir.), *Le Coran, nouvelles approches*, Paris, CNRS Éditions, 2013.

Bencheikh, Jamel Eddine, *Le Voyage nocturne de Mahomet*, Paris, Imprimerie nationale, 1988.

Berque, Jacques, *Relire le Coran*, Paris, Albin Michel, 1993.

Bianquis, Thierry, Guichard, Pierre, Tillier, Mathieu, *Les Débuts du monde musulman, VIIe-Xe siècles. De Muhammad aux dynasties autonomes*, Paris, PUF, 2012.

Blachère, Régis, *Le Problème de Mahomet*, Paris, PUF, 1952.

Blachère, Régis, *Introduction au Coran*, Paris, Maisonneuve et Larose, 1991.

Bokhârî (M. 870), *L'Authentique Tradition musulmane, choix de ḥadîths*, traduit et annoté par Georges-Henri Bousquet, Paris, Sindbad, 1991.

Borrut, Antoine (dir.), « Écriture de l'histoire et processus de canonisation dans les premiers siècles de l'islam », *REMMM*, n° 129, 2011.

Bravmann, Meïr M., *The Spiritual Background of Early Islam*, Leyde, Brill, 1972.

Brunschwig, Robert, *Études d'islamologie*, 2 vol., Paris, Maisonneuve et Larose, 1976.

Burton, John, *The Collection of the Qur'an*, New York, Cambridge University Press, 1977.

Burton, John, *An Introduction to the Hadith*, Édimbourg, Edinburgh University Press, 1994.

Capron de Caprona, Pierre, *Le Coran, aux sources de la parole oraculaire : structures rythmiques des sourates mecquoises*, Paris, Presses orientalistes de France, 1981.

Chabbi, Jacqueline, *Le Seigneur des tribus. L'islam de Mahomet*, Paris, Noêsis, 1997.

Chabbi, Jacqueline, *Le Coran décrypté. Figures bibliques en Arabie*, Paris, Fayard, 2008.

Cook, Michael, *Muhammad*, Oxford et New York, Oxford University Press, 1983.

Cuypers, Michel, *Le Festin. Une lecture de la sourate al-Mâ'ida*, Paris, Lethielleux, 2007.

Cuypers, Michel, et Gobillot, Geneviève, *Le Coran*, Paris, Le Cavalier bleu, « Idées recues », 2007.

Décobert, Christian, *Le Mendiant et le Combattant*, Paris, Seuil, 1991.

Déroche, François, *Le Coran*, Paris, PUF, « Que sais-je ? », 2005.

Déroche, François, *La Transmission écrite du Coran dans les débuts de l'islam : le codex parisino-petropolitanus*, Leyde, Brill, 2009.

Djaït, Hichem, *La Grande Discorde. Religion et politique dans l'islam des origines*, Paris, Gallimard, 1989.

Donner, Fred, *Muhammad and the Believers. At the Origins of Islam*, Cambridge, Harvard University Press, 2010.

Gilliot, Claude, *Exégèse, langue et théologie en islam. L'exégèse coranique de Tabari*, Paris, Vrin, 1990.

Goldziher, Ignaz, *Études sur la tradition islamique*, Paris, Adrien Maisonneuve, 1952.

Hinds, Martin, *Studies in Early Islamic History*, Princeton, The Darwin Press, 1996.

Hoyland, Robert G., *Seeing Islam as Others saw it. A Survey and Evaluation of Christian, Jewish and Zoroastrian Writings on Early Islam*, Princeton, Darwin Press, 1997.

Hussein, Mahmoud, *Al-Sîra. Le Prophète de l'islam raconté par ses compagnons*, 2 vol., Paris, Hachette, 2006 et 2008.

Ibn Isḥâq (m. 767), *The Life of Muhammad. A Translation of Ishaq's « Sirat Rasul Allah » with introduction and notes by Alfred Guillaume*, Oxford, Oxford University Press, 1955.

Ibn Qutayba (m. 889), *Le Traité des divergences du hadît*, trad. Gérard Lecomte, Damas, Institut français de Damas, 1962.

Juynboll, Gautier H.A., *Muslim Tradition. Studies in Chronology, Provenance and Authorship of Early Ḥadîth*, Cambridge, Cambridge University Press, 1983.

Juynboll, Gautier H.A., *Studies on the Origins and Uses of Islamic Hadith*, Variorum Collected Studies, Aldershot, Variorum, 1996.

Juynboll, Gautier H.A., « Some new ideas on the development of Sunna as a technical term in early islam », *Jerusalem Studies in Arabic and Islam*, n° 10, 1987.

Kister, Meir J., *Society and Religion from Jâhiliyya to Islam*, Hampshire, Variorum, 1990.

Luxenberg, Christoph, *Die syro-aramäische Lesart des Koran : Ein Betrag zur Entschlüsselung der Koransprache*, Berlin, Das Arabische Buch, 2000.

Madelung, Wilferd, *The Succession to Muhammad. A Study of the Early Caliphate*, Cambridge, Cambridge University Press, 1997.

Mérad, Ali, *L'Exégèse coranique*, Paris, PUF, « Que sais-je ? », 1998.

Micheau, Françoise, *Les Débuts de l'islam. Jalons pour une nouvelle histoire*, Paris, Téraèdre, 2012.

Miquel, André, *L'Événement. Le Coran, sourate LVI*, Paris, Odile Jacob, 1992.

Motzki, Harald, « The *Muṣannaf* of 'Abd al-Razzâq aṣ-Ṣan'ânî as a source of authentic *Aḥâdît* of the first century A.H. », *Journal of Near Eastern Studies*, n° 50, 1991, p. 1-21.

Muranyi, Miklos, « Ibn Isḥâq's *Kitâb al-magâzî* in der riwâya von Yûnus b. Bukayr », *Jerusalem Studies in Arabic and Islam*, n° 14, 1991, p. 214-275.

Motzki, Harald (dir.), *The Biography of Muhammad. The Issue of the Sources*, Leyde, Brill, 2000.

Motzki, Harald, *Analysing Muslim Traditions. Studies in Legal, Exegetical and Maghâzî Hadîth*, Leyde, Brill, 2010.

Nagel, Tilman, *Histoire d'un Arabe. Invention d'un prophète*, Genève, Labor et Fides, 2012.

Neuwirth, Angelika, *Studien zur Komposition der mekkanischen Suren*, Berlin-New York, Walter de Gruyter, Beihefte zur Zeitschrift « Der Islam », NF, 10, 1981.

Peters, Francis E., *Muhammad and the Origins of Islam*, Albany, State University of New York Press, 1994.

Prémare, Alfred-Louis de, *Les Fondations de l'islam. Entre histoire et écriture*, Seuil, 2002.

Prémare, Alfred-Louis de, *Aux origines du Coran. Questions d'hier, approches d'aujourd'hui*, Paris, Téraèdre, 2007.

Rippin, Andrew (dir.), *Approaches to the History of the Interpretation of the Qur'ân*, Oxford, Clarendon Press, 1988.

Rippin, Andrew (dir.), *The Qur'ân. Style and Contents*, Aldershot, Ashgate Variorum, 2001.

Rodinson, Maxime, *Mahomet*, Paris, Points-Seuil, 1975.

Rubin, Uri, *The Eye of the Beholder. The Life of Muḥammad as Viewed by the Early Muslims*, Princeton, Darwin Press, 1995.

Rubin, Uri, « The "constitution of Medina", some notes », *Studia islamica*, n° 62, 1986, p. 5-23.

Schœler, Gregor, « Writing and publishing. On the use and function of writing in the first centuries of islam », *Arabica*, XLIV, 1997, p. 423-435.

Schœler, Gregor, *Charakter und Authentie der muslimischen Uberlieferung über das Leben Mohammeds*, Berlin-New York, W. de Gruyter, 1996.

Schœler, Gregor, *Écrire et transmettre dans les débuts de l'islam*, Paris, PUF, 2002.

Ṭabarî (m. 923), *Mohammed, sceau des Prophètes*, Sindbad, 1980.

Versteegh, C.H.M., *Arabic Grammar and Qur'anic Exegesis in Early Islam*, Leyde, Brill, 1993.

Wansbrough, John, *Quranic studies. Sources and Methods of Scriptural Interpretation*, Oxford University Press, 1977.

Watt, Montgomery W., *Mahomet*, Paris, Payot, 1989 (réunion de deux ouvrages précédemment parus chez le même éditeur : *Mahomet à La Mecque*, traduit par F. Dourveil, et *Mahomet à Médine*, traduit par S.M. Guillemin et F. Vaudou. La version française n'étant pas toujours fidèle, le lecteur exigeant aura intérêt à se reporter aux ouvrages originaux, en anglais : *Muhammad at Mecca*, et *Muhammad at Medina*, Londres, Oxford University Press, 1953 et 1956).

Watt, Montgomery W., *The Formative Period of Islamic Thought*, Édimbourg, 1973.

Wensick, Arent Jan, *Concordance et indices de la tradition musulmane*, 8 vol., Leyde, Brill, 1992.

Wild, Stefan (dir.), *The Qur'an as Text*, Leyde, Brill, 1996 (recueil d'articles rédigés en anglais, en allemand et en français – voir, notamment, celui de Claude Gilliot : « Le Coran et les contraintes de l'histoire »).

L'élaboration des doctrines (chap. 4 et 5)

Allard, Michel, *Le Problème des attributs divins dans la doctrine d'al-Aš'ari et de ses premiers grands disciples*, Beyrouth, Imprimerie catholique, 1965.

Arkoun, Mohammed, *Essais sur la pensée islamique*, Paris, Maisonneuve et Larose, 1977.

Arnaldez, Roger, *Aspects de la pensée musulmane*, Paris, Vrin, 1987.

Badawi, 'Abdurraḥmân, *Histoire de la philosophie en islam*, 2 vol., Paris, Vrin, 1972.

Badawi, 'Abdurraḥmân, *La Transmission de la philosophie grecque au monde arabe*, Paris, Vrin, 1968.

Bousquet, Georges-Henri (dir.), *Ghazâlî, Ihyâ 'oûloûm ed-dîn ou Revivification des sciences religieuses*, analyse (résumé) et index, Paris, Max Besson, 1955.

Calder, Norman, *Studies in Early Muslim Jurisprudence*, Oxford, Clarendon Press, 1993.

Cook, Michael, *Commanding Right and Forbidding Wrong in Islamic Thought*, Cambridge, Cambridge University Press, 2000.

Cook, David, *Understanding Jihad*, Berkeley, University of California Press, 2005.

Coulson, Noël J., *Histoire du droit islamique*, Paris, PUF, 1995 (un ouvrage clair, mais dont le texte original, en anglais, date des années 1960).

Crone, Patricia et Hinds, Martin, *God's Caliph : Religious Authority in the First Centuries*, Cambridge, 1986.

De Waël, F., *Le Droit musulman, nature et évolution*, Paris, CHEAM, 1993.

Fakhry, Majid, *Histoire de la philosophie islamique*, Paris, Cerf, 1989.

Grandin, Nicole et Gaborieau, Marc, *Madrasa. La transmission du savoir dans le monde musulman*, Paris, Arguments, 1997.

Gardet, Louis et Anawati, Marcel M., *Introduction à la théologie musulmane*, Paris, Vrin, 2e éd., 1981 (1re éd. 1948).

Gardet, Louis et Anawati, Marcel M., *Dieu et la destinée de l'homme*, Paris, Vrin, 1967.

Ghazâlî, Abû Ḥâmid (m. 1111), *Al-munqidh min al-ḍalâl (Erreurs et délivrance)*, traduction française de Farid Jabre, Commission libanaise pour la traduction des chefs-d'œuvre, Beyrouth, 1969 (français et arabe).

Gimaret, Daniel, *La Doctrine d'al-Ash'arî*, Paris, Cerf, 1990.

Gimaret, Daniel, *Théories de l'acte humain en théologie musulmane*, Paris, Vrin, 1980.

Gimaret, Daniel, *Les Noms divins en islam : exégèse lexicographique et théologique*, Paris-Louvain, Vrin-Peeters, 1980.

Goldziher, Ignaz, *Le Dogme et la loi de l'islam*, Paris, Geuthner, 1920.

Hallaq, Wael, *A History of Islamic Legal Theories. An Introduction to Sunnî Uṣûl al-fiqh*, Cambridge, Cambridge University Press, 1997.

Hallaq, Wael, *Law and Legal Theory in Classical and Medieval Islam*, Hampshire, Variorum, 1995.

Hallaq, Wael B., *The Origins and Evolutions of Islamic Law*, Cambridge University Press, Cambridge, 2005.

Hogga, Mustapha, *Orthodoxie, subversion et réforme en islam. Ġazâlî et les Seljûqides*, Paris, Vrin, 1993.

Johansen, Baber, *Contingency in a Sacred Law. Legal and Ethical Norms in the Muslim* Fiqh, Leyde, Brill, 1999.

Khallâf, 'Abd al-Wahhâb, *Les Fondements du droit musulman*, Paris, al-Qalam, 1997.

Laoust, Henri, *Essai sur les doctrines sociales et politiques de Taḳî-d-Dîn Aḥmad b. Taimîya*, Le Caire, IFAO, 1939.

Laoust, Henri, *Le Précis de droit d'Ibn Qudâma*, Beyrouth, Institut français de Damas, 1950.

Laoust, Henri, *La Politique de Ġazâlî*, Paris, Geuthner, 1970.

Laoust, Henri, *Pluralismes dans l'islam*, Paris, Geuthner, 1983.

Laoust, Henri, *La Profession de foi d'Ibn Taymiyya, la Wâsiṭiyya*, Paris, Geuthner, 1986.

Makdisi, George, *Religion, Law and Learning in Classical Islam*, Hampshire, Variorum, 1991.

Masud, Muhammad Khalid, Messick, Brinkley et Powers, David S. (dir.), *Islamic Legal Interpretation. Muftis and their Fatwas*, Cambridge-Londres, Harvard University Press, 1996.

Mawardi, Aboul-Hasan Ali, *Les Statuts gouvernementaux*, trad. et notes Edmond Fagnan, Paris, Le Sycomore, 1982.

Melchert, Christopher, *The Formation of the Sunni Schools of Law, 9th-10th c.*, Leyde, Brill, 1997.

Motzki, Harald, *Die Anfänge des islamischen Juriprudenz : ihre Entwicklung in Mekka bis zur mitte des 2.8. Jahrhunderts*, Stuttgart, Abhandlungen für die Kunde des Morgenlandes, 50, 2, 1991.

Motzki, Harald, *The Origins of Islamic Jurisprudence. Meccan Fiqh before the Classical schools*, Leyde, 2002 (traduction du précédent).

Peters, Rudolph, *Jihad in Classical and Modern Islam. A Reader*, Princeton, Markus Wiener Publishers, 1996 (l'auteur présente et traduit des textes fondamentaux, de différentes époques, sur le *jihâd*).

Schacht, Joseph, *Introduction au droit musulman*, Paris, Maisonneuve et Larose, 1983 (traduction d'un ouvrage publié en anglais en 1964, *An Introduction to Islamic Law*, où Schacht reprend et condense les travaux qu'il menait depuis les années 1930 sur la question).

Shâfi'î (m. 820), *La Risâla : les fondements du droit musulman*, trad. Lakhdar Souami, Paris, Sindbad, 1997.

Zaman, Muhammad Qasim, *Religion and Politics under the Early 'Abbâsids : the emergence of the proto-sunnite elite*, Leyde, Brill, 1997.

Les branches de l'islam et le soufisme (chap. 6, 7 et 8)

Abisaab, Rula Jurdi, *Converting Persia : Religion and Power in the Safavid Empire*, Londres, I. B. Tauris, 2004.

Aillet, Cyril (dir.), « L'ibadisme, une minorité au cœur de l'islam », *REMMM*, n° 132, décembre 2012. https ://remmm.revues.org/7711

Ambrosio, Alberto Fabio, Feuillebois, Ève et Zarcone, Thierry, *Les Derviches tourneurs. Doctrine, histoire et pratiques*, Paris, Cerf, 2006.

Amir-Moezzi, Mohammad Ali, *Le Guide divin dans le shî'isme originel. Aux sources de l'ésotérisme en islam*, Lagrasse, Verdier, 1992.

Amir-Moezzi, Mohammad Ali, *La Religion discrète. Croyances et pratiques spirituelles dans l'islam shi'ite*, Paris, Vrin, 2006.

Amir-Moezzi, Mohammad Ali, et Jambet, Christian, *Qu'est-ce que le shî'isme ?*, Paris, Fayard, 2004.

Arberry, Arthur J., *Le Soufisme. La mystique de l'islam*, trad. Jean Gouillard, Paris, Le Mail, 1988.

Ayoub, Mahmoud, *A Redemptive Suffering in Islam. A Study of the Devotional Aspects of 'Ashûrâ'in Twelver Shî'ism*, La Hague-Paris, Mouton, 1978.

Bar-Asher, Meir, *Scripture and Exegesis in Early Imâmî Shiism*, Leyde, Brill, 1999.

Bar-Asher, Meir, et Kosfsky, Aryeh, *The Nusayrî-'Alawî Religion : An Enquiry into its Theology and Liturgy*, Leyde, Brill, 2002.

Brunschwig, Robert et Fahd, Toufic (dir.), *Le Shi'isme imâmite*, Colloque de Strasbourg, Paris, PUF, 1970.

Bryer, D.R.W., « The origins of the Druze religion », *Der Islam*, n° 52 et n° 53, 1975-1976.

Chambert-Loir, Henri et Guillot, Claude, *Le Culte des saints dans le monde musulman*, Paris, École française d'Extrême-Orient, 1995.

Chodkiewicz, Michel, *Le Sceau des saints*, Paris, Gallimard, 1986.

Chodkiewicz, Michel, *Un océan sans rivage. Ibn Arabî, le Livre et la Loi*, Paris, Seuil, 1992.

Clarke, Linda (dir.), *Shī'ite Heritage. Essays on Classical and Modern Traditions*, New York, Binghamton, Global Publications, 2001.

Corbin, Henry, *Histoire de la philosophie islamique*, Paris, Folio, 1986.

Corbin, Henry, *En islam iranien*, 4 vol., Paris, Gallimard, 1971.

Corbin, Henry, *Temps cyclique et gnose ismaélienne*, Paris, Berg, 1982.

Corbin, Henry, *Trilogie ismaélienne*, Lagrasse, Verdier, 1994.

Corbin, Henry, *L'Imagination créatrice dans le soufisme d'Ibn 'Arabî*, Paris, Aubier, 1993 (1re éd. 1958).

Cuperly, Pierre, *Introduction à l'étude de l'ibâḍisme et de sa théologie*, Alger, Office des publications universitaires, 1984.

Daftary, Farhad, *The Ismailis, Their History and Doctrines*, Cambridge, 1990.

Daftary, Farhad, *A Short History of the Ismailis, Traditions of a Muslim Community*, Édimbourg, Edinburgh University Press, 1998. Version française abrégée : *Les Ismaéliens. Histoire et traditions d'une communauté musulmane*, Paris, Fayard, 2003.

Daftary, Farhad et Miskinzoda, Gurdofarid (dir.), *The Study of Shi'i Islam : History, Theology and Law* (Shi'i Heritage Series), Londres, I.B. Tauris, 2014.

Dakake, Maria Massi, *The Charismatic Community : Shiite Identity in Early Islam*, Albany, New York, State University of New York Press, 2007.

De Smet, Daniel, *Les Épîtres sacrées des Druzes. Rasâ'il al-hikma*, Louvain, Peeters, 2007, 2 vol.

Firro, Kais, *A History of the Druzes*, Leyde, Brill, 1992.

Fyzee, Asaf A.A, *Compendium of Fatimid Law*, Simla, Indian Institute of advanced Studies, 1969.

Geoffroy, Éric, *Initiation au soufisme*, Paris, Fayard, 2003.

Geoffroy, Éric, *Le Soufisme*, Paris, Eyrolles, 2013.

Hallâj Husayn Mansûr (m. 922), *Dîwân*, trad. Louis Massignon, Paris, Seuil, 1981.

Halm, Heinz, *Le Chiisme*, Paris, PUF, 1995.
Halm, Heinz, *Die islamische Gnosis. Die extreme Schia und die 'Alawiten*, Zurich-Munich, 1982.
Haider, Najam, *The Origins of the Shia. Identity, Rituals and Sacred Space in Eight-Century Kūfa*, Cambridge, University Press, 2011.
Haykel, Bernard, *Revival and Reform in Islam. The Legacy of Muhammad al-Shawkânî*, Cambridge, Cambridge University Press, 2003.
Hermann, Denis et Mervin, Sabrina (dir.), *Courants et dynamiques chiites à l'époque moderne (XVIIIe-XXe siècles)*, Beyrouth, OIB (Beiruter Text und Studien, Band 115)-IFRI (Bibliothèque Iranienne, vol. 72), 2010.
Jafri, Syed Husain Mohammad, *The Origins and Early Development of Shi'a Islam*, Londres-New York, Longman, 1979.
Jambet, Christian, *La Grande Résurrection d'Alamût. Les formes de la liberté dans le Shî'isme ismaélien*, Paris, Verdier, 1990.
Keddie, Nikki R., *Religion and Politics in Iran. Shi'ism from Quietism to Revolution*, New Haven-Londres, Yale University Press, 1983.
Keddie, Nikki R., et Cole, Juan (dir.), *Shi'ism and Social Protest*, New Haven-Londres, Yale University Press, 1986.
al-Kho'î, Ayatollâh A.Q., *Le Guide du musulman. Abrégé des principaux décrets religieux des juristes musulmans contemporains et notamment de l'Ayatollâh A.Q. Kho'î*, traduit de l'anglais par Ahmad Bostani, Publications du séminaire islamique, Paris, 1991 (traité pratique de droit islamique reprenant les préceptes énoncés par le grand *marja'* des chiites décédé en 1992, al-Khû'î).
Kohlberg, Etan, *Belief and Law in Imami Shi'ism*, Aldershot, Variorum, 1991.
Lewis, Bernard, *Les Assassins*, Paris, Berger-Levrault, 1982.
Madelung, Wilferd, *Religious Schools and Sects in Medieval Islam*, Londres, Variorum Reprints, 1985.

Makarem, Sami, *The Druze Faith*, New York, Delmar, 1974.

Marquet Yves, *La Philosophie des Ihwân al-Ṣafâ'*, Alger, Société nationale d'édition et de diffusion, 1973.

Marquet, Yves, « La pensée philosophique et religieuse du qaḍî al-Nu'mân à travers la *Risâla mudhiba* », *Bulletin d'études orientales*, XXXIX-XL, 1987-1988, p. 141-181.

Massignon, Louis, *Essai sur les origines du lexique technique de la mystique musulmane*, Paris, Vrin, 1968.

Massignon, Louis, *La Passion de Husayn Ibn Mansûr Hallâj, martyr mystique de l'islam*, Paris, Gallimard, 1975, 4 vol.

Mervin, Sabrina, *Un réformisme chiite. 'Ulamâ' et lettrés du Ğabal 'Âmil de la fin de l'Empire ottoman à l'indépendance du Liban*, Beyrouth-Paris, Karthala-CERMOC-IFEAD, 2000.

Mervin, Sabrina (dir.), *Les Mondes chiites et l'Iran*, Paris, Karthala-IFPO, 2007.

Momen, Moojan, *An Introduction to Shi'i Islam*, New Haven-Londres, Yale University Press, 1985.

Moosa, Matti, *Extremist Shiites*, Syracuse, Syracuse University Press, 1988.

Nasr, Seyyed Hossein, *Essais sur le soufisme*, trad. Jean Herbert, Paris, Albin Michel, 1980.

Newman, Andrew, *The Formative Period of Twelver Shī'ism. Hadīth as Discourse Between Qum and Baghdad*, Richmond, Curzon Press, 2000.

Olsson, Tord et *alii* (dir.), *Alevi Identity. Cultural, Religious and Social Perspectives*, Swedish Research Institute in Istanbul, 1998.

Popovic, Alexandre et Veinstein, Gilles (dir.), *Les Voies d'Allah. Les ordres mystiques dans le monde musulman des origines à aujourd'hui*, Paris, Fayard, 1996.

Querry, Amédée, *Droit musulman. Recueil de lois concernant les musulmans schyites*, 2 vol., Paris, Imprimerie nationale, 1871-1872 (traduction de *Charâ'i' al-islâm* d'al-Muḥaqqiq al-Ḥillî).

Richard, Yann, *L'Islam chi'ite. Croyances et idéologies*, Paris, Fayard, 1991.

Richard, Yann, *Le Chiisme en Iran*, Paris, Maisonneuve et Larose, 1980.

Sachedina, Abdulaziz Abdulhussein, *The Just Ruler in Shi'ite islam. The Comprehensive Authority of the Jurist in Imamite Jurisprudence*, New York, Oxford University Press, 1988.

Scarcia Amoretti, Bianca Maria, *Sciiti nel mondo*, Rome, Jouvence, 1994.

Shahrastânî (m. 1153), *Le Livre des religions et des sectes*, trad. D. Gimaret et G. Monnot, 2 vol., Louvain, Peeters, 1986.

Sourdel, Dominique, *L'Imamisme vu par le cheikh al-Mufîd, Revue des études islamiques*, hors-série 7, Paris, Geuthner, 1974.

De Vitray-Meyerovitch, Éva, *Anthologie du soufisme*, Albin Michel, Paris, 1995.

Walker, Paul, *Early Philosophical Shiism : the Ismaili Neoplatonism of Abu Ya'qub al-Sijistani*, Cambridge, Cambridge University Press, 1993.

L'islam contemporain (chap. 9 et 10)

Abderraziq, Ali, *L'Islam et les Fondements du pouvoir*, traduction et présentation Abdou Filali

Ansari, Paris-le Caire, La Découverte-CEDEJ, 1994.

Abdou, Mohammed, *Rissalat al tawhid. Exposé de la religion musulmane*, traduction B. Michel et Moustapha Abdel Razik, Paris, Geuthner, 1978, (1re éd. 1925).

Abu Zeid, Nasr, *Critique du discours religieux*, Paris, Sindbad, 1999.

Ali, Souad T., *A Religion, Not a State : Ali 'Abd al-Raziq's Islamic Justification of Political Secularism*, University of Utah Press, Salt Lake City, 2009.

Arkoun, Mohammed, *Pour une critique de la pensée islamique*, Paris, Maisonneuve et Larose, 1984.

al-Ashmawi, Muhammad Saïd, *L'Islamisme contre l'islam*, trad. par Richard Jacquemond, Paris-Le Caire, La Découverte-al-Fikr, 1989.

Benzine, Rachid, *Les Nouveaux Penseurs de l'islam*, Paris, Albin Michel, 2004.

Burgat, François, *L'Islamisme en face*, Paris, La Découverte, 1995.

Les Cahiers du monde russe, « Du premier "renouveau" à la soviétisation, 1788-1937. Actes du colloque tenu à Tachkent en fév. 1995 », XXXVII (1-2), Paris, EHESS, janvier-juin 1996.

Carré, Olivier, *Mystique et politique. Lecture révolutionnaire du Coran par Sayyid Quṭb, Frère musulman radical*, Paris, Cerf, 1984.

Carré, Olivier et Dumont, Paul, *Radicalismes islamiques*, 2 vol., Paris, L'Harmattan, 1985.

Carré, Olivier et Michaud, Gérard (alias Michel Seurat), *Les Frères musulmans (1928-1982)*, Paris, Gallimard-Julliard, 1983.

Césari, Jocelyne, *Être musulman en France aujourd'hui*, Paris, Hachette, 1997.

Charfi, Abdelmajid, *L'Islam entre le message et l'histoire*, Paris, Albin Michel, 2004.

Commins, David, *Islamic Reform. Political and Social Change in Late Ottoman Syria*, New York-Oxford, Oxford University Press, 1990.

Commins, David, *The Wahhabi Mission and Saudi Arabia*, Londres, I.B. Tauris, 2006.

Dabashi, Hamid, *Theology of Discontent. The Ideological Foundation of the Islamic Revolution in Iran*, New York, New York University Press, 1993.

Delanoue, Gilbert, *Moralistes et politiques musulmans dans l'Égypte du* XIX*e* *siècle (1798-1882)*, 2 vol., Le Caire, IFAO, 1982.

Dorlian, Samy, *La Mouvance zaydite dans le Yémen contemporain. Une modernisation avortée*, Paris, L'Harmattan, 2013.

Dupret, Baudouin (dir.), *La Charia aujourd'hui*, Paris, La Découverte, 2012.

Enayat, Hamid, *Modern Islamic Political Thought*, Londres, Macmillan, 1982.

Esack, Farid, *Coran, mode d'emploi*, Paris, Albin Michel, 2004.

Esposito, John L. (dir.), *Voices of Resurgent Islam*, New York, Oxford University Press, 1983.

Filali-Ansary, Abdou, *Réformer l'islam ? Une introduction aux débats contemporains*, Paris, La Découverte, 2003.

Gibb, Hamilton A.R., *Les Tendances modernes de l'islam*, Paris, Maisonneuve, 1949.

Hartung, Jan-Peter, *A System of Life : Mawdûdî and the Ideologization of Islam*, Londres et New York, Hurst-Columbia University Press, 2013.

Hourani, Albert, *La Pensée arabe et l'Occident*, trad. de l'anglais par Sylvie Besse Ricord, Paris, Naufal, 1991 (la version française ne vaut pas l'originale, *Arabic Thought in the Liberal Age, 1798-1939*, Cambridge University Press, 1983, qui est un ouvrage de référence sur ce sujet).

Hourani, Albert, *The Emergence of the Modern Middle East*, Londres, Macmillan, 1981.

Jomier, Jacques, *Le Commentaire coranique du Manâr*, Paris, Maisonneuve, 1954.

Keddie, Nikki R., *An Islamic Response to Imperialism : Political and Religious Writings of Sayyid Jamâl al-Dîn « al-Afghânî »*, Los Angeles, University of California Press, 1968.

Keddie, Nikki R., *Sayyid Jamâl al-Dîn « al-Afghânî ». A Political Biography*, Berkeley-Los Angeles-Londres, University of California Press, 1972.

Kepel, Gilles, *Le Prophète et Pharaon*, Paris, La Découverte, 1984.

Kepel, Gilles, *Jihad : Expansion et déclin de l'islamisme*, Paris, Gallimard, 2000.

Kepel, Gilles, et Richard, Yann (dir.), *Intellectuels et militants de l'islam contemporain*, Paris, Seuil, 1990.

Kepel, Gilles, Milelli, Jean-Pierre, *Al-Qaïda dans le texte*, Paris, PUF, 2005.

Kerr, Malcom H., *Islamic Reform. The Political and Legal Theories of Muhammad Abduh and Rashid Rida*, Cambridge University Press, Cambridge, 1966.

Lacroix, Stéphane, *Les Islamistes saoudiens. Une insurrection manquée*, Paris, PUF, 2010.

Landau-Tasseron, Ella, « The "Cyclical Reform" : a Study of the Mujaddid Tradition », *Studia islamica*, n° 70, 1989, p. 79-117.

Laoust, Henri, *Le Califat dans la doctrine de Rašîd Riḍâ*, t. VI, Beyrouth, Mémoires de l'IFEAD, 1938.

Lauzière, Henri, *The Making of Salafism. Islamic Reform in the Twentieth Century*, New York, Columbia University Press, 2016.

Luizard, Pierre-Jean, *Le Piège Daech. L'État islamique ou le retour de l'Histoire*, Paris, La Découverte, 2015.

Mavani, Hamid, *Religious Authority and Political Thought in Twelver Shi'ism. From Ali to Post-Khomeini*, New York, Routledge, 2013.

Mérad, Ali, *Le Réformisme musulman en Algérie de 1925 à 1940*, Paris-La Haye, Mouton, 1967.

Mitchell, Richard P., *The Society of the Muslim Brothers*, Oxford, Oxford University Press, 1993.

Mouline, Nabil, *Les Clercs de l'islam : autorité religieuse et pouvoir politique en Arabie saoudite (XVIIIe-XXIe siècles)*, Paris, PUF, 2011.

Mouline, Nabil, *Le Califat. Histoire politique de l'islam*, Paris, Flammarion, « Champs », 2016.

Nafi, Basheer M., *The Rise and Decline of the Arab-Islamic Reform Movement*, Londres, Institute of Contemporary Islamic Thought, 2000.

Nasr, Vali, *Mawdudi and the Making of Islamic Revivalism*, Oxford University Press, 2006.

Pierret, Thomas, *Baas et islam en Syrie. La dynastie Assad face aux oulémas*, Paris, PUF, 2011.

Ridgeon, Lloyd, *Religion and Politics in Modern Iran. A Reader*, Londres et New York, I.B. Tauris, 2005.

Rougier, Bernard (dir.), *Qu'est-ce que le salafisme ?*, Paris, PUF, 2008.

Roussillon, Alain, *La Pensée islamique contemporaine, acteurs et enjeux*, Paris, Téraèdre, 2005.

Roy, Olivier, *L'Échec de l'islam politique*, Paris, Seuil, 1992.

Roy, Olivier, *L'Islam mondialisé*, Paris, Seuil, 2002.

Tahtâwî, Rifâ'a, *L'Or de Paris, relation de voyage 1826-1831*, Paris, Sindbad, 1988.

Tapiero, Norbert, *Les Idées réformistes d'al-Kawâkibî (1849-1902). Contribution à l'étude de l'islam moderne*, Paris, Les éditions arabes, 1956.

Zakaria, Fouad, *Laïcité ou islamisme : les Arabes à l'heure du choix*, Paris, La Découverte, 1991.

Zebiri, Kate, *Maḥmûd Shaltût and Islamic Modernism*, Oxford, Clarendon Press, 1993.

Sites Internet

De nombreux sites internet consacrés à l'islam existent aujourd'hui. La plupart relèvent plus de la prédication, voire du prosélytisme, que de l'information scientifique. On ne les mentionnera donc pas ici.

INDEX DES NOMS

Cet index recense les noms de personnes (en romain) et les noms de lieux (en petites capitales). Les pages correspondant à des entrées du glossaire critique apparaissent en gras.

INDEX DES NOTIONS

Cet index regroupe les notions qui apparaissent dans cet ouvrage, dont une traduction est fournie lorsque l'équivalent existe en français. Les pages correspondant à des entrées du glossaire critique apparaissent en gras.

TABLE